U0818623

中国（湖北）
自由贸易试验区知识产权服务业开放与发展创新研究

金明浩◎著

长江出版传媒 湖北科学技术出版社

图书在版编目（CIP）数据

中国（湖北）自由贸易试验区知识产权服务业开放与发展创新研究 / 金明浩著 . — 武汉 : 湖北科学技术出版社，2022.3

ISBN 978-7-5706-1895-8

Ⅰ . ①中… Ⅱ . ①金… Ⅲ . ①自由贸易区—知识产权—服务业—研究—湖北 Ⅳ . ① D927.630.34

中国版本图书馆 CIP 数据核字（2022）第 032317 号

中国(湖北)自由贸易试验区知识产权服务业开放与发展创新研究

ZHONGGUO (HUBEI) ZIYOU MAOYI SHIYANQU ZHISHI CHANQUAN FUWUYE KAIFANG YU FAZHAN CHUANGXIN YANJIU

责任编辑：曾紫风
装帧设计：胡　博　　督印：刘春尧

出版发行：湖北科学技术出版社　　电话：027-87679447
地　　址：武汉市雄楚大街 268 号　　邮编：430070
（湖北出版文化城 B 座 13~14 层）
网　　址：http：//www.hbstp.com.cn

印　　刷：湖北新华印务有限公司　　邮编：430035

710 毫米 ×1000 毫米　　16 开　　16 印张　　260 千字
2022 年 3 月第 1 版　　2022 年 3 月第 1 次印刷
定价：55.00 元

本书如有印装质量问题　可找本社市场部更换

本研究受2018年湖北省商务厅招标项目中国（湖北）自由贸易试验区相关课题研究项目、湖北省知识产权局《高校知识产权推进工程》项目、湖北省教育厅哲学社会科学重大项目（编号：15ZD025）、2021年湖北省高等学校省级教学研究项目（编号：2021314）等项目支持。

金明浩，男，1974年10月出生，教授，博士生导师，武汉工程大学法商学院院长。湖北省法官检察官遴选委员会委员。湖北省知识产权研究会常务理事、湖北省法学会法学法律专家库成员、湖北省知识产权局和武汉市知识产权局专家库专家。武汉知识产权研究会副会长、武汉市知识产权服务协会副会长、武汉东湖新技术开发区知识产权服务业协会会长。“全国专利信息领军人才”“全国知识产权百千万人才工程百名高层次人选”“全国专利信息师资人才”。武汉市“黄鹤英才”（知识产权）。曾参与国家和湖北省知识产权战略纲要制定工作。主持国家社科基金、国家软科学项目3项，教育部人文社科项目、中国法学会项目、湖北省社科基金项目、国家知识产权局等省部级、厅级项目20余项，曾参与国家和湖北省知识产权战略纲要的制定。获省部级成果等奖4项，出版专著2部，参编教材2部，发表学术论文30余篇，其中1篇文章被《新华文摘》全文转载，5项学术成果被省政府决策采纳。

CONTENTS 目　录

第一章　研究概述

1.1 研究的背景及意义

1.1.1 研究的背景

继设立上海、广州、天津和福建四大自贸区后，2016年8月31日，党中央、国务院决定设立中国（湖北）自由贸易试验区（以下简称湖北自贸区）。湖北自贸区以制度创新为核心，对接高标准国际经贸规则，谋求在更广领域、更大范围形成各具特色、各有侧重的试点格局，推动全面深化改革扩大开放。

知识产权服务业作为现代服务业的重要组成类别，是知识产权制度有效运转和实现创新发展的重要支柱，知识产权服务体系的发育程度已成为衡量知识产权创造、运用 、保护和管理是否发达的重要指标之一，培育和发展知识产权服务业是转变经济发展方式和提高产业核心竞争力的重要举措。2012年，国家知识产权局、国家发展改革委等9部门联合印发《关于加快培育和发展知识产权服务业的指导意见》，提出要加强行业监管和自律，建立并完善知识产权服务行业协会。根据《国务院关于印发中国（湖北）自由贸易区总体方案的通知》（国发〔2017〕18号）的总体部署，湖北省知识产权局在发布的《加强中国（湖北）自由贸易实验区知识产权工作的意见》中明确提出“鼓励国内外知识产权优质服务机构在湖北自贸区设立分支机构或全资公司”“建立知识产权服务机构产品目录制度”“加大对服务机构的事中事后监管力度”。

湖北自贸区宜昌、襄阳片区也大力推进知识产权服务业。宜昌自贸片区近年引进、培育了一批优秀专利服务机构落户宜昌。全市共有备案注册的服务机构4家，在宜昌设立工作站的服务机构5家，稳定在宜昌开展知识产权服务的机构达20余家，在宜昌开展业务的服务机构103家，知识产权综合性服务平台建设粗具规模。襄阳市自贸片区已拥有5家国家知识产权优势企业、1家湖北省知识产权示范企业，11家企业获批为湖北省知识产权示范建设企业。

《武汉市人民政府办公厅关于推进知识产权综合管理改革试点工作的意见》指出："依托武汉东湖国家知识产权服务业集聚发展试验区与知识产权服务行业协会建设，大力发展知识产权服务业。"《武汉东湖新技术开发区发展"十三五"规划》提出了实现"加强改革创新，打造服务升级版"，发挥智力资源密集优势，持续推动科技体制改革，提升东湖开发区全面创新改革试验的效能和动力的发展思路。以湖北自贸区武汉片区——东湖高新区为例，2015 年 12 月，国家知识产权局正式批准东湖高新技术开发区（以下简称为东湖高新区）设立长江中游城市群首家国家知识产权服务业集聚发展试验区；2018 年 8 月武汉市入选国家知识产权运营服务体系建设试点城市；2018 年 8 月 2 日，东湖高新区（武汉自贸片区）知识产权服务业协会会员大会暨湖北省知识产权培训（自贸区）基地揭牌仪式在武汉自贸片区举行；2019 年 4 月 17 日，东湖高新区正式获批建设国家知识产权服务业集聚发展示范区。

自 2015 年底国家知识产权局批准国家知识产权服务业集聚发展试验区以来，东湖高新区（武汉自贸片区）不断加大招商和政策支持力度，知识产权服务机构从2015年仅5家发展到2018年年底的250多家，从业人员达到4000余人，服务范围覆盖知识产权创造、运用、保护、管理全过程，服务类别包括知识产权代理、知识产权信息、知识产权法律、知识产权商用化、知识产权咨询和知识产权培训等五大类，基本形成了完善的知识产权服务体系，有效助推了企业创新能力的提升。2018 年全年，东湖高新区专利申请量为 29 533 件，其中发明专利 18 057 件，实用新型 9799 件，外观设计 1677 件，三大专利占专利申请总量的比例分别为 61.14%、33.18%、5.68%。专利申请总量同比增长 18.1%，三大专利同比增长 20.30%、11.60%、37.60%。

1.1.2 研究的意义

在此背景下，以国内需求和国际视野观察新时期、新形势、新任务，对自贸区知识产权服务业的功能与定位提出了更高的要求：不仅要完成支持自贸试验区建设目标实现的基本任务，还需要形成可复制、可推广的经验，发挥示范带动、服务全国的作用；不仅要建成良好的知识产权治理形态样本，还有必要根据知识产权国际规则的变化，探索新形势下中国知识产权服务业与全球体系的良性互动。

鉴于此，湖北自贸区知识产权服务业开放与发展引入新思路、探索新路径有其必要性和迫切性。为此，本书研究湖北自贸区怎样利用全面改革开放实验田和内陆对外开放新高地的政策优势，如何通过制度创新，对外合理有度开放知识产权服务业，对内积极有效培育知识产权服务机构的竞争力，对于营造自贸区知识产权促进创新和高质量发展的稳定秩序和合理预期、建成“要素自由流动、更高层级开放”的自由贸易区有着重要的支撑和保障作用，对于打造国际一流的营商环境，以实现有序承接产业转移、建设一批战略性新兴产业和高技术产业基地的战略目标，发挥湖北在实施中部崛起战略和推进长江经济带建设中的示范作用，具有重要的现实意义。

1.2 研究的问题及目标

1.2.1 研究的问题

本研究解决的核心问题是如何通过在湖北省自贸区的制度创新促进境外和省外知识产权服务机构“引进来”和鼓励本土知识产权服务机构“走出去”，做大做强湖北省自贸区知识产权服务业，以此全面实践创新驱动和开放驱动“双轮”驱动战略。具体的研究问题有以下 5 点。

一是湖北自贸区知识产权服务业开放与发展的必要性、重要性和原则是什么？

二是自贸区知识产权服务业政策环境如何，自贸区知识产权服务领域的开放发展现状怎样，以及存在的问题有哪些？

三是自贸区对引入国外和省外知识产权服务机构做了哪些探索？包括出台了哪些政策，实际效果如何，存在问题及解决的思路怎样？

四是自贸区对境内知识产权服务机构品牌化和国际化的培育的经验有哪些？包括具体政策如何，实际效果、存在问题及解决的思路是怎样的？

五是湖北自贸区应选择何种路径以实现境外机构引进来、境内机构走出去以及本土机构扎根基？

1.2.2 研究的目标

本研究定位于湖北自贸区知识产权服务业开放与发展的目标和重点任务，在辨析湖北自贸区知识产权服务业开放的必要性、重要性及应秉持原则的基础上，通过对引进来的境外机构实行负面清单管理和对走出去的境内机构进行品牌化和国际化培育的制度创新的研究，提出具有可操作性的政策实施建议方案，促进湖北自贸区知识产权服务业开放和发展的同时，为我国自贸区建设提供可推广、可复制的经验和借鉴。

1.3 国内外研究现状述评

1.3.1 关于知识产权服务业的研究

1.3.1.1 知识产权服务定义、特点的研究

国外把知识产权服务业（Intellectual Property Services，IPS）归为知识密集型产业，Den Hertog（2000）把主要依靠专业知识来提供知识型的中间产品和服务的组织称为知识密集型产业。Lee（2003）将其划分为企业知识密集型和公共知识密集型服务业。Kemppilä 和 Mettänen（2001）指出知识型服务业的三大要素为：知识是服务的重要投入、服务高度依赖于专业能力和知识、服务提供商和客户之间有高度的互动，为知识的扩散和新知识的产生提供可能性。

杨红朝（2014）认为 IPS 是新型业态，为各类知识产权创造、运用、管理和保护提供专业服务产品的高技术服务业。冯晓青（2013）认为 IPS 是指知识产权服务主体利用自身专业知识和技能，围绕知识产权的确权、维权、用权，为知识产权权利人开展以知识产权代理、转让、诉讼、许可、评估、咨询、培训、信息检索和分析、质押融资等相关服务为主要内容的一种现代服务行业。

1.3.1.2 关于知识产权服务业重要性的研究

从宏观角度讲，IPS 是知识产权制度有效运转和实现创新发展的重要支柱，作为我国现代产业体系的重要组成部分，其发展状况是衡量现代社会经济发达程度的重要标志。从作用机理看，知识型服务业最重要的是在服务业和制造业创新过程中提供相关知识服务；IPS 服务于知识产权的生产、流通和消费，在科技进步与经济发展中具有“促进技术转让投资、推动研发创新、催生新产业与商机、积聚并交易知识资产”等作用。

1.3.1.3 关于当前我国知识产权服务业发展存在问题和对策的研究

学者们对我国 IPS 业发展存在的问题进行了深入的探讨。从市场角度分析，我国知识产权服务业处于“政府主导，市场培育期”，市场规模较小，服务能力不强；知识产权服务机构设立门槛较低，服务机构能力参差不齐；高端化的

知识产权服务供给不足。从法律角度分析，我国知识产权服务法律政策体系不健全，现有法律规定存在一定的冲突，相关配套法律制度缺乏。从行业标准化角度来看，缺乏服务业统一规定和标准，服务质量难以统一，知识产权服务市场秩序难以得到有效规范。从公共产品角度分析，公共服务与市场化服务的发展不协调，知识产权服务机构的服务功能较弱，知识产权行业协会（联盟）作用的发挥不够充分。

贾辰君（2015）提出了对我国知识产权公共服务供给改进的建议。姬鹏程和李红娟（2018）认为可以从推进高端知识产权服务业务、制定有利于知识产权服务业发展的财税政策、加快推进知识产权服务业标准化体系建设三个方面提升知识产权服务业的服务水平。王志雄和吴浩然（2018）提出促进 IPS 集聚融合发展的对策。

1.3.1.4 关于地方知识产权服务业状况的研究

郭霞（2012）分析了上海市促进知识产权服务业服务战略性新兴产业发展的做法；魏建（2012）探讨了上海知识产权服务业产业链的构建。也有关于广东省为了提升知识产权服务机构的服务意识和服务水平，成立了知识产权服务标准化技术委员会，旨在建立健全知识产权服务标准体系的研究。黄屹和张斌（2016）则建议湖南省从提升专利代理机构能力建设、加快信息资源共享开放和利用、推动知识产权服务业行业协会等方面促进 IPS 的发展。

1.3.2 关于知识产权创新与高新区发展的研究

田楹（2014）运用结构方程模型对产业集群集聚效应与创业意向关系的理论模型与假设进行检验及修正。方亮等（2015）研究发现国家高新区创新显著地促进了园区经济增长。付饶闻（2013）从产业、企业、人才、创新体系、政策、环境等 6 个维度较系统地研究了中国光谷和美国硅谷的相同与不同之处。洪群联（2010）结合武汉东湖高新区国家自主创新示范区的案例，阐述了国家自主创新示范区的战略目标和功能定位，并在探索依托高新区构建区域创新体系的路径方面提供了总体思路。胡新丽（2014）分析了武汉东湖国家自主创新示范区如何借鉴美国科技金融创新硅谷模式，如何利用硅谷成功经验提升总体创新实力的问题。战炤磊等（2015）认为我国高新区转型发展面临一系列突出难题，必须以全面深化改革为契机，探索新一轮高新区转型发展路径。

从以上研究可以看出，目前国内外对高新区的知识产权服务业研究仅有泛泛的零散性探讨，针对湖北自贸区武汉片区的摸家底、清底牌的调研鲜有涉及，更缺少对发达国家和地区的知识产权服务业集聚发展试验区的对比借鉴研究。故本研究对湖北省乃至于对我国高新区知识产权服务业建设具有十分重要的参考和借鉴意义。

1.4 相关概念的界定

1.4.1 自由贸易区

自由贸易区有国际和国内两种界定概念。

1.4.1.1 国际间的自由贸易区（Free Trade Area，FTA）

FTA 是指由签订自由贸易协定的国家或地区组成的贸易区，这是区域经济一体化组织的一种形式，是涉及国家经济主权让渡的国际间区域制度安排。通过免除区域内成员国关税及非关税限制，消除成员国间经贸差别待遇，扩大该区域成员国相互贸易和投资，但是每个成员国对其他非成员国保留了原有的独立关税和非关税壁垒。也有学者将其称为“广义的自由贸易区”。

FTA 来源于世界贸易组织（WTO）关于“自由贸易区”的相关规定，最早出自《关税与贸易总协定》（GATT，1947）的第 24 条第 8 款（b）对自由贸易区的专门解释：“自由贸易区是涉及两个及以上关税主权区之间为推动贸易自由化而采取取消关税及其他一切限制性国际贸易壁垒等措施。”FTA 是 WTO 多边贸易体制中最惠国待遇原则的一个例外，具有“互惠性”（即区内成员国之间要取消关税和其他贸易限制性法规）和“排他性”（即 FTA 区外的其他 WTO 成员不能通过多边贸易体制中最惠国待遇原则享有区内成员国享有的特殊优惠待遇）两大特征。

自 1985 年美国和以色列签订了第一个自由贸易区（FTA）以来，FTA 已经日益成为美国对外经济政策乃至整个对外战略中的重要内容。截至 2015 年 1 月 8 日，全球已缔结生效的 FTA 有 604 个。由于美国退出而终止的跨太平洋伙伴关系协定（Trans-Pacific Partnership Agreement，TPP）、跨大西洋贸易与投资伙伴协定即“经济北约”（Transatlantic Trade and Investment Partnership，TTIP），以及区域全面经济伙伴关系（Regional comprehensive economic partnership，RCEP）等属于巨型的 FTAs。中韩 FTA、中澳 FTA 则代表新时期中国自贸区的实践。

1.4.1.2 国内的自由贸易区（Free Trade Zone，FTZ）

FTZ 是指一国在其本土内划定的以贸易为主要内容的特殊经济区域，学者们将其理解为狭义的自由贸易区。FTZ 的概念可追溯到世界海关组织（WCO）1973 年《关于协调和简化海关手续的国际公约》（简称《京都公约》）中的“自由区”（Free Zone）和“海关仓库”（Customs Warehouse），其定义为“指一国的部分领土，在这部分领土内运入的任何货物就进口关税及其他各税而言，被认为在关境以外，并免于实施惯常的海关监管制度”。其特点是单一主权国家或地区的单方面行为，在国或地区内划定一个特殊区域，实施物理围网隔离管理，并对从境外区的货物实行免税或报税的特殊政策，但并不降低关税。

国际劳工组织、世界银行和世界加工区协会对自由贸易区的定义是：“一个拥有区域外无法获得货物自由的监督管理制度和/或税收和其他的激励措施，试图创造一个相对无障碍的环境，促进所在国家的进口、出口，并为区外制造业发展提供中间服务。”这说明自由贸易区的基本特点有三：一是自由贸易区相对区域外是一个特殊的货物贸易监管制度；二是自由贸易区域内关税免税和其他税收激励措施；三是其目的是促进一国货物贸易的增长，并为一国实体经济提供服务。

FTZ 的国家（地区）实践有美国的“对外贸易区”（Foreign trade zone）和欧盟的“自由区”（Free zone）。美国的对外贸易区制度建立较早，根据 1934 年《对外贸易区法案》而建立，它是指在美国进口口岸内或毗邻地区设立的一片限制进入的地理区域；在该区域内，外国货物不需要办理通常海关进口手续和缴纳关税，并可以进行储存、展示、分级、清洗、混合、销毁、批发、加工、制造或其他处理，但任何导致货物税则归类发生改变的加工、制造活动必须事先得到批准。欧盟《现代化海关法典》在“保存制度”中沿用了《欧共体海关法典》中的海关仓库和自由区制度；海关仓库和自由区是共同体关境的一部分或是位于关境内但与关境内其他地区相隔离的地域。它们是为了便利欧盟国家与非欧盟国家之间的贸易往来而设立的，在自由区及自由仓库中，非共同体货物在清关或履行其他海关业务制度前被视为尚未进入共同体关境；自由区或自由仓库内允许进行任何工业、商业或服务业活动，但进行此类活动应事先通知海关[①]。目前，世界135个国家建有3500多个自贸园区，自贸园区既是国际经贸竞争与合作的重要平台，也是各国争夺新一轮国际经贸规则制定权的重要载体。

本书研究的自由贸易区属于FTZ，即国内的、狭义的自由贸易区。

1.4.1.3 自由贸易试验区（Pilot Free Trade Zone，PFTZ）

PFTZ是一国主权内的制度安排，是一种“境内关外”区域和境内试验区建有的特殊区域。我国自由贸易试验区（PFTZ）实质上是一种制度安排，核心是制度创新，即以FTZ为基点向境内试验区扩区，推动中国新一轮扩大对外开放的试验区。它具有以制度创新促进扩大开放的特征。其要义在于通过制度创新提供相对稳定、透明、开放、公平的规则体系，为经济主体的贸易和投资活动提供便利条件，降低其参与经济活动的交易成本，从而优化资源配置、提升经济效率。

对外经贸大学国际经济贸易学院卢进勇教授指出我国前两批设立的4个自由贸易试验区（上海、天津、福建、广东）已基本实现五大目标：一是体制机制的改革试验，按照高版本、高标准的国际经贸新规则，进行管理体制改革；二是贸易的自由和便利化；三是投资的自由化和便利化；四是服务业的开放；五是金融业的开放。

2017年3月国务院印发第三批7个自由贸易试验区(辽宁、浙江、河南、湖北、重庆、四川、陕西）总体方案，至此，我国形成了“1+3+7”雁阵引领对外开放新格局。2018年10月26日国务院批复同意设立海南自由贸易试验区，彰显我国扩大对外开放、积极推动经济全球化决心的重大举措。2019年8月26日，国务院印发《中国（山东）、（江苏）、（广西）、（河北）、（云南）、（黑龙江）自由贸易试验区总体方案》。

自2013年中国首个自贸试验区在上海挂牌至今，此次新设6个自贸试验区已经是第5次扩容。经过5次扩容，已形成“1+3+7+1+6”的以上海自贸区为领头雁的从沿海到沿边的我国自贸区建设新格局。本次扩容后，18个自贸区全面覆盖全国各个主要区域，构建起东中西协调联动、陆海统筹发展的全方位和高水平区域开放的全新格局，既能服务于“一带一路”建设、京津冀协同发展、

① 参见欧盟《欧共体海关法典》第三章第一节第166条至第181条，欧盟《现代化海关法典》第三章第三节“海关仓库”，第四节“自由区”。

长江经济带发展、粤港澳大湾区建设等，又能服务于西部大开发、振兴东北老工业基地、中部崛起、东部地区率先发展等区域发展，环环相扣，与国家新一轮改革开放的总体布局高度吻合。

本研究中如无特殊说明，所涉及自贸区即指自由贸易试验区。

我国 18 个自由贸易试验区战略规划表，见表 1–1。

表 1–1 我国 18 大自由贸易试验区战略规划一览

<table>
<tr><th>名称</th><th>设立时间</th><th>战略定位</th></tr>
<tr><td>上海自由贸易试验区</td><td>2013–09–29</td><td>在推进投资贸易便利、货币兑换自由、监管高效便捷、法制环境规范等方面担当全国的“领头羊”</td></tr>
<tr><td>天津自由贸易试验区</td><td rowspan="3">2015–04–21</td><td>立足于推动京津冀协同发展，利用口岸协作等机制辐射带动内陆发展</td></tr>
<tr><td>福建自由贸易试验区</td><td>立足于深化两岸经济合作，着力加强闽台产业对接，辐射和带动海峡西岸经济区发展</td></tr>
<tr><td>广东自由贸易试验区</td><td>立足于推动内地与港澳经济深度合作，通过促进加工贸易转型升级，带动泛珠三角区域和内陆地区产业转型升级</td></tr>
<tr><td>辽宁自由贸易试验区</td><td rowspan="7">2017–03–31</td><td>打造提升东北老工业基地发展整体竞争力和对外开放水平的新引擎</td></tr>
<tr><td>河南自由贸易试验区</td><td>着力服务于“一带一路”建设的现代综合交通枢纽</td></tr>
<tr><td>浙江自由贸易试验区</td><td>推动大宗商品贸易自由化，提升大宗商品全球配置能力</td></tr>
<tr><td>湖北自由贸易试验区</td><td>发挥在实施中部崛起战略和推进长江经济带建设中的示范作用</td></tr>
<tr><td>重庆自由贸易试验区</td><td>发挥重庆战略支点和链接点重要作用、带动西部大开发战略深入实施</td></tr>
<tr><td>陕西自由贸易试验区</td><td>打造内陆型改革开放新高地，探索内陆与“一带一路”沿线国家经济合作和人文交流新模式</td></tr>
<tr><td>四川自由贸易试验区</td><td>打造内陆开放型新高地，实现内陆与沿海沿边沿江协同开放</td></tr>
<tr><td>海南自由贸易试验区</td><td>2018–04–13</td><td>打造成为我国面向太平洋和印度洋的重要对外开放门户</td></tr>
<tr><td>山东自由贸易试验区</td><td rowspan="3">2019–08–26</td><td>加快推进新旧发展动能接续转换、发展海洋经济，形成对外开放新高地</td></tr>
<tr><td>江苏自由贸易试验区</td><td>着力打造开放型经济发展先行区、实体经济创新发展和产业转型升级示范区</td></tr>
<tr><td>广西自由贸易试验区</td><td>着力建设西南中南西北出海口、面向东盟的国际陆海贸易新通道，形成 21 世纪海上丝绸之路和丝绸之路经济带有机衔接的重要门户</td></tr>
</table>

续表

名称	设立时间	战略定位
云南自由贸易试验区	2019-08-26	建设连接南亚东南亚大通道的重要节点，推动形成我国面向南亚东南亚辐射中心、开放前沿
河北自由贸易试验区		积极承接北京非首都功能疏解和京津科技成果转化，着力建设国际商贸物流重要枢纽、新型工业化基地、全球创新高地和开放发展先行区
黑龙江自由贸易试验区		着力深化产业结构调整，打造对俄罗斯及东北亚区域合作的中心枢纽

1.4.1.4 自由贸易区相关概念的联系和区别

国际间自由贸易区（FTA）、国内自由贸易区（FTZ）以及自由贸易试验区（PFTZ）的联系和区别如表 1-2 所示。

表 1-2　自由贸易区相关概念的联系和区别

比较项		国际间自由贸易区（FTA）	国内的自由贸易区（FTZ）	自由贸易试验区（PFTZ）
区别	表现形式	中韩 FTA、中澳 FTA	美国的对外贸易区、欧盟的自由区	中国的“1+3+7+1”自由贸易试验区
	惯例依据	WTO	WCO	WCO
	本质内涵	国际间的区域贸易制度安排	国家内部的扩大开放制度安排	国家内部的扩大开放制度安排
	设立主体	涉及两个及以上主权国家（地区）	单一主权国家（地区）	单一主权国家（地区）
	覆盖范围	涉及两个及以上关境的全部地区	仅限于同一关境内的部分“境内关外”海关特殊监管区	同一关境内的部分“境内关外”园区和境内试验区兼有的特殊区域
	功能定位	通过区域贸易制度安排，减少乃至取消彼此间贸易壁垒	通过实施保税、免税等特殊优惠政策，破除贸易壁垒	国际投资新规则的试验区；贸易投资便利化的先行区；离岸功能创新的引领区；
	法律依据	多双边贸易协定	国内立法	国内立法
	主权让渡	涉及部分主权让渡	不涉及	不涉及
联系		都是旨在通过扩大开放和区域经济一体化举措来促进生产要素自由流动，降低市场壁垒，带动全国统一大市场形成		

1.4.2 知识产权服务业

1.4.2.1 知识产权服务业的概念

2012年国家知识产权局《关于加快培育和发展知识产权服务业的指导意见》指出，知识产权服务业是提供专利、商标、版权、商业秘密、植物新品种、特定领域知识产权等各类知识产权“获权—用权—维权”相关服务及衍生服务，促进知识产权权利化、商用化、产业化的新型服务业，是现代服务业的重要内容，是高技术服务业发展的重点领域。

唐恒（2011）从知识产权服务业涉及的服务形态和业务领域出发，将其定义为各种有关知识产权服务的综合，涉及知识产权确认、代理，法律诉讼、咨询、许可，技术转让，融资中的知识产权服务，计算机软件和数据处理中的知识产权服务、广告中的知识产权服务，出版物中的知识产权服务等。

冯晓青（2013）从知识产权服务业提供服务的主体和开展服务的内容角度将其定义为知识产权服务主体利用自身专业知识和技能，围绕知识产权的确权、维权、用权，为知识产权权利人开展以知识产权代理、转让、诉讼、许可、评估、咨询、培训、信息检索和分析、质押融资等相关服务为主要内容的一种现代服务行业。

唐恒（2011）从管理层次角度对知识产权服务业加以定义，认为知识产权服务业是与知识产权有关的，涉及政府、中介和企业层面的一系列服务。具体而言，知识产权服务业可以分为知识产权管理服务层、知识产权中介服务层以及企业内部知识产权服务层等3个层次。知识产权管理服务层主要涉及政府、知识产权行业协会、学会、研究会等，提供行政管理、行业管理和公共服务，知识产权的争端解决也应在此层次中。知识产权中介服务层主要涉及知识产权代理服务、咨询服务、法律服务、交易服务和融资服务。企业内部知识产权服务层主要管理企业的知识产权事宜。

1.4.2.2 知识产权服务业的业务分类

根据相关政府文件、文献研究及本项目的研究需要，按提供服务的内容、服务的功能、服务性质将自贸区知识产权服务业进行划分，具体情况见表1–3。

按照国民经济行业分类，知识产权服务业隶属商务服务业（L72）范畴，同时是现代服务业和生产性服务业的重要内容、高技术服务业优先发展的重点领域、科技服务业发展的重点任务。

表 1–3　本项目知识产权服务业分类

划分依据	分类	具体描述
提供服务的内容	代理服务	专利申请、商标注册、著作权（含计算机软件）登记、地理标志申请、集成电路布图设计登记、植物新品种申请以及其他知识产权代理事务
	法律服务	知识产权维权服务、法律援助服务、诉讼与应诉服务、尽职调查服务以及其他知识产权法律服务
	信息服务	知识产权信息检索分析、知识产权文献翻译、数据加工、数据库建设、软件开发、系统集成服务、知识产权分析评议以及其他知识产权信息服务
	咨询服务	知识产权战略、政策、管理、实务咨询，市场调查咨询，企业知识产权管理标准化示范创建工作以及其他知识产权咨询服务
提供服务的内容	培训服务	知识产权教育培训、职业技能培训、实务培训、行业社团培训以及其他知识产权培训服务
提供服务的功能	基础服务型	围绕自身服务职能。该类型服务机构工作人员多取得专利代理等相关从业资格，从事知识产权的授权、确权事务性工作
	特色服务型	从客户出发。该类型服务机构工作人员拥有比较广阔的视野，在知识产权经济价值挖掘方面重点针对客户开展知识产权转让、技术转移、知识产权质押融资、评估、保险等服务；在知识产权技术属性挖掘方面通过行业专利布局分析，判断未来技术发展趋势，利用专业能力去帮助客户分析行业内的专利布局，预测今后的战略伙伴或者会员企业行业发展的技术动向，判断哪些专利会起到战略性的作用，帮助采购、孵化和研发这些技术
	主动出击型	从市场出发。这类服务机构人员主要是来自先发地区的大所或者是大型国企从事技术性开发人员，通过市场的手段获取客户或者自己认为有价值的专利技术，开发、收购和储备有价值的专利技术，建立庞大的专利组合或专利池。根据客户的不同需要帮助客户建立不同的组合，采用包括技术指导、联合开发和收购等合作方式，帮助战略伙伴购买市场上有创新价值的发明或参与谈判以取得技术使用许可
提供服务的性质	公共服务	政府提供有限但必要的知识产权公共服务，如知识产权基础信息资源，这也是服务型政府应承担的义务
	公益服务	公益机构提供的公益服务，政府应提供适当的补贴或政策优惠
	市场服务	商业机构提供的营利服务，政府提供政策优惠，在必要时，政府可通过采购的形式，采购知识产权服务
产业链视角	产业链前端的获权服务	包括知识产权信息检索、获权代理和培训服务、法律服务
	产业链中端的用权服务	主要是指商用化服务、法律服务
	产业链后端的维权服务	包括咨询服务、维权保护和纠纷诉讼、法律服务

按照 WTO《服务贸易总协定》（GATS），知识产权服务所包含的各类服务可归入下列服务门类：①专业服务中的法律服务；②计算机及相关服务中的软件实施、数据处理和数据库服务；③其他商业服务中的管理咨询、与管理咨询相关的服务，以及相关科学技术咨询服务；④电信服务中的在线信息和数据检索、电子数据交换、编码和规程转换、在线信息和数据处理服务；⑤教育服务中的其他教育服务；⑥银行及其他金融服务中的抵押信贷、担保和承诺服务；⑦其他金融服务中的转让和提供金融服务软件、相应的咨询、中介和附属服务。

1.5 研究方法与数据来源

1.5.1 研究方法

本研究综合运用文献分析与实地调查、专题研究与系统集成、定性与定量等相结合的方法，广泛征求专家、学者和有关部门的意见，力求客观、科学、全面。

1.5.1.1 文献分析与现场调研相结合

首先收集整理国内外有关本项目的相关政策文件、文章、统计数据、经验总结、报告等资料，形成对相关问题的初步认识；再组织赴湖北自贸区 3 个片区对各类知识产权服务业代表性机构进行实地调研。同时，通过召开座谈会、访谈等形式收集掌握湖北自贸区知识产权服务业发展现状的资料，以及相关创新主体和行政管理部门的建议，深化对相关问题的认识，使结论更加科学。

1.5.1.2 理论分析与实证分析相结合

本研究从公共行政管理、知识产权政策等交叉学科的理论视角，定位湖北自贸区推进知识产权服务业发展的目标和重点任务，既有深入的理论基础分析，又有定性定量的实证数据分析，更有具备可操作性的政策实施建议方案。同时，本研究在进行政策研究的同时，将采取试点示范的形式，依托东湖高新区知识产权服务业协会，推动相关政策的实施。

1.5.1.3 内部研讨与外部咨询相结合

在自贸区的商务和知识产权部门，以及相关知识产权服务业机构、企事业单位内部组织召开不同形式的研讨会议，就有关问题进行讨论和交流，提高研究质量。在外部通过召开多层次的专家会议，就重大问题征求各方面专家的意见。对取得的阶段性成果，及时向政府有关部门报告有关研究的情况与成果，并充分征求相关政府管理部门、地方政府以及相关经济主体等多方面的意见，不断反馈修改，力求使研究成果得到广泛认同。

1.5.1.4 比较分析法

通过调研上海、广东、天津、福建等自贸区知识产权服务业政策环境、知识产权服务机构、知识产权保护水平等情况，对湖北自贸区知识产权服务业发展和制度创新等进行比较分析，以期获得湖北自贸区知识产权服务业开放发展和创新可资借鉴的经验。

1.5.2 数据来源

本研究的数据可以从湖北省知识产权局、宜昌市知识产权局、襄阳市知识产权局、武汉东湖新技术开发区知识产权办公室和武汉东湖新技术开发区知识产权服务业协会等单位获取。数据资料包括近年的《湖北省知识产权白皮书》《东湖新技术开发区统计年鉴》等，以及武汉东湖新技术开发区知识产权服务业协会正在建设的会员单位信息统计平台，利用这些数据对自贸区知识产权服务业的现状作深度的分析。

对上海、广东、天津、福建自贸区知识产权服务业政策环境及知识产权服务机构、自贸区知识产权服务业保护水平等情况将通过湖北省商务厅、湖北省知识产权局等政府部门联络后调研获取。

1.6 研究思路、技术路线及主要研究内容

1.6.1 研究思路和技术路线

本研究遵循“原则探讨—现状探查—经验探究—路径探寻”的基本思路展开研究，提出可操作性的政策实施建议方案。研究实施过程遵循如图 1–1 所示的技术路线。

1.6.2 主要研究内容

1.6.2.1 原则探讨：湖北自贸区知识产权服务业开放与发展的必要性、重要性及原则

本部分将深刻剖析四大自贸区知识产权服务业开放与发展的必要性、重要性和原则，基于内生需要及对标分析视野，阐述湖北自贸区知识产权服务业开放与发展的必要性、重要性及原则。

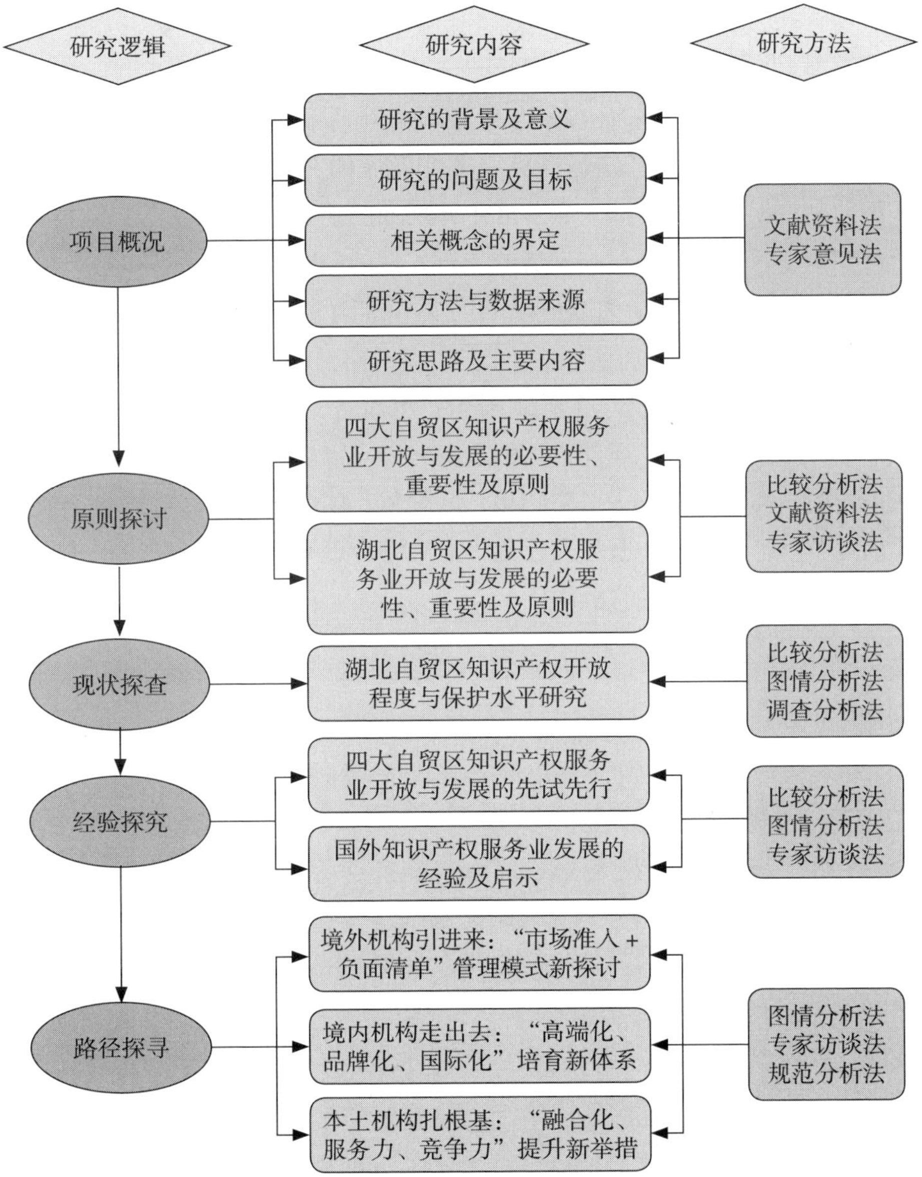

图 1–1　本研究技术路线图

1.6.2.2 现状探查：湖北自贸区知识产权服务业开放程度和保护水平研究

本部分基于对境外知识产权服务机构引进来和省外知识产权品牌服务机构落户自贸区的数据解读，评估湖北自贸区知识产权服务业的开放程度；并从市场、制度、社会三方面的因素解释影响自贸区知识产权服务业扩大开放与持续发展的原因。

1.6.2.3 经验探究：来自四大自贸区及国外的启示

本部分从四大自贸区知识产权服务业发展的 SWOT 分析、四大自贸区政府层面的制度创新先试、四大自贸区主体层面的经营实践先行三方面分析四大自贸区知识产权服务业开放与发展的先行先试的经验；再将国外知识产权服务业发展的经验和启示概括为政府层面的引导推动和企业层面的积极主动两个方面。

1.6.2.4 路径探寻：湖北自贸区知识产权服务业开放与发展新路径

本部分从三维角度：境外机构引进来——“市场准入 + 负面清单”管理新模式；境内机构走出去——“高端化、品牌化、国际化”培育新体系；本土机构扎根基——“融合力、服务力、竞争力”综合提升新举措提出湖北自贸区知识产权服务业开放与发展的新路径。

第二章　原则探讨：自贸区知识产权服务业开放与发展的必要性、重要性及原则

上海为我国第一批自由贸易试验区，天津、广东、福建自贸区为我国第二批自由贸易试验区（以下简称为四大自贸区），本章对标四大自贸区知识产权服务业开放与发展的必要性、重要性及原则，借此阐述湖北自贸区知识产权服务业开放与发展的必要性、重要性及原则。

2.1 四大自贸区知识产权服务业开放与发展的必要性、重要性及原则

2.1.1 四大自贸区知识产权服务业开放与发展的必要性

2.1.1.1 改善营商环境之必需

扩大服务业对外开放和探索服务业开放的体制机制是自由贸易试验区建设的重要任务之一。我国率先在自由贸易试验区实施外商投资负面清单制度，减少和取消对外商投资准入限制，重点扩大服务业和制造业对外开放。2018年版的自由贸易试验区外商投资准入特别管理措施已减至45条，但在部分服务业的敏感领域还存在资质要求、股比限制、经营范围等准入限制，自由贸易试验区也不设特殊的税收政策，主要着力点在于利用自由的营商环境，吸引跨国公司总部集聚，成为总部经济中心。

一方面自贸区引资重点将集中于高端制造业、高新技术产业以及包括航运业、金融业、证券、航空等在内的现代服务业。其中很多领域涉及的知识产权服务业务复杂，专业性强，这些都迫切需要知识产权服务行业的开放能够跟上步伐，以提供高效的知识产权服务保障。另一方面，进一步开放知识产权服务市场，有助于国内知识产权服务机构借鉴国内外同行的先进管理经验，推动中国知识产权服务机构国际化服务能力的不断提升。

2.1.1.2 加大自贸区高质量发展之必需

（1）加大自贸区知识产权服务业开放力度有助于自贸区的成功建设。

相比于此前各地建立的综合保税区，自贸区的规划建设起点要高，重在制度性突破，即定位制度创新的“蓄水池”。自贸区的发展将会明显提升自贸区自由化的程度，促进货物贸易和服务贸易进一步开放，自贸区将成为重要的高端制造、研发基地，以及汇集国际知名品牌的购物天堂，而这些都与知识产权保护密切相关。自贸区建设必须按照国际通行的知识产权保护体例，吸引和发展高端现代化的知识产权服务业。因此，自贸试验区亦应积极探索发展现代知识产权服务业，从而不断提升知识产权保护的国际形象，促进自贸试验区建设的全面展开。

（2）满足和激发自贸区市场主体对知识产权服务的基本和深层次需求。

自贸区的市场运行离不开市场主体对知识产权事务的具体需求，需要满足自贸区市场主体在资源获取、技术创新、市场竞争中对知识产权专业化服务的需求，推动自贸区的知识产权创造、运用、保护和管理，构筑自贸区知识产权竞争优势。例如，深化自贸区国际和国内知识产权发展态势宣传培训。开展以企事业单位高层管理人员、技术研发人员、文化创作人员、高校科研人员等为重点目标的知识产权培训，引导市场主体进一步提升知识产权意识；支持市场主体在研发创新、企业经营、市场竞争中，依托知识产权专业服务开展知识产权竞争情报分析，有效运用国际知识产权规则提升自贸区市场竞争力；优化自贸区各类知识产权试点示范单位创建工作，促进自贸区市场主体根据自身特点，通过专业化的知识产权服务，在有效获权、用权、维权以及获取创新启示、预防知识产权风险、评估知识产权价值、实施创新成果转移转化等方面取得示范成果。

（3）加快自由贸易试验区转型升级。

自贸区的建设要努力抓住全球价值链重塑机遇，全面构建以高端制造业和服务经济为主导的产业结构，成为“打造中国经济升级版”的突破口。自贸区制造业高速发展对生产性服务具有明显的需求效应，通过知识产权服务增加值链条，在服务业增加值与出口商品增加值之间形成循环，为自贸区企业进入高端制造业并同时向价值链两端转型提供必要的基础。同时，知识产权服务业也将有助于服务领域的技术创新和技术引进，积极引导服务业向价值链上游延伸。

2.1.1.3 服务“一带一路”倡议之必需

在国家“一带一路”倡议的指引下，我国经济发展的空间格局得到优化，创新成为经济发展主动力，而创新离不开知识产权的保护。企业加快“走出去”步伐的同时，知识产权保护也为企业的技术创新活动提供了制度保障。湖北是“一带一路”倡议的重要节点，加强对“一带一路”重大知识产权案件的跟踪研究，及时收集发布“一带一路”沿线重点国家、主要贸易目的地和对外投资目的地的知识产权法律法规及相关信息，设立企业海外知识产权维权机制，支持企业“走出去”，具有重大意义。

2.1.2 四大自贸区知识产权服务业开放与发展的重要性

2.1.2.1 知识产权服务业自身以开放促发展

知识产权服务业是现代服务业的重要组成类别。自贸区推进知识产权服务业开放与发展创新具有重要意义。近几十年来，国家和地方政府高度重视知识产权服务业，知识产权服务业体系已经基本形成。但是进一步推动知识产权服务业的开放还是迫在眉睫，目前我国知识产权服务业还面临诸多问题，如仍以政府推动为主、市场自我发展机制还不够成熟完善、服务机构涉外服务能力欠缺等。

随着我国逐渐向创新驱动发展转型，知识产权运用和保护将对知识产权服务业（无论是在数量还是质量上）提出进一步的要求，进一步地推动知识产权服务业的开放势在必行。

2.1.2.2 自贸区产业发展的内生需求

未来随着自贸区高精产业的发展以及国际知名企业的不断进驻，跨境贸易特别是知识产权贸易量增长，服务业、制造业等行业的加速发展都蕴藏着大量的知识产权服务需求潜力。自贸区产业创新发展需要知识产权法律、咨询、导航、预警等信息利用服务保驾护航。此外，园区内大量企业对知识产权价值的深入挖掘普遍缺乏认识，这也需要高质量的知识产权服务业对其进行引导，激活更多的知识产权服务市场需求。

2.1.2.3 引凤筑巢的必然之举

自贸区现代知识产权服务业的开放有助于国际与国内高水平的知识产权专业服务机构大量进入自贸区。目前，自贸区还十分欠缺具有国际视野、本土情怀的知识产权高端服务机构和人才，导致大量企业知识产权涉外纠纷难以解决。

具有精深的专业知识，娴熟的外语技能以及丰富商业历练的高端复合型国际化人才的引进，有助于形成良好的知识产权服务业产业聚集、协作共存的创新服务生态圈建设，能为自贸区国际创新提供全方位的专业化服务。

2.1.2.4 以外来机构的竞合促本土机构的提升

自贸区一方面要引入国际一流的知识产权服务机构，提升自贸区国际化服务能力。另一方面，自贸区也要对内同步扩大开放知识产权服务业，鼓励国内优秀的知识产权服务机构进入区内开展业务，针对自贸区特点开发专项服务项目，促进与国际服务机构的竞争与合作，吸收国际先进经验，提升国际竞争力。知识产权服务业对外开放有助于促进国内知识产权服务机构在自贸区更好地布点，学习先进的服务理念，提高职业水平，更好地与国际衔接，进一步推动国内知识产权服务业的繁荣发展。

2.1.2.5 有利于对标国际高规则知识产权服务业

高技术性、知识性、高附加值性与聚集性是现代服务业的重要特征，因此要大力促进发展与国际相接轨的现代服务高端产业。现代化服务业的发展水平与规模直接决定了国家在国际经贸格局中的竞争实力与规则制定话语权。知识产权服务业是市场经济发展到成熟阶段后所产生的高端专业化服务，在美国、欧盟、日本都被视为现代服务业中的明星产业，受到政府与社会的普遍重视与支持。我国知识产权服务业相比先进国家和地区还有较大差距。在自贸区发展现代知识产权服务业，有助于完善自贸区现代服务业产业布局，提升服务产业的质量层次。

2.1.3 四大自贸区知识产权服务业开放与发展的原则

四大自贸区在知识产权服务业开放与发展中秉持了各自的原则。例如，上海提出全力推进知识产权服务业，引进一批海内外知识产权代理、评议、转化、战略分析和布局等机构。天津建立自贸试验区知识产权便利化服务体系，为企业和创业者提供一站式知识产权服务。广东提出搭建服务于加工贸易转型升级的知识产权公共服务平台。厦门出台《开展两岸知识产权经济发展试点工作方案（2015—2020 年）》，扩大对台知识产权服务，开展两岸知识产权经济发展试点。

2.1.3.1 广州的原则

广州市为贯彻落实《广东省人民政府办公厅关于加快发展生产性服务业的若干意见》（粤府办〔2015〕54 号），提升高端专业服务业发展水平，提出了按照政府引导与市场推动相结合、培育发展与加强规范相结合、整体推进与重点突破相结合的基本原则，大力培育和引进高端专业服务业优势企业，全面提升广东省专业服务业发展质量和核心竞争力。

2.1.3.2 上海的原则

上海市知识产权局的《关于加快上海知识产权服务业发展的意见》和《上海扩大开放 100 条》中提出以加快知识产权服务业创新发展为主题，以提升知识产权制度运用能力为核心，以促进知识产权与科技经济深度融合为主线，激发市场活力，构建完整的知识产权服务体系和产业链，全面提升知识产权服务能力，为创新驱动发展提供强有力的知识产权保障和支撑。上海自贸区坚持贯彻“政府引导，市场驱动；统筹推进，融合发展；面向国际，创新发展”的发展基本原则，发挥专利、商标、版权等知识产权的引领作用，打通知识产权创造、运用、保护、管理、服务全链条。

2.1.3.3 天津的原则

天津市打造全产业链高端知识产权服务体系，实现了自创区与自贸区的“双自联动”效应。天津自贸区强调构建全方位、多层次、宽领域的区域开放型经济新格局。多年来，天津在知识产权创造、运用、保护和管理方面取得明显成效。天津创新自由贸易试验区知识产权保护制度，在自贸区设立滨海新区知识产权保护服务中心，先行尝试保护服务中心和行政、司法、仲裁、人民调解“1+4”知识产权保护运行模式。坚持开放协同，面向全球组织资源要素，推进京津冀知识产权协同发展，扩展国内外知识产权交流合作，营造共赢发展的良好环境，促进各类高端资源要素集聚。

2.1.3.4 福建的原则

第一，大胆探索、先行先试、积极推广。为加强自贸试验区知识产权保护工作，提高知识产权行政执法与海关保护的协调性和便捷性，打造自贸试验区良好的知识产权保护环境。厦门海关先行先试，自主开发全国首个知识产权海关保护 APP。平台将知识产权海关保护的关口前移，提前对进出口货物知识产权状况进行预确认，大大压缩通关时间，同时也为外贸企业提供甄别外贸订单中知识产权风险的有效、快捷途径。

第二，打造国际一流营商环境。厦门自贸片区颁发新版知识产权扶持与奖励办法。对比原有奖励办法，新版办法奖励范围从知识产权领域扩展到科技创新和泛知识产权领域，片区内资企业、港澳台资企业及外商投资企业均可按规定申请享受。厦门自贸片区还以优化服务为抓手，针对知识产权维权中存在的取证难、周期长、成本高、赔偿低等问题，面向片区企业免费提供知识产权网上侵权预警与存证云服务。知识产权保护是自贸试验区先行先试打造国际一流营商环境的重要组成部分。厦门自贸片区挂牌3年以来，已聚集万慧达知识产权服务公司等一批国内外知名的知识产权服务机构。

第三，完善机制、两岸合作，建设知识产权友好自贸试验区。为给城市的开放创新植入“知识产权芯”，厦门自贸片区多部门联合，探索建立权界明晰、分工合理、责权一致、运转高效和法治保障的知识产权工作体制机制。厦门片区综合监管和执法局相对集中地行使知识产权的行政处罚权，并建立与海关、公安、检察、法院、仲裁等六方知识产权保护协作机制，强化知识产权行政保护、司法保护、海关保护之间的衔接。

厦门自贸片区大力推进两岸知识产权交流合作。如，降低我国台湾地区知识产权进入大陆市场的成本门槛，允许注册在厦门自贸片区的台资企业开展知识产权管理、服务、运营等业务。两岸还联手设立知识产权智库，会聚15位海峡两岸知名知识产权专家，对侵犯台商商标、专利、版权的行为优先立案、及时查处，进行全方位保护。

2.2 湖北自贸区知识产权服务业开放与发展的必要性、重要性及原则

根据《中国（湖北）自由贸易试验区总体方案》和《中国（湖北）自由贸易试验区建设管理办法》，对湖北自贸区的区域布局划分如表2-1。

表2-1　湖北自贸区三大片区区域布局划分

区域	主要产业	发展优势
武汉片区	新一代信息技术、生命健康、智能制造等战略性新兴产业和国际商贸、金融服务、现代物流、检验检测、研发设计、信息服务、专业服务	要坚持国家自主创新示范区和自由贸易试验区“双自联动”和创新、开放“双轮驱动”的战略

续表

区域	主要产业	发展优势
襄阳片区	高端装备制造、新能源汽车、大数据、云计算、商贸物流、检验检测	1. 新能源汽车产业。襄阳是全国唯一具备新能源汽车全产业链检测能力、全过程数据分析能力的城市，已经集聚了 4 家整车企业，全部建成后将形成 100 万辆的产能； 2. 高端装备制造业。集聚了中航机电、航天科技化学研究所、中国中车、东风井关等一批高端装备制造龙头企业，形成了航空航天、轨道交通、工业机器人、现代农机等高端装备特色产业集群； 3. 云计算和大数据产业。已建成了华为云服务华中大区中心、中国移动大数据中心、IBM 大数据中心，正在建设华为和中国电信大数据产业园； 4. 检验检测产业。在襄阳高新区设立了区域性检验检测产业园，集聚检测认证机构 38 个，目前与周边地区 1 万多家企业建立了长期服务合作关系； 5. 商贸物流产业。最大的优势是交通区位，依托铁路枢纽、公路枢纽、机场和汉江航运中心，规划建设现代物流产业园区
宜昌片区	先进制造、生物医药、电子信息、新材料等高新产业及研发设计、总部经济、电子商务	1. 创新引领优势。宜昌是“国家知识产权示范城市”“全国创新驱动示范市”，省级以上科创平台达到 188 家，万人发明专利拥有量达到 4.7 件； 2. 产业支撑优势。宜昌片区重点发展的产业，都是长期培育壮大、具有一定规模的优势产业，现有基础好、未来潜力大

2.2.1 湖北自贸区知识产权服务业开放与发展的必要性：战略规划及政策谋划

2.2.1.1 战略规划

湖北自由贸易试验区主要建设目标是对接国际高标准投资贸易规则体系，力争建成高端产业集聚、创新创业活跃、金融服务完善、监管高效便捷、辐射带动作用突出的高水平、高标准的自由贸易园区。既服务“一带一路”建设、长江经济带发展和中部崛起等，为国家试制度、出经验，又补足湖北开放不够的短板，推动湖北经济转型升级，为地方谋发展。

知识产权服务业是现代服务业的重要组成类别，湖北自贸区推进知识产权服务业开放与发展创新具有重要意义。伴随着知识产权事业的发展，湖北省知识产权服务业快速发展，服务机构日益壮大，服务产品不断丰富，服务质量和能力稳步提升。但总体上湖北省知识产权服务业仍处于发展初期，还存在市场主体发育不健全、高端服务业态较少、知名品牌缺乏、复合型人才缺少等问题。加快发展知识产权服务业，有利于促进知识产权事业发展，有利于提高产业核心竞争力、促进经济结构调整和经济发展方式转变，对于提升自主创新的效能与水平，促进经济提质增效升级具有重要意义。

为了培育和发展规模化、专业化、国际化律师事务所以及知识产权法律服务。根据武汉、襄阳、宜昌片区各自的功能特点，鼓励擅长国际贸易、国际金融、贸易物流、海事海商、知识产权、电子商务等专业领域的省内外律师事务所，到湖北自贸区执业或设立分支机构。引导律师事务所加大在湖北自贸区的业务发展投入，突出专业优势，加强品牌建设，提高法律服务能力和质量。武汉市、襄阳市、宜昌市司法局负责组织协调，争取每个片区至少设立两家律师事务所或律师事务所分所。

为了吸引我国港澳地区律师事务所和外国律师事务所、知识产权服务机构到湖北自贸区发展，鼓励其到湖北自贸区设立代表机构，湖北省司法厅主动和武汉市、襄阳市、宜昌市司法局协调有关部门为代表机构的设立，在准入程序、办公场所等方面，提供适当便利和优惠条件。

推进内地律师事务所与我国香港、澳门地区律师事务所乃至外国律师事务所合作。鼓励在内地设立代表机构的我国香港、澳门地区律师事务所与内地律师事务所在湖北自贸区内按照协议约定或合伙方式进行联合经营，与湖北自贸区内律师事务所互派律师担任法律顾问；鼓励在中国设立代表机构的外国律师事务所与中国律师事务所在湖北自贸区内按照协议约定方式进行联合经营，与湖北自贸区内中国律师事务所互派律师担任法律顾问；允许湖北自贸区的内地律师事务所实习律师到我国港澳地区律师事务所实习，并视同内地律师事务所实习经历。依法需要经司法部授权的事项，由省司法厅及时申请办理。引导省内律师事务所，特别是武汉、襄阳、宜昌三个片区内律师事务所或律师事务所分所，与我国香港、澳门地区律师事务所驻内地代表机构或外国律师事务所驻我国代表机构建立长期知识产权服务业务委托关系。

为了服务湖北企业和个人“走出去”和国（境）外企业和个人“引进来”，应支持和引导法律服务机构和法律服务人员参与湖北省企业和个人“走出去”开展法律事务，单独或联合外国律师事务所以及知识产权服务开展外国有关法律咨询服务，帮助湖北省企业和个人了解驻在国家和地区的知识产权法律制度和环境。此外，还应拓展涉外知识产权法律服务，加强知识产权海外维权援助工作，切实做好湖北省涉外诉讼、仲裁代理工作，依法依规则解决国际贸易争端，积极参与反倾销、反补贴、保障措施和贸易壁垒应对以及反垄断调查和诉讼，维护湖北省企业、个人在国外，以及国（境）外企业、个人在湖北省的正当权益，依法维护海外侨胞权益①。

2.2.1.2 政策谋划

国务院、湖北省均出台一系列政策（表 2–2），鼓励发展湖北省知识产权服务业，以营造良好的营商环境。

表 2–2　国家、湖北省促进知识产权发展政策一览

分类	与知识产权相关的主要内容	政策名称
健全机制	健全知识产权保护运用机制。开展知识产权综合管理改革试点；紧扣创新发展需求，发挥专利、商标、版权等知识产权的引领作用，打通知识产权创造、运用、保护、管理、服务全链条，建立高效的知识产权综合管理体制，构建便民利民的知识产权公共服务体系，探索支撑创新发展的知识产权运行机制，推动形成权界清晰、分工合理、责权一致、运转高效、法治保障的体制机制	《国务院关于促进外贸回稳向好的若干意见》
搭建平台	1. 搭建便利化的知识产权公共服务平台，设立知识产权服务工作站，大力发展知识产权专业服务业。加快建设武汉东湖国家知识产权服务业集聚区。探索建立自贸试验区跨部门知识产权执法协作机制，完善纠纷调解、援助、仲裁工作机制。探索建立自贸试验区重点产业专利导航制度和重点产业快速协同保护机制。建立长江经济带知识产权运营中心，积极推进高校知识产权运营等特色平台建设； 2. 加快建设武汉东湖国家知识产权服务业集聚区。探索建立自贸试验区重点产业专利导航制度和重点产业快速协同保护机制。建立长江经济带知识产权运营中心	《中国（湖北）自由贸易试验区建设管理办法》
加强保护	加强外贸知识产权保护：持续开展外贸领域打击侵权假冒专项行动，依法打击有关违法行为。支持企业开展商标、专利注册保护，加强境外知识产权争端解决和维权援助机制建设。健全多双边知识产权交流和执法协作机制，切实支持进出口企业应对境外知识产权纠纷，有效遏止境外恶意注册、恶意诉讼等行为。加强指导和帮助，提高外贸企业防范和应对国际技术性贸易壁垒的能力和水平。加强外贸领域诚信体系建设，探索建立外贸企业信用评价体系	《国务院关于促进外贸回稳向好的若干意见》

① 出自《关于加快培育和发展知识产权服务业的指导意见》（http：//www.sipo.gov.cn/ztzl/gjzscqsdsfcsgz/ndgzjhtjnew/1080355.htm）和《关于为中国（湖北）自由贸易试验区建设提供优质高效法律服务的意见》（http：//www.zi–maoqu.com/news/show.php?itemid=10263）。

续表

分类	与知识产权相关的主要内容	政策名称
金融服务	推进自贸区企业知识产权质押融资。推动以商业银行为主的金融机构完善业务流程，建立适合知识产权质押融资特点的尽职调查、信用评级、授信审批和激励约束机制，积极开展知识产权质押融资业务，通过建立知识产权保险和知识产权质押融资担保机制降低风险，拓宽自贸区企业融资渠道； 推动建立政府主导、市场运作的知识产权质押融资风险补偿机制。综合运用风险补偿、贷款贴息、保费补贴等方式，调动各类金融机构开展知识产权金融服务的积极性，降低自贸区企业知识产权质押融资成本	《中国人民银行武汉分行国家外汇管理局湖北省分局关于支持中国（湖北）自由贸易试验区建设的指导意见》
服务机构建设和人才培养	加快知识产权服务机构建设和人才培养。加快建设武汉东湖国家知识产权服务业集聚发展试验区。鼓励国内外知识产权优质服务机构在湖北自贸区设立分支机构或全资子公司，重点引进知识产权国际纠纷调解和仲裁、知识产权分析评议、专利导航、知识产权运营交易等知识产权服务机构。建立知识产权服务机构产品目录制度。支持自贸片区开展知识产权人才培养和人才引进项目，制定知识产权专业人才落户等配套支持政策。支持各自贸片区成立服务机构监管机构，加大对服务机构的事中事后监管力度，促进湖北自贸区知识产权服务业健康发展	《加强中国（湖北）自由贸易试验区知识产权工作的意见》
打造示范区	加快提升知识产权综合能力。支持武汉建设国家知识产权强市、宜昌建设国家知识产权示范城市、襄阳建设国家知识产权示范培育城市。支持东湖高新区建设国家知识产权示范园区，支持襄阳高新区、武汉经开区创建国家知识产权示范园区。鼓励自贸片区引进来与走出去相结合，广泛开展知识产权国际交流与合作	《加强中国（湖北）自由贸易试验区知识产权工作的意见》
保护外商投资	提升投资保护水平，打造高标准投资环境。加大知识产权保护力度。推进专利法等相关法律法规修订工作，大幅提高知识产权侵权法定赔偿上限，严厉打击侵权假冒行为。保护外商投资合法权益，完善外商投资企业投诉工作部际联席会议制度，建立健全各地外商投资企业投诉工作机制	《关于积极有效利用外资推动经济高质量发展若干措施的通知》
体系建设	推动建立知识产权运营体系。依托各类知识产权运营特色平台，打造湖北自贸区知识产权运营体系，面向长江经济带和其他省份自贸试验区联合开展知识产权运营，探索设立湖北自贸区国际知识产权交易中心，开展跨境知识产权运营和交易业务。发展许可证贸易等多种形式的技术贸易，扩大对外文化贸易和版权贸易	《加强中国（湖北）自由贸易试验区知识产权工作的意见》

（1）国家层面。

2018 年 11 月 5 日，首届中国国际进口博览会在上海开幕。国家主席习近平出席开幕式并发表主旨演讲，提出中国将加快出台外商投资法规，完善公开、透明的涉外法律体系，全面深入实施准入前国民待遇及负面清单管理制度；对在中国境内注册的各类企业一视同仁、平等对待；保护外资企业合法权益，坚决依法惩处侵犯外商合法权益特别是侵犯知识产权行为，提高知识产权审查质量和审查效率，引入惩罚性赔偿制度。

此后，国家知识产权局和全国知识产权系统进一步加大了知识产权保护力度，推动加快了专利法修改，以建立侵权惩罚性赔偿制度，提高知识产权审查质量和审查效率，对国内外企业一视同仁、同等保护，营造更好的营商环境。

2018 年 11 月 9 日，国务院知识产权战略实施工作部际联席会议办公室发布的《2018 年深入实施国家知识产权战略，加快建设知识产权强国推进计划》中指出要深化知识产权国际交流合作，提升知识产权对外合作水平，加强重点产业海外布局和风险防控。

（2）湖北省层面。

2010 年，湖北省政府在《湖北省知识产权战略纲要》中提出制订和实施湖北省知识产权战略是建设创新型湖北的战略选择。改革开放以来，湖北省经济持续快速增长、文化事业迅速发展、社会发展取得长足进步。尽管如此，发展不够和工业化水平不高仍然是湖北面临的最大实际挑战。经济发展方式粗放、自主创新能力不强依然是制约湖北经济社会发展的瓶颈。全省上下必须大力实施知识产权战略，全面提高自主创新能力，建设创新型湖北，促进全省经济社会又好又快发展。

从国家对第三批自贸区及前两批自贸区的定位来看，湖北是唯一一个贯彻国家关于产业转移和创新创业要求的自贸区，也是唯一一个贯穿“一带一路”和“长江经济带”两大国家战略的区域。对武汉片区建设来说，重点就是要坚持自主创新示范区和自贸区“双自联动”，创新、开放“双轮驱动”的战略探索新路，扬长补短加快发展。以制度创新为核心，以可复制、可推广为根本要求，深入推进行政服务特区、创新创业特区、科技金融特区、对外开放特区建设，提升投资自由化、贸易便利化水平，构建市场化、国际化、法治化营商环境。湖北省、武汉市在研究湖北自贸区发展特色定位时，从中部崛起、长江经济带等国家战略高度，立足发挥武汉的辐射带动作用，突出创新驱动和沿江开放两大特色，提出了打造创新驱动型沿江开放自贸区的目标。

湖北省建设中国特色自由贸易试验区，要以服务业市场准入和税收优惠为两个核心抓手，充分发挥自由贸易试验区的开放高地和税收洼地效应，打造更加开放的投资环境。积极探索在湖北省实现服务贸易自由化，包括在医疗、知识产权服务、法律咨询、图书出版、互联网文化经营、社会调查等服务业领域逐步推进全面开放；在金融、知识产权服务、法律咨询等领域大幅度扩大外资企业和国内其他省市企业允许从事的业务范围；放宽外资在人才中介、投资性公司等专业服务业的资质要求和准入门槛。同时，实施有利于发展跨国公司总部经济的特殊税收制度，包括降低总部企业所得税、试点新型个人所得税抵扣等政策，以有效吸引全球各类服务业企业和功能性总部进驻武汉市、宜昌市等服务业集聚区。

（3）三大片区层面。

①武汉片区知识产权相关政策。武汉片区围绕着创新驱动和开放驱动“双轮”驱动战略，加大知识产权政策供给力度，不断完善知识产权政策体系，构建完备的知识产权政策供给链，以发挥知识产权对“双轮”驱动的引领作用。自 2015 年以来颁布了多项促进知识产权发展的政策，相关信息见表 2–3。

表 2–3　2015 年以来东湖高新区颁布的促进知识产权发展的政策一览

序号	颁布时间	政策	与知识产权相关的主要内容
1	2015 年	《东湖国家自主创新示范区条例》	设立知识产权专项资金，鼓励和支持知识产权的创造、运用、保护和管理。鼓励建设知识产权联盟和专利池，实现知识产权合作。建设有区域特色的知识产权交易市场，支持知识产权服务机构开展知识产权咨询、代理、评估、质押融资和托管运营等服务。支持创新主体实施标准战略
2	2015 年	《关于进一步加强知识产权工作的若干意见》	构建知识产权公共服务体系，搭建知识产权综合服务平台，加大知识产权服务机构培育力度，推进武汉东湖国家知识产权服务业集聚发展试验区建设
3	2016 年	《关于推动科技金融创新发展的若干政策（试行）》	发挥东湖国家自主创新示范区自主创新和辐射带动作用，推进科技金融改革创新，加速东湖资本特区建设，促进示范区经济社会发展
4	2017 年	《关于推进文化科技产业融合发展的实施意见》	促进文化和科技深度融合，推进文化创意、设计及相关产业跨越发展，建设全国领先、国际一流的文化科技融合示范基地

续表

序号	颁布时间	政策	与知识产权相关的主要内容
5	2017年	《东湖新技术开发区“十三五”规划》	推进自由创新区建设，打造创新光谷。建设知识产权示范区，实施重点骨干企业知识产权优势培养计划、“瞪羚企业”知识产权战略实施计划；健全知识产权信用管理机制，探索实施知识产权资本化、证券化试点；建立东湖开发区专利运营基金，建立专利联盟、专利池和技术标准联盟，推动专利集成运营。鼓励企业参与国际标准化专业委员会、国家标准化专业技术委员会及工作组的工作，承办具有国际影响力的标准化会议和活动
6	2017年	《知识产权综合管理改革试点工作方案》	实现专利、商标、版权等知识产权综合管理、综合保护和综合服务，构建知识产权“三合一”管理、执法、服务新机制
7	2017年	《支持创新创业发展新经济的政策清单》	加快实施“双自联动”战略，激发各类主题创新创业活力，发展型经济，打造新动能
8	2017年	《中国（湖北）自由贸易试验区武汉片区工作任务分工》	开展知识产权综合管理改革试点，搭建便利化的知识产权公共服务平台，设立知识产权服务工作站，大力发展知识产权专业服务业，加快建设武汉东湖国家知识产权服务业集聚发展试验区
9	2017年	《东湖国际化发展的实施意见（“开放十条”）》	设立10亿元国际化发展专项资金。主要用于支持东湖高新区要素国际化、产业国际化和环境国际化等方面；打造全球一流国际合作服务平台。支持企业知识产权海外布局。对企业通过《专利合作条约》申请国外专利的按2万元/件给予资金支持。对主导创制、参与创制国际标准的企业分别给予200万元/项、50万元/项的奖励
10	2018年	《国家知识产权服务业集聚发展试验区建设方案》	通过试验区建设，大幅提高知识产权服务机构的服务能力和质量,优化服务结构。引进培育一批品牌化、规模化、国际化的服务机构，知识产权公共服务体制机制不断健全,知识产权公共服务能力不断提升。提高知识产权服务业产值，知识产权服务业规模不断扩大
11	2018年	《中国光谷2035创新驱动发展战略行动纲要》	走出一条具有光谷特色的创新驱动发展道路；打造全球重要科技创新源，建设技术转移转化示范区；实施知识产权、标准、质量和品牌战略，强化“光谷标准”与世界标准互联互认

此外，2017年东湖高新区出台了2类知识产权专题项目、4类企业知识产权建设专项奖励政策（表2–4），就知识产权（专利）“扫零工程”、专利申请、集成电路布图设计登记、知识产权（专利权）质押融资贴息、知识产权（专利）

战略、专利信息利用、知识产权服务机构房租或物业管理费、专利代理服务机构、知识产权培训班、企业培养或引进专利代理人、专利墙、知识产权管理规范认证、专利奖配套、知识产权维权援助、知识产权（专利）推广转化机构、国家、省、市知识产权运用项目等16项知识产权专项发放补贴，经与财政局联合审查核实后，对武汉高德红外股份有限公司等1000家符合条件的企业给予资助，金额共计3220万元①。

表2-4　东湖高新区知识产权专题项目、企业知识产权建设专项奖励政策一览

序号	申报奖励
1	《关于组织申报2017年度东湖高新区企业知识产权（专利）战略实施项目的通知》
2	《关于申报2017年度武汉东湖新技术开发区知识产权专项资助的通知》
3	《关于开展东湖高新区2017年专利权质押贷款贴息申报工作的通知》
4	《关于开展2017年武汉东湖新技术开发区企业专利“扫零工程”奖励工作的通知》
5	《2017年东湖高新区知识产权政策补贴专项资金》
6	《2017年国家、省、市级知识产权示范企业配套资助》

②宜昌片区知识产权相关政策。宜昌高新区（自贸片区）已拥有1家国家知识产权示范企业，4家国家知识产权优势企业，占全市总数的四分之一。在北京组织召开的2018年度国家知识产权示范企业专家评审会上，宜昌自贸片区国家知识产权优势企业长机科技和金宝乐器两家企业获得评审资格。此外，宜昌结合本市实际，出台《宜昌市建设国家知识产权示范城市工作方案（2016—2018年）》，提出宜昌市知识产权建设的重点任务。宜昌片区知识产权相关政策见表2-5。

表2-5　宜昌片区知识产权相关政策

序号	目标	政策内容
1	提升知识产权创造能力，促进产业转型升级	1. 发展知识产权密集型产业。以精细化工、食品生物医药、先进装备制造、新材料等千亿产业和电子信息、新能源、节能环保等战略性新兴产业为重点，实施专利战略推进工程； 2. 培育知识产权优势企业。积极推动知识产权创新要素向企业集聚，加大对高新技术企业、创新型企业的政策引导和资源投入； 3. 引进知识产权管理规范

① 数据来源：光谷知识产权《2017年东湖高新区知识产权政策补贴专项资金的公示》http：//www.ipic.com.cn/xwdt/tzgg/1600.htm.

续表

序号	目标	政策内容
2	提升知识产权运用能力，促进科技成果转化	1. 建立知识产权协同运作机制。促成精细化工、食品生物医药、先进装备制造等重点行业建立知识产权联盟，强化产学研合作； 2. 促进专利技术产业化； 3. 健全知识产权转化激励机制。对发明专利、中国驰名商标等高价值知识产权予以奖励
3	提升知识产权管理水平，服务现代化特大城市建设	1. 开展知识产权风险评估； 2. 创建知识产权区域品牌。以长江经济带开发和三峡城市群建设为契机，支持宜昌高新区争创国家级知识产权示范园区和国家专利导航试验区； 3. 深化知识产权普及教育
4	提升知识产权执法能力，保护科技创新成果	1. 提高行政执法效能； 2. 完善保护协作机制； 3. 开展重点领域执法； 4. 畅通快速维权渠道。依托 12345 市长热线、中国（宜昌）知识产权维权援助中心，畅通 12330 维权服务热线，广泛受理各类咨询和投诉

③襄阳片区知识产权发展概况。2017 年 12 月 28 日，襄阳高新区（自贸片区）被国家知识产权局授予“国家知识产权示范园区”荣誉称号，此次被授予该称号的园区全国仅有 8 家。到 2017 年底，襄阳高新区（自贸片区）拥有高新技术企业 188 家、国家级知识产权示范企业 1 家、省级知识产权示范企业 14 家、中国专利金项 1 项、湖北省专利优秀奖 10 项。专利申报量占全市专利申请量的 29%；万人有效发明专利拥有量达到 150 件以上。完成高新技术产业增加值 724 亿元，占园区 GDP 的 68%，其中 60% 的高新技术产品拥有自主知识产权，自主创新能力的不断加强，有力地促进了全区经济提质增效升级。

2.2.2 湖北自贸区知识产权服务业开放与发展的重要性：现实需求及双轮驱动

2.2.2.1 现实需求

以湖北自贸区武汉片区（以下简称武汉片区）为例进行分析，当前，武汉片区知识产权服务机构呈现加速聚集态势，知识产权服务机构围绕东湖新技术开发区“5+2”产业的一条完整知识产权服务链正在逐步形成，初步实现了知识产权服务体系完善、知识产权服务水平提升、知识产权服务与产业转型升级融合发展的目标，推动地方产业转型升级，助力创新创业。东湖国家知识产权服务业集聚发展试验区建设取得成效，但随着武汉片区全面实践创新驱动和开放驱动“双轮”驱动战略，对本区域提升知识产权服务业质量和水平也提出了新挑战、新要求。

（1）主导产业蓬勃发展激发对知识产权服务业加快集聚的现实需求。

武汉片区知识产权服务业迅猛发展的三大表征如下。

表征一：服务机构数量持续增加。2015—2018 年东湖高新区知识产权服务机构数（工商数据）分别为 87 家、145 家、190 家、255 家①。2016 年、2017 年、2018 年同比增长高达 62.1%、30.3%、34.2%。（图 2-1）

表征二：从业人数不断增多。2015—2018 年东湖高新区知识产权服务机构从业人数分别为 837 人、1212 人、3088 人②、4190 人③。2016 年、2017 年、2018 年同比增长 44.8%、146.5%、35.7%。（图 2-2）2017 年，历时 3 年建设的占地 100 亩、建筑面积 8 万平方米的审协湖北中心永久办公用房正式投入使用，中心审查员队伍已达到 1100 人，其中有实际经验的审查员 280 余名，硕士学历占到 90% 以上，博士学历占 5% 左右。

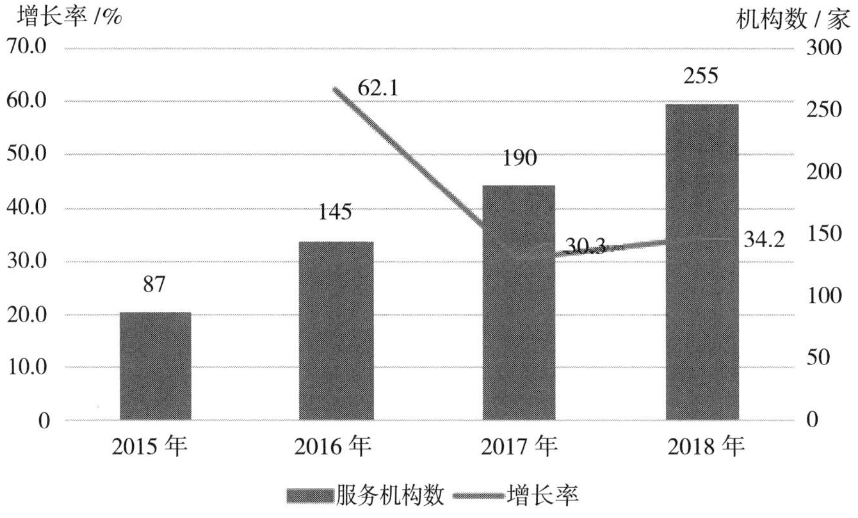

图 2-1　2015—2018 年东湖高新区知识产权服务机构数量情况

注：机构数量为工商注册数据

① 数据来源：中华全国专利代理人协会代理机构查询系统 http：//www.acpaa.cn/view/agencySearch.jhtm.

② 数据来源：中华全国专利代理人协会。代理机构查询信息 http：//www.acpaa.cn/view/findAgency.jhtml?agencyId=&shopname=&contact=&area=42.

③ 数据来源：大武汉宣传 http：//www.whxc.org.cn/2019/0410/55691.shtml.

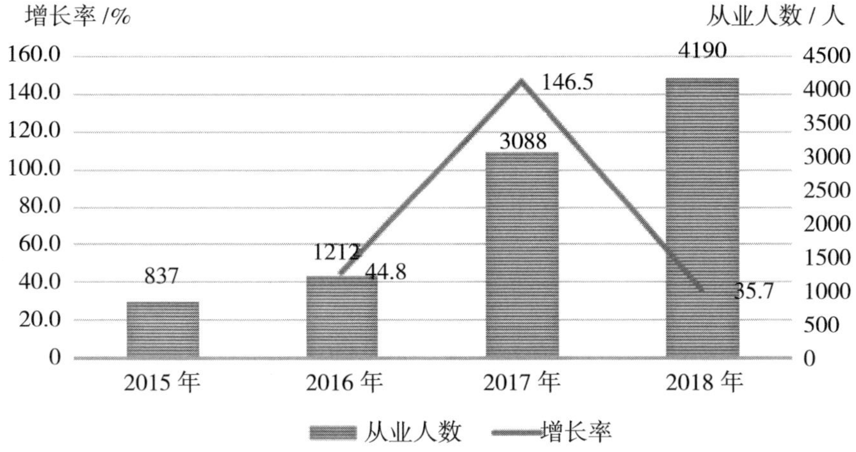

图 2–2　2015—2018 年东湖高新区知识产权服务业从业人数

表征三：服务机构营业收入快速增长。2015—2017 年东湖高新区知识产权服务机构营业收入分别为 51 711 万元、74 096 万元、108 412 万元。① 其中，2016 年、2017 年同比增长 43.25%、46.30%。（图 2–3）

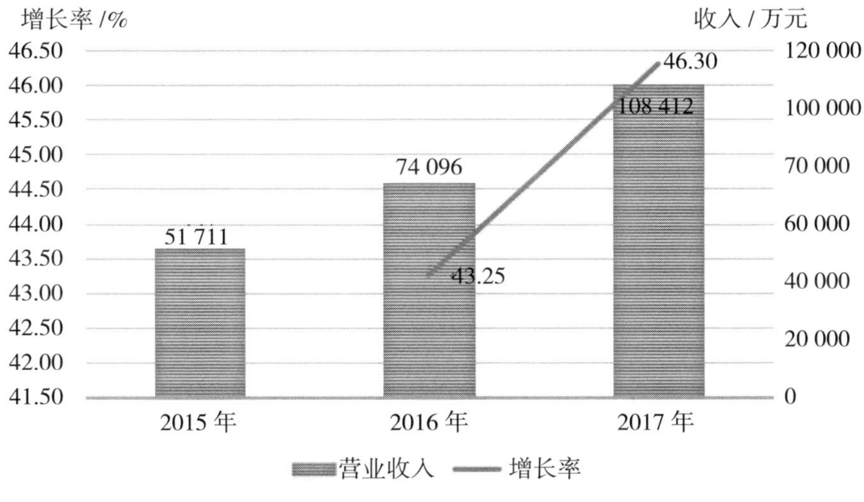

图 2–3　2015—2017 年东湖高新区知识产权服务机构营业收入

武汉片区知识产权服务业迅猛发展的原因解析如下。

原因一："5+2" 产业蓬勃发展。东湖高新区形成光电子信息产业、生物产业、新能源和环保节能产业、高端装备制造产业、高技术服务业五大产业格局，加

① 数据来源：根据随机抽样调查计算 2015 年、2016 年、2017 年东湖高新区知识产权服务机构的平均营业收入为 491 万元、511 万元、573 万元，推算得到以上 3 个年度本区的营业收入。

之为承担国家战略的集成电路和半导体显示产业，以及以“互联网 +”、云计算、人工智能为代表的“数字经济”产业的“5+2”产业体系。光电子信息产业、生物医药、高端装备制造、节能环保、现代服务业五大支柱产业收入规模全部跨越千亿元，东湖高新区企业总收入突破万亿元大关。

东湖高新区的光通信产业优势很强，是我国最大的光纤光缆、光电器件生产基地和最大的光通信技术研发基地；激光产业市场占有率国内领先，是全国三大激光研发和产业基地之一。国家投资额度最大的集成电路产业化项目，总投资 300 亿美元的国家存储器基地项目正在加快建设，32 层三维闪存芯片实现量产，64 层三维闪存研制成功；总投资过 1000 亿元的全球最大中小尺寸显示生产和研发基地基本建成，形成了包含面板、模组、终端产品等的较为完善的光电显示产业链；2017 年，光电子信息产业科工贸总收入超过 5500 亿元，拥有长飞、烽火等百亿企业 7 家，规模以上企业 138 家，“芯 – 屏 – 端 – 网”万亿光电子信息产业集群雏形初显。

原因二：高科技企业创新发展谱新章。2017 年光谷新增企业 14 640 家，平均每个工作日新增 59 家，市场主体达 8.3 万户，其中科技新企业超过 6 万家。2017 年培育瞪羚企业 320 家，新增高新技术企业 455 家、高新技术企业总数达 1848 家，居全国高新区第四位。2017 年新增“独角兽”企业 2 家，总数有 4 家，为中西部地区最多。

互联网“第二总部”达 50 余家，小米人工智能总部落户光谷，小米武汉第二总部被定位为“超大研发总部”。科大讯飞、小红书等 50 余家互联网明星企业“第二总部”在此集结；斗鱼直播、斑马快跑、尚德机构等互联网“四小龙”及“独角兽”企业频繁涌现，光谷“互联网 +”企业已超过 1800 家。不只是“第二总部”，国药器械、中诚信集团、尚德机构等知名企业，还将总部从一线城市迁往光谷。

（2）东湖高新区知识产权服务业发展不充分问题突出难以支撑自贸区的高水平发展需求。

第一，湖北自贸区三大片区知识产权服务业发展不平稳问题突出。国家知识产权局发布的四批共 199 家全国知识产权服务品牌培育机构中，湖北仅有 14 家，其中 10 家为外省在武汉设立的分支机构，武汉自主品牌机构仅有 4 家，3 家位于武汉自贸区内，一家位于洪山区。而宜昌片区、襄阳片区无一家入选，也没有外省品牌服务机构在自贸区内设立分支机构（表 2–6）由此看出，湖北知识产权服务业机构发展水平仍相对落后，并且宜昌、襄阳片区与武汉片区也存在较大差距。

表 2–6　全国知识产权服务品牌培育机构（湖北）

全国知识产权服务品牌培育机构（湖北）				是否分支机构	
序号	机构名称	办公地址（营业执照）	经营范围	是	否
1	武汉开元知识产权代理有限公司	湖北省武汉市东湖新技术开发区关山大道 111 号光谷时代广场 A 座 A806–7	知识产权事务代理；文献检索；企业管理咨询（上述经营范围中国家有专项规定的项目经审批后或凭许可证在核定期限内经营）		√
2	武汉知识产权交易所	武汉东湖新技术开发区鲁巷光谷资本大厦 5 楼	为各类知识产权和科技成果转化、交易与投融资提供场所、设施和信息发布服务；对科技型企业的投资服务；知识产权运营服务；知识产权与科技金融产品的开发；知识产权咨询服务（依法须经审批的项目，经相关部门审批后方可开展经营活动）		√
3	湖北武汉永嘉专利代理有限公司	湖北省武汉市东湖高新技术开发区关山大道 111 号光谷时代广场 A 座 1906	知识产权咨询服务；商标事务代理；商标事务咨询服务（上述范围中国家有专项规定需经审批的项目经审批后或凭有效许可证方可经营）		√
4	武汉科皓知识产权代理事务所	洪山区珞瑜路 33 号中部创意大厦第 23 层 2302 室	接受委托办理专利申请或其他专利事务；商标代理服务（依法须经审批的项目，经相关部门审批后方可开展经营活动）		√
5	北京路浩知识产权代理有限公司	武汉市东湖高新区光谷大道 41 号现代光谷世贸中心 F 栋 24 楼	专利代理；商标代理；版权代理（依法须经审批的项目，经相关部门审批后方可开展经营活动）	√	
6	南京纵横知识产权代理有限公司	武汉市东湖新技术开发区东门路以东、南环铁路以南、关山二路以西、中环线以北当代科技园（华夏创业中心）4 号楼 17 层 2 号	商标代理；专利代理；其他知识产权代理（依法须经批准的项目，经相关部门批准后方可开展经营活动）	√	
7	北京润平知识产权代理有限公司	武汉市东湖新技术开发区民族大道 1 号光谷资本大厦二楼 2010 室、2011 室	专利代理；商标代理；版权代理（依法须经审批的项目，经相关部门审批后方可开展经营活动）	√	

续表

全国知识产权服务品牌培育机构（湖北）				是否分支机构	
序号	机构名称	办公地址（营业执照）	经营范围	是	否
8	北京轻创知识产权代理有限公司	武汉市东湖新技术开发区高新大道 999 号未来科技城海外人才大楼 A 座 4 楼 403 号	专利代理；商标代理；版权代理；知识产权咨询（上述经营范围中国家有专项规定的项目经审批后或凭许可证在核定期限内经营）	√	
9	中科专利商标代理有限责任公司	武汉市东湖新技术开发区关南科技工业园现代国际设计城一期 1 幢 18 层 3 号	商标代理；专利代理；版权代理；货物进出口（不含国家禁止或限制进出口的货物）（依法须经审批的项目，经相关部门审批后方可开展经营活动）	√	
10	北京超凡志成知识产权代理事务所	武汉市东湖新技术开发区珞瑜路 243 号华工科技产业大厦 12355 号	专利代理；商标代理；版权代理；经济贸易咨询	√	
11	北京合享新创信息科技有限公司	武汉市东湖高新区光谷国际广场 A 座 1312 室	商标代理；版权代理；著作权代理；货物进出口、技术进出口、代理进出口（不含国家禁止或限制进出口货物或技术）（依法须经审批的项目，经相关部门审批后方可开展经营活动）	√	
12	宁波市鄞州甬致专利代理事务所	武汉东湖新技术开发区光谷大道 62 号光谷总部国际 2 栋 1002 室 304	接受委托办理专利申请或其他专利事务（凭许可证在核定期限内经营）（依法须经批准的项目、经相关部门批准后方可开展经营活动）	√	
13	深圳市威世博知识产权代理事务所	武汉市东湖新技术开发区金融港四路 18 号普天物联网创新研发基地（一期）7A 栋 3 层	专利代理；商标代理与管理，品牌运营与管理；知识产权规划、管理；计算机软硬件技术开发、批发兼零售；企业管理咨询（依法须经审批的项目，经相关部门审批后方可开展经营活动）	√	
14	杭州千克知识产权代理有限公司	武汉市武昌区中南路 3 号嘉园大厦 1 号楼 2508	知识产权代理（含专利代理；商标事务代理）；计算机软硬件的技术开发、技术咨询（依法须经审批的项目，经相关部门审批后方可开展经营活动）	√	

第二，湖北自贸区三大片区知识产权服务业发展不充分问题严重。集中表现在：①知识产权服务业发展不平衡、规模小。当前湖北省知识产权服务机构大多数为小、微型企业，且主要集中在武汉。小微型企业固然有体制灵活、创新能力强等优势，但机构规模过小，难以在行业内发挥龙头引导效应；②服务

层次不高，业务形态较单一。从入选的14家品牌机构主营业务来看，主要集中在专利和商标两个方面，从事知识产权信息、法律、商用化、培训的机构数量较少。国家知识产权局发布的《我国知识产权服务业现状研究报告》中也指出，我国知识产权服务机构的业务以代企业申请专利、商标等相对单一的服务内容为主，高水平、高层次的服务比较少；③服务范围局限，只有少数机构提供涉外知识产权服务。国际化、高端化不足，品牌效应还需要打造。

即使是对湖北自贸区发展水平相对较高的武汉片区的69家知识产权服务机构抽样调查①，也发现当前存在的问题有：行业总体规模偏小，缺乏具有品牌影响力的公司；行业内没有形成明确的市场分工和定位，产品和服务主要集中在价值链低端，服务层次偏低，尚未形成完整的产业链；缺乏技能型、高层次人才和复合型人才，严重制约东湖高新区知识产权服务机构开拓展示产权战略咨询、预警、价值评估、市场开拓咨询等高端业务的能力；知识产权服务业发展的生态环境有待进一步优化，行业规范性不高，市场恶性竞争问题突出，亟待建立相关的行业标准和规范。

第三，加快知识产权服务业开放与发展以支撑自贸区的高水平发展需求。在借鉴国内外先进国家和地区经验的基础上，围绕促进东湖高新区国家知识产权服务业集聚发展的目标，结合东湖高新区知识产权服务业基础条件与发展环境，提出以下具体的发展措施：完善知识产权服务政策体系、加强行业协会自治自律建设、开展知识产权服务基础性规范化建设、搭建知识产权服务业创新平台、积极培育知识产权服务机构、加强知识产权服务人才培养与文化建设、提高知识产权服务的国际化水平。

2.2.2.2 双轮驱动

自2016年来，武汉自贸区构建创新、开放“双轮”驱动新格局，以制度创新为核心，以国家自主创新示范区建设和自贸区建设相结合为依托，加快建设一流创新创业区，取得了初步成效：实施《东湖国家自主创新示范区条例》，为创新改革提供法制保障；实施“科技十条”“汉十条”“黄金十条”“光谷创业十条”“开放十条”“招商十条”“自贸十条”“文化科技十条”等17项创新创业支持政策；推动武大、华科等4所高校开展国家科技成果使用、处置和收益“三权”改革；建立国家技术转移中部中心和国家专利审查协作湖北

① 2018年7月组织对自贸片区62家知识产权服务机构进行抽样问卷调查。

中心，成立8家产业技术研究院、41家产业联盟；建设中国光谷硅谷创新中心和中国武汉海外人才离岸中心。

武汉获批全国首批“双创”示范基地，“光谷青铜汇”“光谷菁英荟”等创新创业活动影响力不断扩大，“创谷”计划有序推进，海外招才引智网络全面铺开，移动互联、集成电路、“互联网+”等新兴产业得到长足发展，推进长江经济带知识产权运营中心建设。建设了武汉知识产权法庭，发挥司法保护知识产权、维护激励创新的主导作用，为打击侵犯知识产权行为和营造良好的国际贸易及投资环境提供了有力支持。

2.2.3 湖北自贸区知识产权服务业开放与发展的原则

2.2.3.1 渐进开放原则

知识产权服务业作为现代服务业的重要构成，其开放与发展应当遵循服务业开放与发展的普遍原则，“稳妥、渐进、可控”地逐步开放知识产权服务业。服务业开放与服务业发展水平应和国内服务市场发达程度、一体化程度相协调。国内服务市场的高度发达是开放的基本条件，同时要求各种经济条件和政策措施与之配合，要求服务市场法规建设以及服务市场监管方面规范化并符合国际惯例。中国服务部门越发达，服务业管理体系越完善，该服务部门的对外开放度就应越高，同时能推动该服务市场深入开放的进程。

中国服务业渐进式开放与国内服务业规制放松程度相协调。中国服务业开放必然伴随着服务贸易自由化和国内放松管制两个过程，甚至某些服务部门的开放要求管制不断放松乃至完全取消。出于经济安全考虑和对市场失灵的担忧，不同阶段中国服务业开放程度和所需要的时间应取决于解决市场制度性缺陷和市场分割的快慢，以及实现国内服务部门市场化机制的进程。

中国服务业渐进式开放与中国服务部门的经济承受能力相协调。服务业开放步伐是由国内经济发展水平、服务业国际竞争力水平、国内服务业市场化程度、国内各地区服务业发展水平以及中央政府和地方政府对服务业的宏观调控能力等因素共同决定的。服务业开放的提前超越或严重滞后都不利于本国经济的发展。服务业市场开放必须考虑中国经济承受能力，不能盲目寻求与国际接轨，并且要在开放服务业过程中，随时针对服务业开放中可能出现的新问题调整产业政策和规制策略，建立适应市场新形势下的约束机制，最大限度地克服服务业市场开放所带来的负面影响。

2.2.3.2 逐步深化原则

在政策环境成熟的情况下，逐步深化中外知识产权服务机构合作机制。例如，进一步试点允许外资所在资本上与国内资本所有进一步的融合，建立合作管理与利益分配机制。中外知识产权服务机构共建合作平台，允许双方共同管理，根据工作量贡献分配利益，分担双方执业风险。放宽中国律师在中国律师事务所之外不能依据中国法律执业的限制，允许中国律师在外国律师事务所提供中国法律服务，从而实现优势互补，为客户提供更高质量的综合知识产权服务。扩展中外合营律师事务所的业务范围，鼓励外国律师事务所与中国律师事务所在合营的平台基础上，提供自贸区所需的专业性法律服务，参与商业模式的构造与具体运作，为国内国际法律提供综合性意见。

2.2.3.3 域内为主原则

在湖北自贸区知识产权服务业的逐步开放过程中，政府和行业协会可以借鉴国外大型知识产权服务机构的运作和管理经验，通过制定引导性规范，鼓励国内外优秀知识产权服务人员强强联合，优化组合， 协调解决双方合作中出现的磨合问题，深化合作力度，提升规模化与专业化水平，着重提升本土知识产权服务业的国际竞争能力，具备跨国服务优势，创造国际信誉和品牌，形成中外知识产权服务机构合作的示范。

2.2.3.4 同步发展原则

在渐进式对外开放自贸区知识产权服务业、提升自贸区国际化服务能力的同时，鼓励支持省外知识产权服务机构到湖北省自贸区发展建设。自贸区也要对国内同步扩大开放，鼓励国内其他地区优秀的知识产权服务机构进入自贸区内开展业务，针对自贸区特点开发专项服务业务，促进与国际服务机构的竞争与合作，吸收国际先进经验，提升国际竞争力，进一步推动自贸区知识产权服务业的繁荣发展。

第三章　现状探查：湖北自贸区知识产权服务业开放程度与保护水平研究

图 3-1 显示了 2017 年上海、广东、福建、天津四省市和湖北省的知识产权发展指数。从综合指数可以看出，四省可分为两个梯队。第一梯队是上海和广东，其综合指数均超过 80，在创造、运用、保护 3 个指数中，创造指数上海第一，运用与保护指数广东第一，且与其他省份差距明显。这说明区域间知识产权发展仍不平衡，且综合指数的高低与当地经济状况与科技发展程度相吻合。

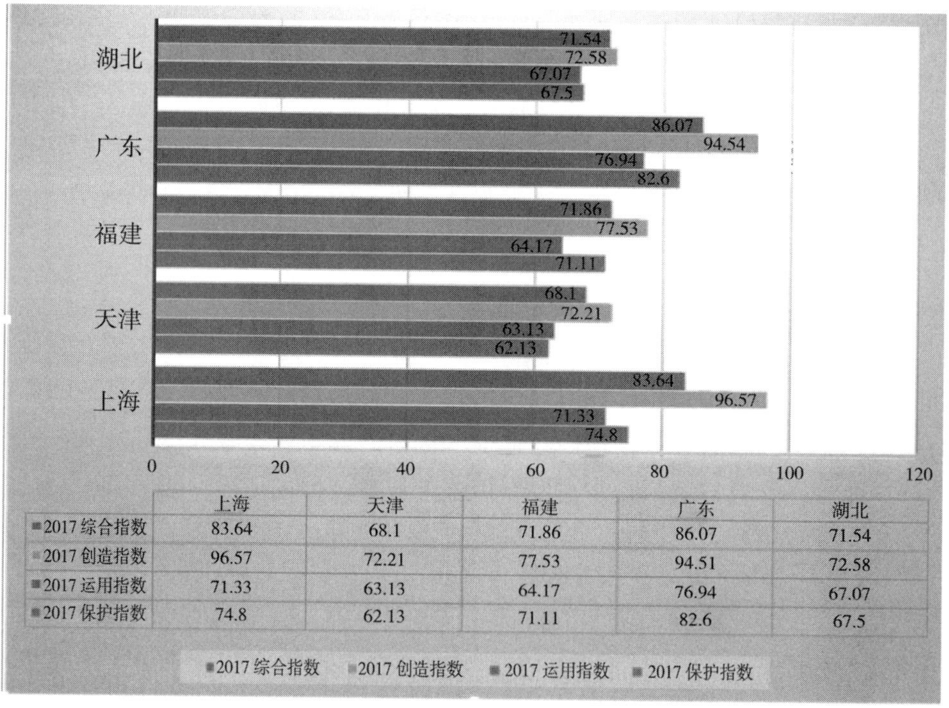

	上海	天津	福建	广东	湖北
2017 综合指数	83.64	68.1	71.86	86.07	71.54
2017 创造指数	96.57	72.21	77.53	94.51	72.58
2017 运用指数	71.33	63.13	64.17	76.94	67.07
2017 保护指数	74.8	62.13	71.11	82.6	67.5

图 3-1　知识产权创造、保护、运用和综合指数[①]

① 数据来源：《2017 年中国知识产权发展状况评价报告》。

鉴于此，本部分将从对境外开放和对境内开放两个维度考察四大自贸区及湖北自贸区知识产权服务业开放程度；基于四大自贸区知识产权服务业的SWOT分析和基于抽样调查的样本数据分析湖北自贸区知识产权服务业的发展水平；继而，深入剖析影响自贸区知识产权服务业开放与发展的因素。

3.1 四大自贸区及湖北自贸区知识产权服务业开放状况

3.1.1 对境外开放情况

本研究从涉外专利申请情况、专利代理龙头机构涉外情况、落户知识产权涉外服务机构及开展影响较大的知识产权涉外活动4个方面分析四大自贸区及湖北自贸区知识产权服务业对境外的开放情况。

3.1.1.1 四大自贸区及湖北自贸区涉外专利申请情况

本项目按表3–1所示的检索条件对四大自贸区及湖北省自贸区涉外专利申请情况进行了检索，检索结果如图3–2所示，分析该图可知。

表3–1　四大自贸区及湖北自贸区专利检索条件[①]

自贸区	检索地区	检索时间（年）
上海自贸区	浦东新区	2014—2018
天津市自贸区	天津市滨海新区	2015—2018
福建省自贸区	厦门片区、福州片区、平潭片区	2015—2018
广东省自贸区	南沙片区、蛇口片区、横琴片区	2015—2018
湖北省自贸区	武汉片区、宜昌片区、襄阳片区	2017—2018

注：表中检索时间段决定于各自贸区设立时间

一方面，上海自贸区涉外专利量大幅度领先，其他3个自贸区的涉外专利量与上海差距明显。上海自贸区作为四大自贸区的领头羊，上海市同时也是技术研发与国际化的领军城市，其涉外专利量大，海外布局合理。

另一方面，在海外布局方面，上海与天津以美国专利为主，PCT为辅。广东与福建以PCT为主，美国为辅。四大自贸区在欧洲专利局的专利布局量皆很少。

① 数据来源：Incopat检索系统，检索日期2018年10月26日（上海、广东、福建、天津）；2018年11月8日（湖北）。

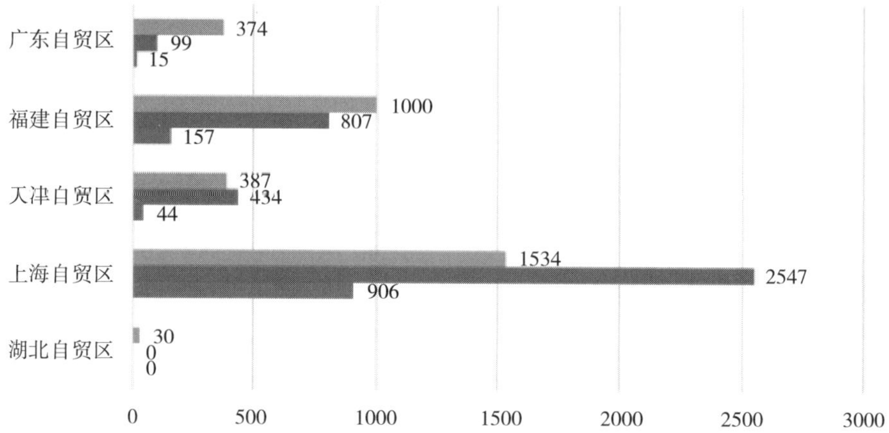

	湖北自贸区	上海自贸区	天津自贸区	福建自贸区	广东自贸区
PCT 申请量	30	1534	387	1000	374
美国申请量	0	2547	434	807	99
欧洲专利局申请量	0	906	44	157	15

PCT 申请量 美国申请量 欧洲专利局申请量

图 3–2　四大及湖北自贸区涉外专利申请

3.1.1.2 专利代理龙头机构涉外情况

（1）专利代理龙头机构的专利代理涉外比。

表 3–2 显示了四大及湖北自贸区专利代理龙头机构 PCT 代理量、专利代理涉外比及主要其技术领域。

表 3–2　四大及湖北自贸区专利代理龙头机构 PCT 申请量及专利代理涉外比①

自贸区	龙头机构	PCT 代理量 / 件	专利代理总量 / 件	专利代理涉外比	主要技术
上海自贸区	中国专利代理（香港）有限公司	185	1445	23.46%	通信，医药
	中科专利商标代理有限责任公司	110			
	上海一平知识产权代理有限公司	104			
天津自贸区	北京同达信恒知识产权代理有限公司	83	607	28.17%	通用设备，仪器仪表
	北京润泽恒知识产权代理有限公司	50			
	北京合智同创知识产权代理有限公司	38			
广东自贸区	南沙：广州粤高专利商标代理有限公司	27	1079	5.65%	机械，仪器仪表

① 专利代理涉外比 =PCT 代理量 / 专利代理总量。

续表

自贸区	龙头机构	PCT 代理量 / 件	专利代理总量 / 件	专利代理涉外比	主要技术
广东自贸区	蛇口：深圳市华腾知识产权代理有限公司	30	1079	5.65%	机械，仪器仪表
	横琴：珠海智专专利商标代理有限公司	4			
福建自贸区	厦门：厦门市首创君合专利事务所有限公司	206	10 289	3.11%	通信，设备
	福州：福州市博深专利事务所（普通合伙）	113			
	平潭：福州展晖专利事务所（普通合伙）	1			
湖北自贸区	武汉开元知识产权代理有限公司	3	49	6.12%	通用设备制造业
	宜昌市三峡专利事务所	4	4139	0.96‰	仪器仪表制造业
	宁波理文知识产权代理事务所（特殊普通合伙）	9	9	100.00%	专用设备制造业

从表 3–2 显示的数据看，上海自贸区和天津自贸区处于第一梯队，广东和福建自贸区处于第二梯队。

在第一梯队中，两个自贸区的龙头知识产权服务业涉外比均达到了 20% 以上，其中上海自贸区知识产权服务业务龙头企业 PCT 专利量大，专利总量大，涉外比高，属于 4 个自贸区中发展最为健康的。天津自贸区的涉外比虽然最高，但是其龙头知识产权服务业在 PCT 与专利总量上的数据都偏低，市场规模还有待扩大。

在第二梯队中，两个自贸区的涉外比都很低，其中广东自贸区的 3 家龙头知识产权服务业 PCT 的数量极低，专利总量正常，所以导致涉外比极低。福建自贸区的 3 家龙头知识产权服务业 PCT 的数量并不低，但是其专利总量巨大，所以导致涉外比极低，是 4 个自贸区中最低的。可见第二梯队中的两个地区代理机构中 PCT 业务并不是核心业务。

（2）专利代理龙头机构 PCT 代理市场占比。

表 3–3 显示了四大及湖北自贸区专利代理龙头机构 PCT 代理数量、该自贸区 PCT 总量及龙头机构 PCT 占该自贸区 PCT 总量比例的情况。

表 3-3　四大及湖北自贸区专利代理龙头企业 PCT 代理市场占比表①

自贸区名称	专利代理龙头机构 PCT 代理数量	自贸区 PCT 代理总量	龙头机构 PCT 代理市场占比
上海	399	1534	26.01%
天津	171	387	44.19%
广东	61	374	16.31%
福建	320	1000	32%
湖北	16	30	53.33%

由表 3-3 显示，天津与福建的龙头企业的 PCT 代理市场占比均高于上海和广东，即该地区的龙头企业在自贸区内的 PCT 代理服务处于较为垄断的地位。

（3）自贸区专利代理龙头机构 PCT 代理市场占比与当地创造指数对比。

结合表 3-4 和图 3-3，可以发现在知识产权发展指数中的综合指数第一梯队的上海和广东其龙头企业的代理市场占比最低，这是因为综合指数高的地区，知识产权服务业发展健全，发展水平平均。处于综合指数第二梯队的天津和福建，其知识产权服务业发展水平一般，各个知识产权服务业差距较大，容易产生垄断情况。

表 3-4　自贸区龙头企业 PCT 代理市场占比与当地创造指数对比

省份	创造指数（2017 年）	PCT 代理市场比（%）	自贸区
上海市	96.57	26.01	上海自贸区
天津市	72.21	44.19	天津自贸区
广东省	94.51	16.31	广东自贸区
福建省	77.53	32.00	福建自贸区
湖北省	72.58	53.33	湖北自贸区

3.1.1.3 落户四大及湖北自贸区的知识产权涉外服务机构

本项目利用“企查查”数据平台，检索四大及湖北自贸区服务内容含“知识产权代理”的企业，结果显示上海、广东、福建、天津及湖北自贸区落户的知识产权涉外服务机构分别有 28 家、6 家、6 家、3 家及 2 家（机构名单见附录 1）。这表明：一方面相较于天津和湖北省而言，上海、广东、福建知识产权服务业对境外开放程度较高，湖北自贸区有向这三大自贸区学习借鉴的可能；另一方面，设立自贸试验区制度创设旨在打造法制化、国际化、便利化的营商环境，

① 数据来源：Incopat 检索系统；市场占比 = 龙头企业代理 PCT 数量 / 自贸区 PCT 总量。

但就当前国外知识产权服务机构的实际落户效果而言还不甚理想，因此在加强风险管控以维护国内产业安全为底线的原则下，可以尝试以修改“负面清单”为突破点，综合配套各种政策，试点逐步分批放开自贸区知识产权服务业。

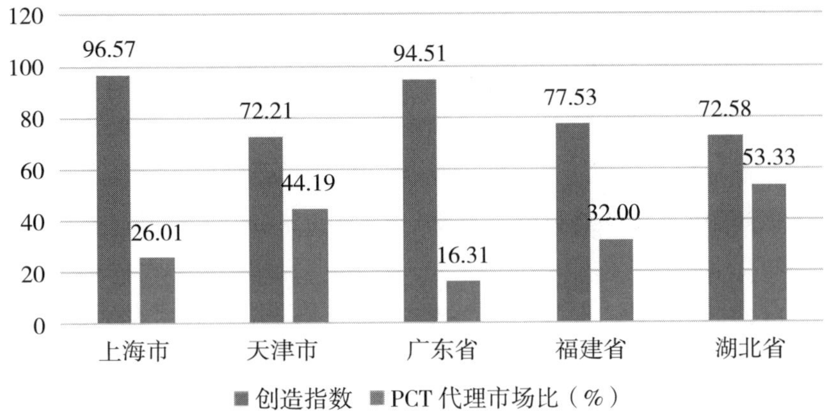

图 3-3　四大及湖北自贸区专利代理龙头机构 PCT 代理市场占比与当地创造指数对比

3.1.1.4 开展影响较大的知识产权涉外活动

通过对四大自贸区开展的具有较大影响力的知识产权涉外活动（活动详细信息见附录 2）进行检索，了解到相关活动开展情况。上海市在 2018 年国际进口博览会召开之际，再次显示了中国“海乃百川，利达天下”的开放胸怀，习总书记在主旨演讲中强调中国将持续放宽市场准入、营造国际一流营商环境、打造对外开放新高地，知识产权服务业对外开放可以期盼将会迎来新的春天。在 2018 年的“知识产权保护护航首届中国国际进口博览会”主题论坛上学者专家级业内人士就推动上海加快建设“开放共享、内外联动的高标准知识产权保护高地”出谋划策。

广东举办了两届“广东知识产权交易博览会（简称知交会）”，第一届知识产权交易博览会，以“知识产权交易运营”为核心，第二届以“知识产权支撑粤港澳大湾区创新发展”为主题，旨在构筑集知识产权成果展示交易、交流研讨、国际合作等元素于一体，汇聚知识产权供需资源流通的专业性大型国际交流平台。

福建省则立足区域特色强化对台及与“一带一路”国家间的交流合作（台湾地区专家“智力”加盟厦门片区成立知识产权智库、“一带一路”知识产权国际交流合作），注重知识产权国际人才的培养（厦门大学国际大学生知识产权夏令营），以“专利引领产业高质量发展”为主题，举办了中国国际专利技术与产品交易会。

3.1.2 对境内开放情况

由强国知识产权论坛组委会和北京强国知识产权研究院主办的“2018年第五届强国知识产权论坛”颁布了2018年年度“十佳知识产权海外服务机构”（共获评7家），仅有一家来自上海自贸区。以下以第四批全国知识产权服务品牌培育机构（图3–4）、2018年年度“十佳”专利代理机构（图3–5）在自贸区的分布情况来解析自贸区知识产权服务业对境内机构的开放情况。

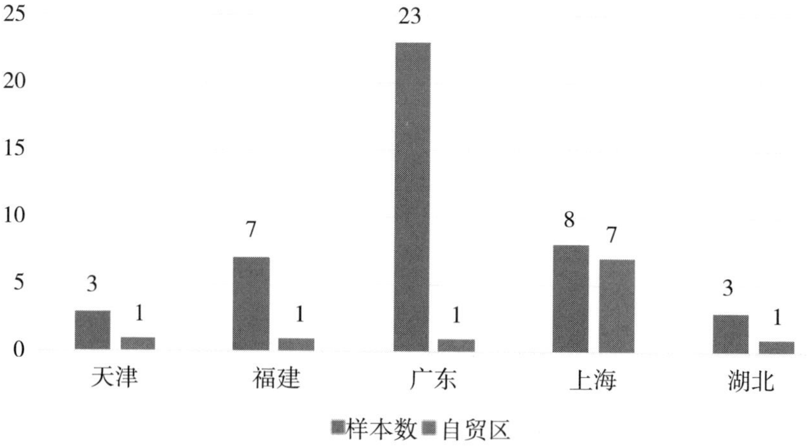

图3–4　第四批全国知识产权服务品牌培育机构在四大自贸区及所在省分布情况

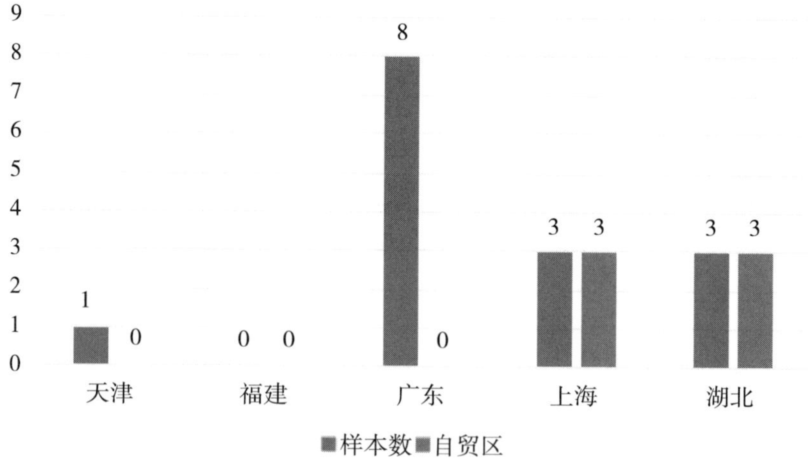

图3–5　2018年年度“十佳”专利代理机构在四大自贸区及所在省分布情况

从图 3-4 和图 3-5 可以看出，总体来讲，广东地区知识产权服务业吸收容纳能力最强，上海次之。但从各地自贸区的角度来看，广东地区虽然吸纳最多相关服务机构，但这些机构主营地或者分公司、子公司大部分均不位于其自贸区内。相反，上海地区所设自贸区则绝大多数位于其自贸区内。由此可判断，就自贸区而言，上海自贸区对省外知识产权服务品牌机构的吸引力最大。究其原因，首先，在自贸区内拥有良好的国际交流平台。如 2018 年上海自贸区推出了首届以“创响自贸，链动全球”为主题的“海外人才上海自贸区创业汇”离岸基地大型交流对接活动，期间展示了涉及大数据、节能环保、先进制造等 5 大领域的 47 个项目。受邀参会的 133 个项目中，来自欧美和亚太地区的占多数，其中来自美国项目 69 个，欧洲项目 32 个，其余来自归国海外人才项目，为自贸区的企业提供了优质的国际交流平台。其次，在上海自贸区内设立企业将享有最新的政策支持。如，浦东新区推出科技发展基金政策，从重点科技项目小微企业贷款贴息等 7 个方面提供政策支持，大力推动小微企业创业发展。此外，离岸基地还会调研海外创新创业项目在注册、融资对接及行业交流等方面的需求，为入驻项目提供创新创业服务。并对接了一批第三方专业服务机构，为其提供低成本的优质服务，包括工商注册、财务代理等。再有，从上海自贸区各片区的分布情况来看，与其他省份自贸区各片区往往相距甚远不同，上海自贸区的外高桥保税区、外高桥保税物流园区、洋山保税港区和上海浦东机场综合保税区、金桥出口加工区、张江高科技园区和陆家嘴金融贸易区 7 个区域都相对集中，企业设立在此容易形成产业集聚效应，更有利于企业的发展。以上原因为上海自贸区相对于其他自贸区更容易吸引优质企业的缘由。

除上海和广东之外，从前数据分析中，可得知天津、福建吸引知识产权服务企业的能力较弱，其自贸区更是少有优质的知识产权服务企业入驻。以天津为例，2018 年第四批全国知识产权服务品牌培育机构中，只有 3 家企业落户天津，且仅仅只有一家坐落于其自贸区内。究其缘由，第一，其在战略布局上缺乏全局化视野；第二，在政府监管上，没有做好开放、市场和政府监管的有效结合；第三，自贸区国际化平台相对确实，不够优化。

结合以上分析以及湖北自贸区的实际情况，针对湖北自贸区现阶段对知识产权服务企业吸引力不强的问题，应注意以下几个方面的改善：第一，打造优质的国家交流平台，适当放开政策限制，制作调整负面清单；第二，充分利用长江经济带的优势，打造“三区一高地一谷一中心”，坚持自主创新示范区和自贸区“双自联动”，创新、开放双轮驱动发展的战略，以制度创新为核心，以可复制、可推广为根本要求，深入推进行政服务特区、创新创业特区、科技金融特区、对外开放特区建设，提升投资自由化、贸易便利化水平，构建市场化、国际化、法治化营商环境；第二，结合各片区的实际情况优化产业结构，鼓励科技创新。如对武汉片区建设来说，重点就是要坚持“双自联动”“双轮驱动”的战略探索新路，扬长补短加快发展；襄阳片区则是重点发展高端装备制造、新能源汽车、大数据、云计算、商贸物流、检验检测等产业；宜昌片区则将发展壮大先进装备制造、新材料、生物医药、新一代信息技术等千亿工业产业，着力培育民用航空航天、康养等新兴产业。如此因地制宜才能刺激整个湖北自贸区的经济活力，从而增强整个自贸区对企业的吸引力。

3.2 四大自贸区及湖北自贸区知识产权服务业发展水平分析

3.2.1 四大自贸区知识产权服务业发展的 SWOT 分析

四大自贸区的战略定位及建设核心如图 3-6 所示。

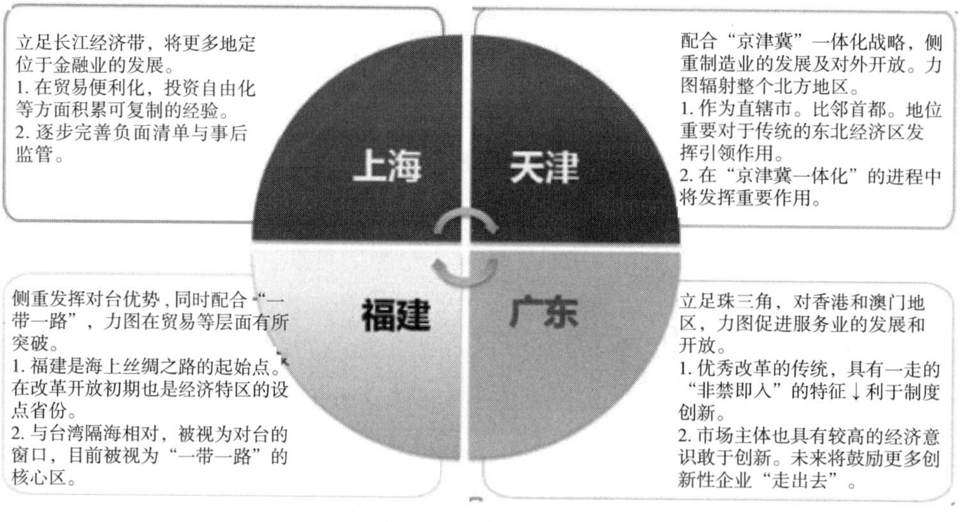

图 3-6 四大自贸区战略定位及建设核心

本项目将四大自贸区知识产权服务业发展的 SWOT 共性做了总括行归纳，如图 3-7 所示。以下将就四大自贸区各自的 SWOT 做详细分析。

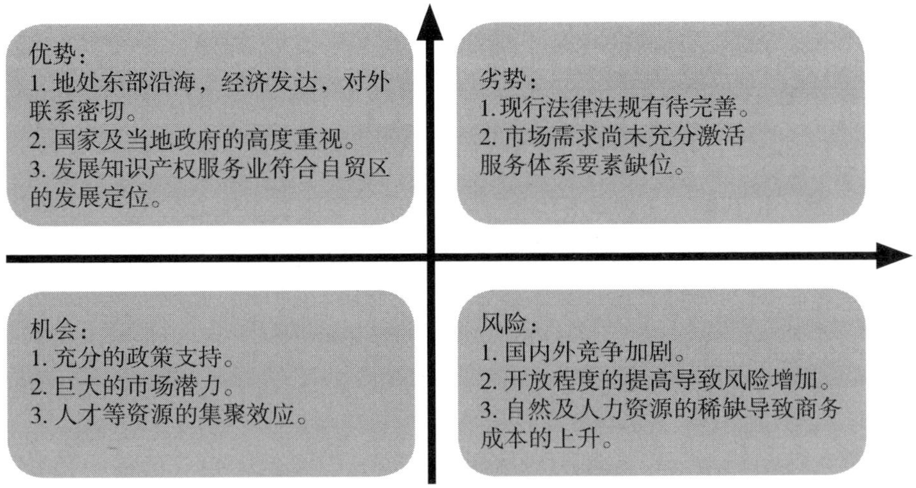

图 3–7　四大自贸区 SWOT 共性

3.2.1.1 上海自贸区知识产权服务业发展的 SWOT 分析

（1）优势分析。

优势一：当前国际创新因素正向亚洲转移，上海具有良好的地缘优势。当前，国际服务贸易市场的进一步开放，全球创新资源加速流动，对于知识产权保护和服务也提出了更高的要求。从国际来看，知识产权发展的重要趋势是创新板块正在发生一些转移，特别是逐渐向亚洲地区转移。基于上海对知识产权服务业现状及面临的形势分析，判断具有作为中国经济桥头堡的地缘优势，应当抓住时机，凭借容量巨大且充满活力的市场，主动承接国际创新因素向中国的转移。这将会有力地促进上海知识产权服务，尤其是中介服务的发展，提升知识产权服务业的现代化水平。

优势二：发展现代知识产权服务业，符合上海城市的发展定位。上海提出亚太知识产权中心城市的建设目标，这与跟上海未来发展的定位是一致的。上海到 2020 年基本建成了国际经济、金融、贸易和航运中心和现代化国际大都市，成为亚太研发中心之一。上海目前已经对自贸区启动打造经济升级版，这些发展战略目标与现代知识产权服务业的发展也紧密相关。发展现代知识产权服务业，与上海未来城市定位与发展目标高度契合，因此能够很好地融入上海经济社会发展进程，相互促进，获取各种支持要素。

优势三：上海具有良好的现代知识产权服务基础资源。上海拥有上千家跨国公司总部、众多上市公司及民营企业集团总部，数量众多的专业研究机构，具有巨大的知识产权市场需求潜力。上海科技人才和专业人才的数量和素质在全国均处于先进行列。上海还拥有一大批高质量的专利代理机构和律师事务所，专业化的知识产权服务机构不断增多。上海无论是区域优势、人才优势，还是现在的业界发展基础，都能够为发展现代知识产权服务业的良好资源支撑。

优势四：国家和上海都高度重视发展知识产权服务业。2016 年 1 月，全国首家自贸区知识产权综合服务平台落户张江，这标志着全国首个自贸区知识产权服务平台运营。上海市的知识产权工作在国家和上海地方政府层面上都受到高度重视并给予了有力的政策扶持。特别是国家知识产权局与上海市人民政府启动了新一轮部市合作会商，双方将共同推动上海建设亚太地区知识产权中心。在国家和上海地方政府的大力支持下，上海知识产权服务业的大发展具备了一个非常有利的政策环境。

（2）劣势分析。

劣势一：市场需求尚未充分激活。持续的需求是服务业发展的根本原因与内生动力。目前上海自贸区尚处于起步发展阶段，大多数企业还在着力于布局规划，实质性的创新活动尚不活跃，释放知识产权服务需求尚需时日。此外，缺乏对知识产权价值的深入挖掘是目前国内企业普遍存在的问题，企业只有对自身创新潜力与价值目标能够全面准确把握，方能发现更多的知识产权服务需求，因此，在上海自贸区现阶段还需要对市场创新服务需求进行针对性的培育与激活。

劣势二：现行法律政策约束有待破解。在上海自贸区发展与国际接轨的现代知识产权服务业，需要加大知识产权服务业的开放力度，进一步转变政府公共服务职能，调整现行知识产权服务激励政策，部分具体的实施措施有可能抵触现行的法律政策，难以实际推进，还需要不断积聚改革动能，推动在外部顶层设计上有所突破。

劣势三：现代化的知识产权服务体系要素缺位。先进的信息化基础设施、国际化的专业服务机构与人才、分工协作的网络化组织是现代化知识产权服务体系的重要特征。目前，在上海自贸区知识产权服务体系建设规划尚在实施之中，现代化知识产权服务业体系的基本职称要素还未齐备，知识产权专业化服务功能薄弱，难以为自贸区高水平的国际创新提供全方位的专业服务。

（3）机会分析。

机会一：充分的政策支持。《关于加快上海知识产权服务业发展的意见》提出要落实国务院及其部门相关政策中对知识产权的要求，推行《企业知识产权管理规范》等国家标准，严格执行《上海市促进科技成果转化条例》《上海市专利保护条例》《上海市著名商标认定和保护办法》等地方法规和政策，实行严格的知识产权保护，强化科技创新的知识产权管理，建立重大经济科技活动知识产权评议等制度。满足市场主体在资源获取、技术创新、市场竞争中对知识产权专业化服务的需求，推动知识产权创造、运用、保护和管理，构筑知识产权竞争优势。

上海自贸区出台了《国务院关于新形势下加快知识产权强国建设的若干意见》，强调要推动相关国际组织在我国设立知识产权仲裁和调解分中心；积极推动区域全面经济伙伴关系和亚太经济合作组织框架下的知识产权合作；探索建立“一带一路”沿线国家和地区知识产权合作机制；拓宽知识产权公共外交渠道，拓宽企业参与国际和区域性知识产权规则制修订途径；推动国内服务机构、产业联盟等加强与国外相关组织的合作交流。

上海出台《关于加强知识产权运用和保护支撑科技创新中心建设的实施意见》指出要大力发展知识产权服务业，完善知识产权公共信息服务加强知识产权基础信息服务工作，基础信息免费或低成本向社会开放，基本检索工具免费供社会公众使用；提高知识产权信息利用和服务能力；推进知识产权资源集聚。

《上海扩大开放 100 条》提出了要建设开放共享、内外联动的高标准知识产权保护高地；严格知识产权司法保护，依法适用侵犯知识产权惩罚性赔偿法律规定；推进知识产权民事、行政、刑事“三合一”审判机制改革，统一犯罪认定标准，加强知识产权刑事自诉案件审判。还出台了《中国国际进口博览会知识产权司法保护意见》，并制定了《上海市重点商标保护名录》，突出涉外高知名度商标保护。

机会二：巨大的市场潜力。上海自贸区不仅服务于金融和科技创新方面以及推动长三角乃至长江经济带的协同发展，还致力于内地与世界金融、贸易的融合，有利于减少关税壁垒以及进出口贸易摩擦，相对地降低交易成本。同时，上海在《关于加强知识产权运用和保护支撑科技创新中心建设的实施意见》指出要大力发展知识产权服务业，完善知识产权公共信息服务，加强知识产权基础信息服务工作，这些都为知识产权服务业发展创造了良好的条件。

机会三：人才的集聚效应。上海是中国金融、经济最发达的地区，特别是浦东新区的开发和开放，使其逐渐成为世界的一个金融中心，为上海自贸区以及中国带来更大的红利与机遇。这都会吸引更多的境外知识产权服务领域的人才进驻自贸区，为知识产权服务业提供更多更优质的专业人才，从而促进国内知识产权服务业的持续发展。

（4）威胁分析。

威胁一：国内外竞争加剧。自贸区的建立，放开了门槛，国外成熟的知识产权服务业的相关企业进驻自贸区内，国外企业拥有完善的硬件设施和先进的管理经验，这会对国内知识产权服务业形成强有力的冲击势力，对中国知识产权服务业的发展提出了更大的挑战。

威胁二：开放程度的提高导致不可预测风险增加。自贸区是我国对外开放的一个全新的尝试，开放程度不断提高，不可预测的风险将会增多，但我国尚缺乏相关应对经验，而且面对风险较难做出准确预测以及科学的应对措施。

威胁三：自然资源的稀缺导致商务成本的上升。上海市是一个自然资源极度稀缺的城市，经济发展受到土地、能源等资源的约束和环境容量的限制日益明显。土地资源稀缺导致的高房价对高素质人才具有挤出效应，土地价格高涨导致写字楼高租金、交通拥堵、生活成本上升等一系列问题，集中表现在商务成本的大幅上升，这必将会严重影响着自贸区知识产权服务业的持续发展。

基于以上分析将上海自贸区知识产权服务业发展的 SWOT 归结为如图 3–8 所示。

3.2.1.2 广东自贸区知识产权服务业发展的 SWOT 分析

（1）优势分析。

优势一：知识产权公共服务基础设施逐步完善，服务内容日益丰富[①]。截至 2018 年 7 月，广东省共有国家知识产权强市创建市 2 个，国家知识产权示范城市 5 个，国家知识产权示范培育市 5 个，国家知识产权试点城市 2 个，强县工程试点、示范县（市、区）共 26 个。同时，大力推动企业、高校、科研院所贯彻实施知识产权管理规范国家标准，共有 21 家高校和 9 家科研院所启

① 相关信息详见：http：//home.gdipo.gov.cn/gdipo/gdipodt/201807/4d0fa7a4b39042e3883b3d04ef39c008.shtml.

动贯标，“广东高水平大学重点建设高校”实现贯标试点全覆盖；贯标认证的企业达 5340 家，跃居全国第一。广东省大力推进企业知识产权优势培育和示范创建工作，目前全省有国家级知识产权优势企业 162 家、示范企业 50 家，居全国前列；省级优势企业 668 家、示范企业 200 家。

图 3–8　上海自贸区知识产权服务业发展的 SWOT 示意

在国家知识产权局的指导下，广东探索高价值专利培育模式，创新成果创造和集聚效率不断提升。广东省建设各类高质量专利育成中心 64 家，“知识产权布局设计中心”2 家。同时，广东重点产业知识产权保护中心加快建设，成立了广东、佛山、深圳 3 家国家级知识产权保护中心。另外，聚焦重点产业创新发展需求，建设了 7 个产业的国家级知识产权快速维权中心，占全国 1/3 强；建设各类知识产权维权援助中心 6 家、分中心 10 家、工作站 10 家和志愿者队伍 9 支。

构建知识产权保护新机制，不断健全重点企业和重点市场知识产权保护直通车制度，搭建快速反应通道，省市两级知识产权保护重点企业 1246 家。广东大力推进知识产权服务业集聚发展，目前分别拥有国家级、省级知识产权服务业集聚发展区 3 个和 5 个。全省有专利代理机构 301 家，实现 21 个地级以上市全覆盖。

近年来，广东持续深化知识产权金融创新，推进知识产权运营。2017 年成功举办全国首个知识产权交易博览会，推动知识产权成果转化、质押融资及专利保险等工作，取得了丰硕的成果。建成全国知识产权运营公共服务横琴特色试点平台、广州知识产权交易中心等国家及省级知识产权交易平台，培育了包括民营知识产权运营机构在内的近 40 家知识产权运营机构。

横琴国际知识产权交易中心有限公司承担了国家知识产权运营公共服务平台金融创新（横琴）试点平台的建设运行任务，该平台是全国首个知识产权运营特色试点平台。它充分发挥人才优势，调动资本的力量，运用互联网思维和工具，借助政策资源，着力打造一个集聚创新人才、创新资源、创新要素的生态系统，提供以知识产权金融创新、知识产权跨境交易为特色的全方位、一站式、高品质的知识产权资产交易和服务交易服务。横琴作为自贸区有各种利于知识产权交易中心开展各种创新业务的优惠产业政策。同时，横琴地处粤港澳大湾区的核心地带，能够推动知识产权的国际化运营。

广东省知识产权建设成果如表 3–5 所示。

表 3–5　截至 2018 年 7 月广东省知识产权建设成果一览①

<table>
<tr><th colspan="2">项目名称</th><th>数量</th><th colspan="2">项目名称</th><th>数量</th></tr>
<tr><td colspan="2">国家知识产权强市创建市</td><td>2 个</td><td colspan="2">国家级知识产权保护中心</td><td>3 家</td></tr>
<tr><td colspan="2">国家知识产权示范培育市</td><td>5 个</td><td colspan="2">省市两级知识产权保护重点企业</td><td>1246 家</td></tr>
<tr><td colspan="2">国家知识产权示范城市</td><td>5 个</td><td colspan="2">国家级知识产权服务业集聚发展区</td><td>3 个</td></tr>
<tr><td colspan="2">国家知识产权试点城市</td><td>2 个</td><td colspan="2">省级知识产权服务业集聚发展区</td><td>5 个</td></tr>
<tr><td colspan="2">强县工程试点、示范县（市、区）</td><td>26 个</td><td colspan="2">各类高质量专利育成中心</td><td>64 家</td></tr>
<tr><td rowspan="2">启动贯标的科研院校</td><td>高等学校</td><td>21 家</td><td colspan="2">“知识产权布局设计中心”</td><td>2 家</td></tr>
<tr><td>科研院所</td><td>9 家</td><td colspan="2">专利代理机构</td><td>301 家</td></tr>
<tr><td rowspan="2">国家级知识产权企业</td><td>优势企业</td><td>162 家</td><td rowspan="4">广东省知识产权维权工作情况</td><td>援助中心</td><td>6 家</td></tr>
<tr><td>示范企业</td><td>50 家</td><td>援助分中心</td><td>10 家</td></tr>
<tr><td rowspan="2">省级知识产权企业</td><td>优势企业</td><td>668 家</td><td>援助工作站</td><td>10 家</td></tr>
<tr><td>示范企业</td><td>200 家</td><td>志愿者援助队伍</td><td>9 支</td></tr>
</table>

优势二：广东省知识产权事业发展一直走在全国前列。近年来，广东省知识产权事业发展走在全国前列，以知识产权为代表的创新资源丰富，全省创新

① 资料来源：http：/home.gdipo.gov.cn/gdipo/gdipodt/201807/4d0fa7a4b39042e3883b3d04ef39c008.shtml.

活力旺盛。截至 2018 年 8 月，全省有效发明专利量 236 592 件，位居全国第一，PCT 国际专利申请连续 16 年领跑全国。同时，在连续多届中国专利奖评选活动中，广东省获得金奖数均居全国第一，获得优秀奖数也居全国前列。此外，根据国家知识产权局有关研究报告显示，广东省知识产权综合指数连续多年居全国首位。专利质押融资金额、专利实施许可合同金额居全国第一。近 10 年来，全省获中国专利金奖 48 项、优秀奖 753 项，分别是 2008 年《国家知识产权战略纲要》实施前 20 年总量的 5.3 倍和 11.4 倍①。

优势三：知识产权代理、信息、咨询、质押融资等服务快速发展。我国知识产权服务业的发展是建立在各行业分工链上的，各服务在产业链上分工协调，协同发展。知识产权服务业功能主要包括知识产权代理、信息、转化应用、质押融资、维权援助等内容，行业内中介服务机构、律师事务所、咨询公司、投融资机构、预警服务机构、评估机构等企业快速发展，大力推动我国知识产权服务业的深入发展。

近年来，广东持续深化知识产权金融创新，推进知识产权运营，举办全国首个知识产权交易博览会，推动知识产权成果转化，质押融资及专利保险等工作，取得了丰硕的成果。广东省知识产权综合指数连续多年居全国首位，专利质押融资金额、专利实施许可合同金额居全国第一。在具体知识产权运营与交易方面，广东省同样表现卓著：2018 年 1—8 月，全省共进行专利权质押登记 415 件，专利权质押融资金额人民币 140.92 亿元，位居全国质押融资金额排行榜第一。2018 年 1—6 月，全省专利实施许可合同备案共计 141 件，合同总金额为 55 751.60 万元人民币，涉及专利 338 件。正是基于良好的知识产权事业发展基础和日趋活跃的知识产权交易和运营活动，近年来，广东省一直将谋求建成全国知识产权交易中心作为发展知识产权事业、支持全省创新驱动发展战略的重要举措②。

（2）劣势分析。

劣势一：大而不强、多而不优，缺乏国际竞争力。由于还处于发展的初级

① 数据来源：http：//home.gdipo.gov.cn/gdipo/gdipodt/201807/71cb79e545e14128b6e330c59d2bf112.shtml.

② 相关信息详见 http：//home.gdipo.gov.cn/gdipo/gdipodt/201810/0438c1385aa940c98fe2960871a473e8.shtml.

阶段，广东知识产权服务业总体规模还较小，缺乏具有品牌影响力的法人主体。整体来说，广东知识产权服务业的很多领域还没有形成良好的商业模式或完整的产业链，以知识产权信息链为例，政府为地方专利信息网点提供的主要是整块的数据信息，在信息挖掘和利用方面还不系统和深入，各地方知识产权信息中心因专利信息资源开发不够、专业服务人员不足、提供深层次服务的能力有限等问题，没有形成有效、长效的集成共享机制，使得产业无法进入高速发展道路，缺乏国际竞争力。

劣势二：服务层次低、服务形式单一、服务能力弱。国家知识产权局发布的《我国知识产权服务业现状研究报告》中指出，包括广东在内知识产权服务机构的业务以代理企业申请专利、商标等相对单一的服务内容为主，高水平、高层次的服务比较少。由于服务内容单一，进入门槛低，中介机构一哄而上，为争夺市场，竞相采取低价策略。低价竞争，一方面会造成市场上“劣币驱逐良币”现象，另一方面服务机构为了保本盈利，只好降低服务档次，进而形成恶性循环。

劣势三：人员素质参差不齐、高端人才不集聚。在广东知识产权事业迅猛发展的进程中，知识产权专业人才供需矛盾日益突出，特别是适应产业国家化发展的高层次、复合型知识产权人才紧缺。知识产权服务业对人才具有高度依赖性，核心人力资本的培育是实现知识产权服务业可持续发展的根本。目前阻碍知识产权人才涌现的因素除了历史原因，主要表现在人才机制、人才结构和师资力量 3 个方面的欠缺、结构完善的不足都亟须加强。

（3）机会分析。

机会一：充分的政策支持。随着广东自贸区的建立以及《进一步深化中国（广东）自由贸易试验区改革开放方案》的进一步实施，知识产权服务业被进一步落实。另外，由于行政管理体制的变革，在自贸区内政府相应职能的改变，都会导致在自贸区内对于一些相关政策能够更好地实施。

广东深入实施创新驱动发展战略，与国家知识产权局通过合作会商机制互促共进，坚持以实施知识产权战略为主线，以建设引领型知识产权强省为目标，不断推进知识产权创造、运用、保护、管理和服务，各类创新主体高度重视知识产权工作，知识产权事业形成了蓬勃发展的局面。省部共同会商推动粤知识产权强省建设，10 年来双方已联合实施完成 85 个合作项目。

为确保自贸区知识产权服务业的健康发展，广东省相继出台了《广东省进一步扩大对外开放积极利用外资若干政策措施》《广东省实施创新驱动发展战略年度工作要点》《广东省经营性领域技术入股改革实施方案》《广东省知识产权专利研究人员专业技术资格条件（试行）》《广东省重大经济和科技活动知识产权分析评议暂行办法》和知识产权“美玉 10 条”等一系列政策。为了进一步深化知识产权领域改革，广东省还开展《广东省专利条例》《广东省专利奖励办法》修订工作。

国家知识产权局支持广东探索建立粤港澳大湾区知识产权跨区域保护协作机制，依法加强知识产权信用监管和案件协查，加强信息共享和人才交流，探索知识产权行政、司法、仲裁、调解等纠纷多元解决机制，打造国际一流的粤港澳知识产权保护体系；支持广东建立知识产权海外布局和涉外应对支撑体系，加强对广东企业处理海外知识产权纠纷的指导。同时，还支持广东率先开展“互联网 +”知识产权保护的试点工作。

机会二：巨大的市场潜力。广东自贸区主要是针对内地与港澳经济的深度融合，这减少了很多交易成本。在《进一步深化中国（广东）自由贸易试验区改革开放方案》中提出要加快建立总部经济以及新型贸易业态。这些都为知识产权服务业开辟了更为广阔的消费市场。

机会三：人才的集聚效应。广东自贸区的建立为广州以及中国带来巨大的红利与机遇。这都会吸引更多的境外知识产权服务领域的人才进驻自贸区，为知识产权服务业提供更多的专业人才，从而进一步促进国内知识产权服务业的持续发展。

（4）威胁分析。

广东省自贸区知识产权服务业发展面临的威胁总体上与上海自贸区基本相同，在此不赘述。

基于以上分析将广东自贸区知识产权服务业发展的 SWOT 归结为如图 3-9 所示。

3.2.1.3 福建自贸区知识产权服务业发展的 SWOT 分析

（1）优势分析。

福建自贸区定位于对台经贸合作，采用“一区三片”模式，由福州、厦门、平潭三个片区组成，借鉴上海，对接台湾。作为区域经济高度一体化的产物，自贸区的知识产权不仅在总量上走在其他地市的前面，而且在创造价值方面也处在全国领先地位。

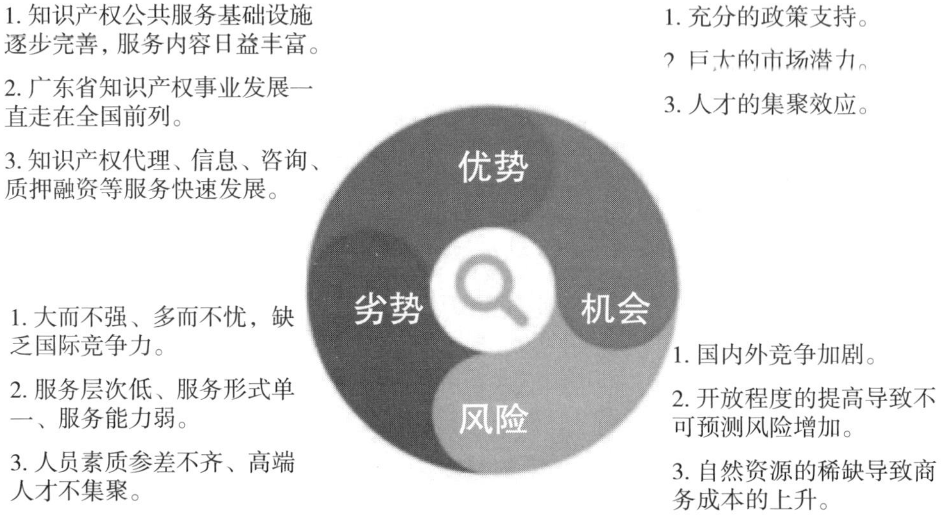

图 3–9　广东自贸区知识产权服务业发展的 SWOT 示意

优势一：投资机会更多。福建自贸区投资环境良好，可在战略性新兴产业以及商贸服务、文化服务等领域，对民营企业提供最大的投资机会。福建自贸区立足于深化两岸经济合作，合作参与制订标准，有利于境内知识产权的发展。

优势二：贸易成本更低，境外投资更方便。货物贸易通关 30 多项便利化措施，进一步节省了通关的时间，与台湾地区乃至国外的经贸合作增强，对产业知识产权保护的要求进一步提高。

优势三：创新产品更加优越。自贸试验区、保税园区、出口加工区等海关特殊监管区享有保税、免税等政策。区内的研发机构进口设备和材料享受政策，可大大降低企业的研发成本。

优势四：人才政策更有吸引力。2015 年福建自贸区人才工作 14 条措施正式出台，该措施提供了融资服务、经费支持、住房保障、社保、医保、往来便利等措施以吸引各类创业人员来自贸区创新创业。

（2）劣势分析。

劣势一：自贸区区域保护政策和规定有待完善。福建自贸区包括厦门片区、福州片区和平潭片区，福州与平潭片区都存在立法完善度较差与知识产权执法落实度较低的问题。

劣势二：企业研发创新动力不足。部分企业对知识产权的研发投入资金和人力方面不足，福建经济在沿海省份中并不处于靠前的位置，除厦门之外的2个自贸区，对技术和专业性人才吸引力不大，人才引进成为难题，加之中西部地区经济的发展，导致沿海地区上至高端科技型企业，下至一线劳动密集型企业均产生了“用工荒”的难题，企业所拥有的科研创新人才储备不足，数量较少，导致研发创新动力不足。

劣势三：重视程度不够。与其他自贸区一样，福建自贸区知识产权也存在立法、执法和企业自身不够重视等普遍性难题，迫切需要大力进行改革。

劣势四：企业自身知识产权保护意识不强。企业普遍缺乏内部知识产权保护氛围，没有意识到知识产权对于企业未来发展的重要性。一部分企业在生产出新的技术类产品后没有及时申请专利和产权保护，造成自己的产品与技术被他人抢注，结果自己反而成为侵权者。福建自贸区中小企业居多，本身拥有的知识产权数量不高，许多企业可能都没有接触过知识产权纠纷问题和知识产权转让问题，也不会考虑到去进行相应的知识产权创造。在福建省自贸区内，大多数中小型企业依然停留在劳动密集型阶段，对知识产权的利用不高，部分企业对于知识产权的认识还停留在专利数量的基础阶段，没有去深化利用知识产权去帮助企业盈利。

（3）机会分析。

机会一：政策支持。

第一，在立法方面，针对知识产权保护和申报难的问题，2016年4月，厦门自贸区出台《知识产权扶持与奖励办法》，规定凡在该片区注册、经营的各类商事主体均可按办法规定申请相关扶持与奖励，实现了知识产权主要领域全覆盖，体现自贸试验区知识产权集中管理和综合管理的职能。

第二，在执法有效性方面，厦门自贸区于2017年5月成立知识产权执法协作互助中心，为企业提供知识产权维护援助。

第三，从企业自身角度来说，福建自贸区地处福建东南沿海，交通和区域便利等因素对人才的吸引力较强，且有国家的政策支持，高素质人才的引进对公众整体知识产权保护意识的提升有促进和帮助作用。

第四，2015年5月厦门出台《开展两岸知识产权经济发展试点工作方案

（2015—2020年）》，扩大对台知识产权服务，开展两岸知识产权经济发展试点。2016年2月，福建出台《关于建立福建自贸试验区知识产权行政执法与海关保护协作机制的意见》，就建立联席会议制度、共享执法信息、建立案件会商制度及执法协作等达成协作意见。①

第五，在人才引进方面，2015年，福建自贸区出台了《关于加强中国（福建）自由贸易试验区人才工作的十四条措施》，提出了诸如创新引进高层次人才评价认定机制、落实高层次人才税收激励政策、确保高层次人才创业项目建设所需土地供给、破解高层次人才项目融资难问题、加大引进高层次人才创业创新经费支持力度、提供更加优惠便利的高层次人才居家生活待遇等措施，以满足自贸区对知识产权高层次人才的需求。

机会二：巨大的市场潜力。福建自贸区主要是针对大陆与台湾经济的深度融合，这减少了国内关税壁垒以及进出口贸易摩擦，也相对地减少了交易成本，同时在厦门出台《开展两岸知识产权经济发展试点工作方案（2015—2020年）》，扩大对台知识产权服务，开展两岸知识产权经济发展试点。这为知识产权服务业提供了更为宽松的发展环境。

机会三：服务企业的集聚效应。福建自贸区的建立，为福建知识产权服务业的发展带来巨大的机遇。这可以吸引更多的境外知识产权机构也进驻自贸区，为知识产权的发展提供更多的平台，为自贸区知识产权服务业提供强大的技术支撑，从而进一步促进国内知识产权服务业的持续发展。

（4）威胁分析。

福建自贸区知识产权服务业发展面临的威胁除了与上海、广州自贸区共同的3点外，还有人才、技术资源短缺。福建省的外贸型商业发达，但高校及科研院所较少，很难满足福建省本地区对人才和技术的需求，也缺乏知识产权领域相关的应用型的领军人才，国内相关专家更是严重匮乏，这成为福建自贸区乃至整个福建省知识产权发展的障碍，所以引进人才是当前的重要工作之一。

基于以上分析将福建自贸区知识产权服务业发展的SWOT归结为如图3-10所示。

① 资料来源：http：//www.sipo.gov.cn/zscqgz/1100995.htm.

图 3–10　福建自贸区知识产权服务业发展的 SWOT 示意

3.2.1.4 天津自贸区知识产权服务业发展的 SWOT 分析

（1）优势分析。

优势一：肩负京津冀协同发展及“一带一路”倡议。天津自贸区定位于以制度创新为核心任务，以可复制可推广为基本要求，努力成为京津冀协同发展高水平对外开放平台、全国改革开放先行区和制度创新试验田、面向世界的高水平自由贸易园区。由滨海新区中心商务区、东疆保税港区以及天津港保税区（含空港经济区）组成，各片区定位如表 3–6 所示。作为北方第一个自贸区，也是长江以北地区唯一的自贸区，天津自贸区肩负着京津冀协同发展和“一带一路”的重大战略。

表 3–6　天津自贸区各片区功能定位

区域	功能定位	主要产业项目
东疆保税港区	国际贸易、国际物流	航运物流、融资租赁、贸易结算
天津港保税区（含空港经济区）	国际贸易、生产制造	民用航空、装备制造、电子信息、生物医药、快递消费品
滨海新区中心商务区	国际金融、休闲观光	金融服务机构、商务楼宇、商务保理、海洋旅游、文化创意

优势二：天津市知识产权服务业创新创造数量不断增加，为自贸区营造良好的知识产权环境。《中国知识产权指数报告 2017》显示，2017 年天津市知

识产权综合指数位列全国第七，全市每万人口发明专利拥有量达到18.3件，居全国第六。全市授权专利4.2万件，同比增长4.3%；有效专利14.5万件，同比增长16.3%，其中有效发明专利2.8万件，同比增长26.2%。全市商标注册申请4.9万件，同比增长42.7%；注册商标2.7万件，同比增长19.7%；有效注册商标15.9万件，同比增长18.6%。驰名商标达153件。

243家企业的283种产品认定为2017年度天津市名牌产品。完成涉外图书出版合同审核登记363个，完成涉外电子出版物和计算机软件著作权审核、认证498个，完成作品自愿登记审核发证344件。11家单位获得市级版权示范单位（园区）称号，3家单位获得国家级版权示范单位称号。地理标志产品、非物质文化遗产、植物新品种权等知识产权实现均衡发展[①]。

优势三：探索建成与国际接轨知识产权保护体系。2015年11月，天津市知识产权局、滨海新区政府和天津自贸区管委会共同推动成立了华北知识产权运营中心、天津市滨海新区知识产权保护服务中心和天津仲裁委员会知识产权国际仲裁中心3个机构，形成天津自贸区与国际接轨的高水平的知识产权保护和运用服务体系。天津知识产权服务体系机构建设目标如表3–7所示。

表3–7　天津知识产权服务体系机构建设目标

机构	建设目标
华北知识产权运营中心	探索天津自贸区建设深度融入京津冀协同发展的有效路径，促进知识产权商品化、资本化。利用市场手段加快创新资源配置，推动知识产权在“大众创业、万众创新”中提供有力支撑，在加快经济转型中有效促进知识产权与经济的深度融合
滨海新区知识产权保护服务中心	“1+4”的运行模式：“1”是指一个平台即知识产权保护服务中心，实行一体化工作流程，统一受理滨海新区及自贸区知识产权纠纷举报和投诉工作；“4”是指充分发挥知识产权行政、司法及监管部门的职能，构建行政调处、法院判决、仲裁、人民调解“四位一体”的知识产权保护体系
天津仲裁委员会知识产权国际仲裁中心	立足于从机制上打破传统形式，积极探索股份制下董事会运行模式，进一步丰富天津自贸区知识产权保护方式，增强知识产权保护效果

优势四：严格知识产权保护，营造良好营商环境。为保障知识产权服务业的健康发展，天津市政府出台多项政策。《中国(天津)自由贸易试验区总体方案》中提出，加强知识产权保护和服务，完善知识产权管理和执法体制以及纠纷调

① 资料来源于天津知识产权白皮书文件。

解、援助、仲裁等服务机制。发挥专业化社会机构力量，提高知识产权保护成效。

2017 年，天津市持续深入开展打击侵犯知识产权和制售假冒伪劣商品工作各专项行动。全市各行政执法部门共出动执法人员 6 万余人次，检查企业 3 万余户。市场监管系统共查处侵犯注册商标专用权案件 350 件，罚款 566.5 万元；移送公安机关案件 19 件；没收销毁侵权假冒物品 34.48 吨。市知识产权局开展专利行政执法行动 40 余次，检查商品 35.1 万件，立案查处各类专利行政案件 651 件。全市各级公安机关共破获侵权假冒类案件 240 起，抓获各类侵权假冒犯罪嫌疑人 319 人。全市各级检察机关提起公诉侵犯知识产权和制售假冒伪劣商品类犯罪案件 99 件 180 人。

天津法院的知识产权知识产权审判庭实现了知识产权民事、行政和刑事案件审判“三合一”。天津海关共立案查处侵犯知识产权案件 60 起，查获侵权嫌疑货物、物品 257.7 万件，涉案货物、物品合计人民币 496 万元，有效打击了该类违法犯罪行为①。

（2）劣势分析。

劣势一：自贸区缺乏相对统一的知识产权管理部门。天津设立了自贸区管理委员会，但该委员会并没有予以立法独立运行，主要由商务委等部门抽调人员组成“轻型”管委会，管委会设有办公室、综合改革局、综合协调局、综合监督局 4 个部门，主要承担与市级各行政主管部门之间的协调与沟通。自贸区所涵盖的天津港片区、天津机场片区和滨海新区中心商务片区 3 个分区的知识产权管理职能主要集中在各分区的科技主管部门，并没有独立的知识产权管理部门。

劣势二：知识产权纠纷解决途径较为单一。天津市的知识产权纠纷主要通过法院主导的司法调解以及司法局管辖的人民调解方式进行，调解效率不高，且容易耗费大量公共资源，调解的结果也不易被各方所接纳； 另外，与上海相比，严重缺乏协会、中介、民间团体等较为灵活、高效的第三方知识产权纠纷解决机构，市场化的调解方式远未建立。

劣势三：知识产权运营平台服务不足。在知识产权运营中心的建设中，最为重要的是能否吸引企业入驻并进一步集聚知识产权资源。而吸引企业入驻的关键在于知识产权运营中心提供的服务是否具有高附加值，能够真正解决企业

① 资料来源于天津知识产权白皮书文件（2017）。

在知识产权运营中面临的问题。当前，天津自贸试验区尚未开展专利导航试点工程，尚不能为企业提供完善的知识产权信息服务、评估、金融、登记等一系列服务。

（3）机会分析。

机会一：充分的政策支持。2016 年 12 月，国家知识产权局下发《国家知识产权局办公室关于同意在天津滨海高新技术产业开发区设立国家知识产权服务业集聚发展试验区的函》，批复高新区为国家知识产权服务业集聚发展试验区。近年来，天津自贸区区对知识产权的创造运用与保护高度重视，出台知识产权相关政策文件（表 3–8），设立知识产权专项资金，不断优化区域内知识产权环境，初步形成了区域知识产权管理和服务体系，建立起了引导企业创新的工作推动机制，专利申请数量、有效专利数量快速增长。

表 3–8　天津自贸区知识产权相关政策

发布时间	政策	内容
2018 年 3 月	《进一步深化中国（天津）自由贸易试验区改革开放方案》	探索知识产权综合管理改革。探索建立公允的知识产权评估机制，完善知识产权质押登记制度、知识产权质押融资风险分担机制以及质物处置机制；搭建便利化的知识产权公共服务平台，完善知识产权服务体系。健全知识产权纠纷多元解决机制；深化完善有利于激励创新的知识产权归属制度。创新发展知识产权金融服务
2018 年 5 月	《中国（天津）自由贸易试验区总体方案》	推动贸易转型升级，积极培育新型贸易方式，打造以技术、品牌、质量、服务为核心的外贸竞争新优势，探索形成具有国际竞争力的航运业发展环境；探索开展财政资金支持形成的知识产权处置和收益管理改革试点，建立华北地区知识产权运营中心，发展知识产权服务业；开展知识产权跨境交易，创新知识产权投融资及保险、风险投资、信托等金融服务，推动建立知识产权质物处置机制
2016 年 8 月	《天津市知识产权服务业集聚区培育工作方案》	1. 根据集聚区内知识产权服务业发展状况，营造促进知识产权服务业发展环境，夯实发展基础，探索知识产权服务业发展新举措； 2. 整合优化资源，集聚服务力量，构建完整的知识产权服务链条，具备知识产权综合服务能力； 3. 聚焦园区产业及重点企业发展，挖掘知识产权服务需求，组织服务机构与创新主体供求对接，激活服务市场，发挥知识产权服务对科技创新、经济发展的支撑作用； 4. 通过激励与引导，提升服务机构服务能力，创新服务模式，培育品牌机构，规范服务市场； 5. 深化交流，借鉴国内外先进理念，培养高端服务人才

机会二：京津冀知识产权协同发展大机遇。充分发挥华北知识产权运营中

心作用，共建京津冀知识产权交易市场，促进知识产权运营资源高效配置。加快京津冀知识产权公共服务平台互联互通，推动京津冀知识产权信息资源和公共服务共享。搭建区域知识产权人才信息共享平台，吸引区域高端知识产权人才来津发展。发挥滨海—中关村科技园区等载体作用，积极引导京冀优质知识产权资源向天津聚集。

机会三：积极参与“一带一路”建设。加强知识产权对外交流与合作，支持建立技术推广中心等机构和平台推广具有自主知识产权的产品和技术，引导企业设立海外研发中心加快知识产权海外布局。深化省市间知识产权交流与合作，重点加强四个直辖市、京津冀和环渤海“五省二市”等知识产权合作机制建设，在联合保护、战略研究、信息资源、知识产权转移等方面加强交流与合作，实现资源共享和工作联合。加强与国外知识产权机构和组织的联系，完善知识产权对外交流机制，促进知识产权资源、人才、学术、信息等交流与合作。

（4）威胁分析。

天津自贸区知识产权服务业发展除了国内外竞争加剧的威胁外，还面临着地区经济发达程度不足的威胁。天津自贸区与上海、广东、福建 3 个自贸区有着明显不同。它的腹地虽然广阔，但是一体化程度不高，经济发展程度也不及东南沿海地区。天津自贸区经济转型无疑面临着长期艰巨的产业结构调整升级任务，无论是传统产业的升级改造，还是新兴产业的培育壮大，都离不开知识产权的全面支撑。而地区经济的发达程度，直接影响知识产权服务业发展快慢，根本上决定知识产权服务产业规模的大小。

基于以上分析将天津自贸区知识产权服务业发展的 SWOT 归结为如图 3-11 所示。

3.2.2 湖北自贸区知识产权服务业发展现状

武汉片区为湖北自贸区的主导片区，且知识产权发展水平相对较高，以下将就武汉片区发展现状进行分析，以求展现湖北自贸区知识产权服务业发展的较高水平。

3.2.2.1 取得成就

（1）知识产权创造能力不断提升。

第一，国家知识产权示范企业及优势企业数量不断增加。2015—2018 年国家知识产权服务业集聚发展试验区建设期间，武汉片区国家知识产权示范企业及优势企业数量增加迅猛。2016 年武汉片区 2 家获批国家知识产权示范企业，2017 年新增 1 家，2018 年武汉斗鱼网络科技有限公司、人福医药集团股份公司、武汉科林精细化工有限公司、武汉高德红外股份有限公司荣获国家知识产权示范企业，总数达到 7 家。

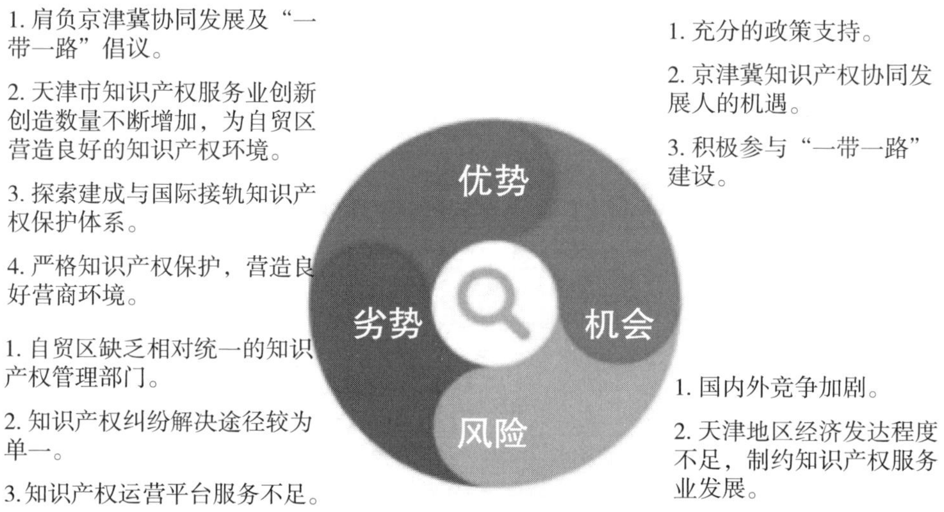

图 3–11　天津自贸区知识产权服务业发展的 SWOT 示意

2017 年武汉片区国家知识产权优势企业获批到达 7 家，占整个武汉市获批企业数 63% 以上。武汉片区、武汉市及湖北省国家知识产权优势企业数量 2015 年分别为 2 家、3 家、12 家；2016 年分别为 4 家、13 家、29 家；2017 年分别为 7 家、11 家、47 家。2018 年，武汉华星光电技术有限公司、大鹏高科（武汉）武汉智能装备有限公司荣获国家知识产权优势企业。

2015—2018 年东湖高新区累计获得国家知识产权示范及优势企业数量如图 3–12 所示。

第二，湖北省知识产权示范企业及示范建设企业数量持续增加。湖北省于 2013 年实施“湖北省知识产权示范企业建设工程”，2014 年湖北省知识产权示范企业（第一批）武汉片区、武汉市及全省的数量分别为 5 家、10 家、20 家。精伦电子股份有限公司、人福医药集团股份公司、长飞光纤光缆股份有限公司、阳光凯迪新能源集团有限公司等 11 家企业被确定为第二批湖北省知识产权示范企业。2017 年（第二批）分别为 11 家、25 家、66 家（图 3–13）。

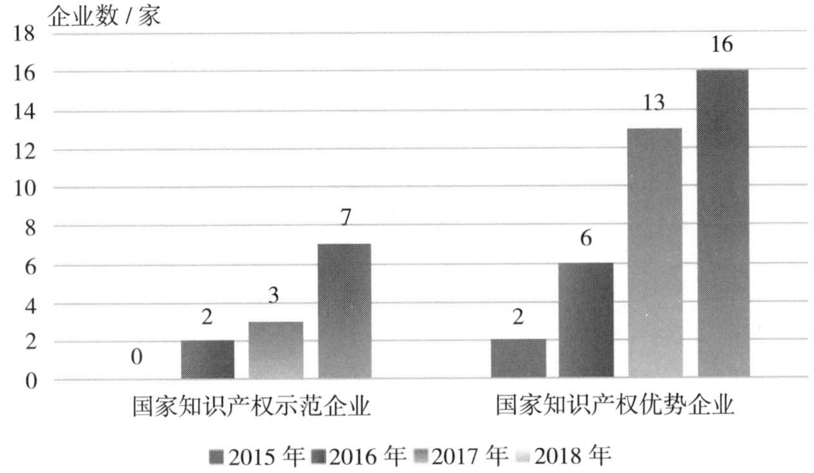

图 3–12 2015—2018 年东湖高新区累计获得国家知识产权示范及优势企业数量

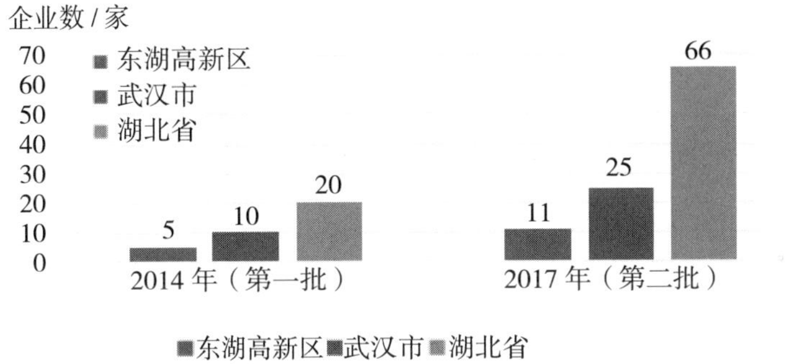

图 3–13 第一批、第二批武汉片区、武汉市、湖北省知识产权示范企业数量

2014 年湖北省知识产权示范建设企业（第一批）武汉片区、武汉市及全省的数量分别为 25 家、41 家、200 家；2015 年（第二批）分别为 18 家、24 家、175 家；2016 年（第三批）分别为 19 家、70 家、311 家；2016 年（第四批）分别为 36 家、83 家、266 家。2018 年（第五批）分别为 35 家、63 家、187 家（图 3–14）。烽火众智、中元华电等 31 家企业被确定为第四批湖北省知识产权示范创建企业，驿路通、奇致激光等 23 家企业被确定为湖北省第五批知识产权示范建设企业。

2018 年武汉新华扬生物股份有限公司、武汉四方光电科技有限公司、烽火通信科技股份有限公司等 9 家东湖高新区企业通过湖北省企业知识产权专题项目验收（图 3-15）。

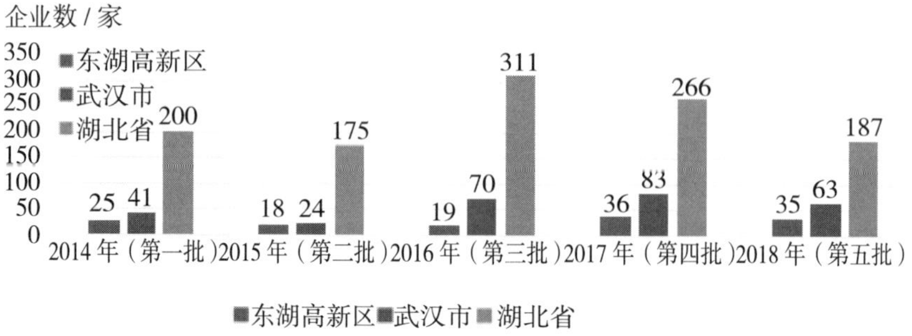

图 3-14 第 1 ~ 5 批武汉片区、武汉市、湖北省知识产权示范建设企业数量

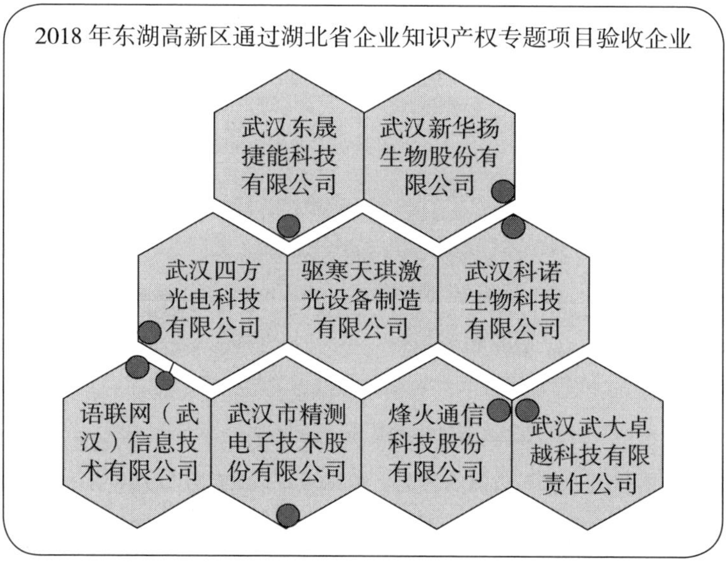

图 3-15 2018 年东湖高新区通过湖北省企业知识产权专题项目验收企业名单

湖北省知识产权示范企业建设工程与国家知识产权示范和优势企业形成阶梯式培育，建立健全企业知识产权工作机制，通过系统化的知识产权示范企业创建，充分发挥企业的创新主体作用。经过 5 年的建设，高新区示范企业规模不断扩大，知识产权创造活动得到有效推动，一批知识产权综合能力较强、具有市场竞争优势和区域影响力的企业逐渐形成，影响和带动了一大批企业知识产权能力显著提升，为高新区实施创新驱动发展战略、实现经济提质增效升级提供有力支撑。

第三，专利申请量增长迅猛。2015—2018 年武汉片区专利申请量分别为 15861 件、20358 件、25013 件、29533 件，2015 年、2016 年、2017 年、2018 年同比增长 17.7%、28.3%、22.9%、15.30%（图 3–16）。

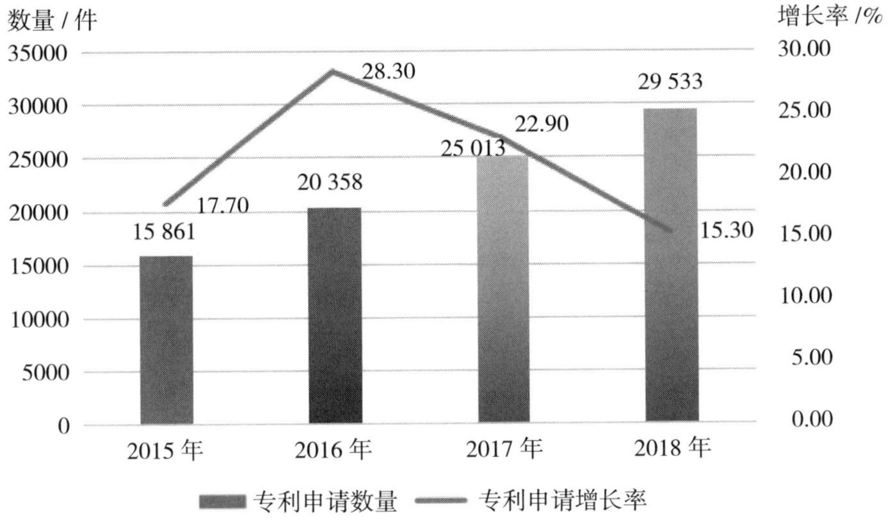

图 3–16 2015—2018 年武汉片区专利申请量

注：数据来源于 2015—2018 年光谷发布的创新发展报告

2015—2018 年发明专利申请量分别为 9010 件、11 805 件、15 010 件、18 057 件，2015 年、2016 年、2017 年、2018 年同比增长 21.90%、31.00%、27.10%、16.87%；实用新型申请量分别为 6269 件、7637 件、8784 件、9799 件，2016 年、2017 年、2018 年同比增长 21.80%、15.00%、10.36%；外观设计申请量分别为 581 件、916 件、1219 件、1677 件，2016 年、2017 年、2018 年同比增长 57.7%、33.1%、27.31%（图 3–17）。2018 年斗鱼网络、武汉华星光电半导体、武汉华星光电、烽火通信 4 家东湖高新区企业专利申请量居全省企业前四。

图 3–18 显示，2015—2018 年发明专利申请量占专利申请总量的比例每年递增了 1%，2018 年已达到 61%；对应实用新型申请量占专利申请总量的比例逐年递减，2018 年下降为 33%；外观设计申请量占专利申请总量的比例均维持在 4% ~ 6%。

第四，专利授权量增长较快。2015—2018 年武汉片区专利授权量分别为 9018 件、10013 件、11642 件、14675 件，2015 年、2016 年、2017 年、2018 年同比增长 27.9%、11%、16.3%、20.7%（图 3–19）。

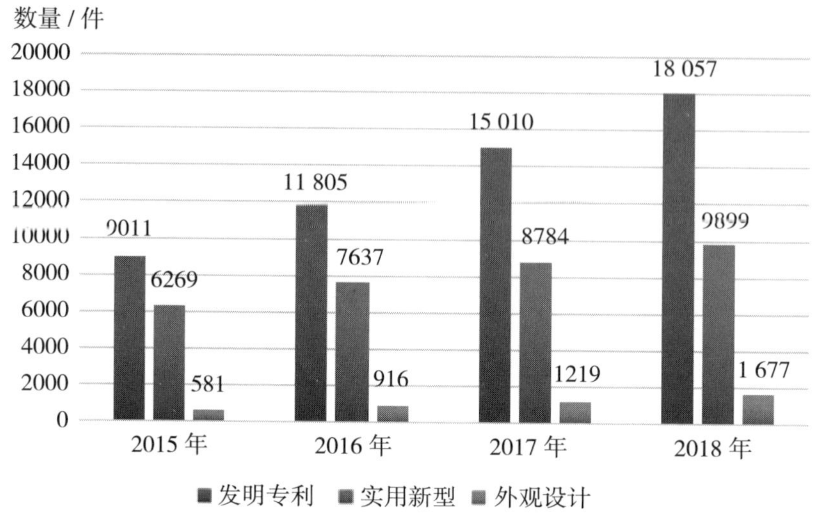

图 3-17　2015—2018 年三大类专利申请量情况

注：数据来源于 2015—2018 年光谷发布的创新发展报告

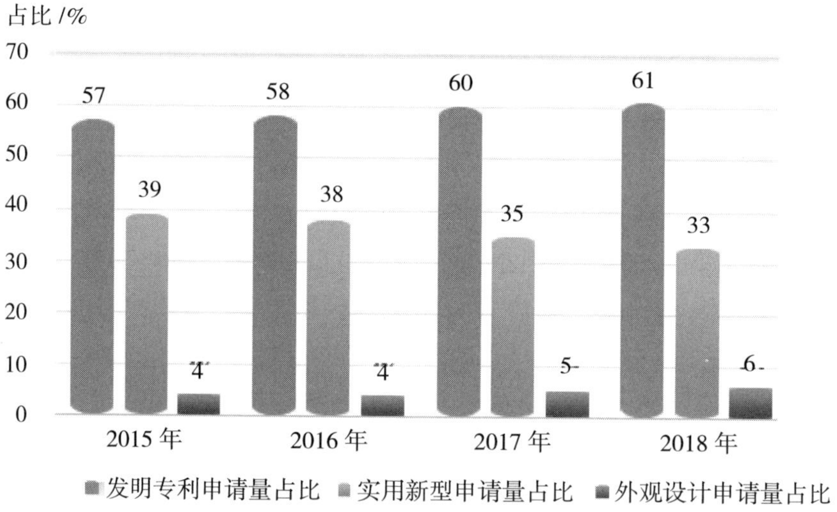

图 3-18　2015—2018 年三大类专利申请量占当年专利申请量的比例

注：数据来源于 2015— 2018 年光谷发布的创新发展报告

2015—2018 年发明专利授权量分别为 3381 件、3796 件、5168 件、5642 件，2015 年、2016 年、2017 年、2018 年同比增长 36.6%、12.3%、36.1%、8.4%（图 3-20）。

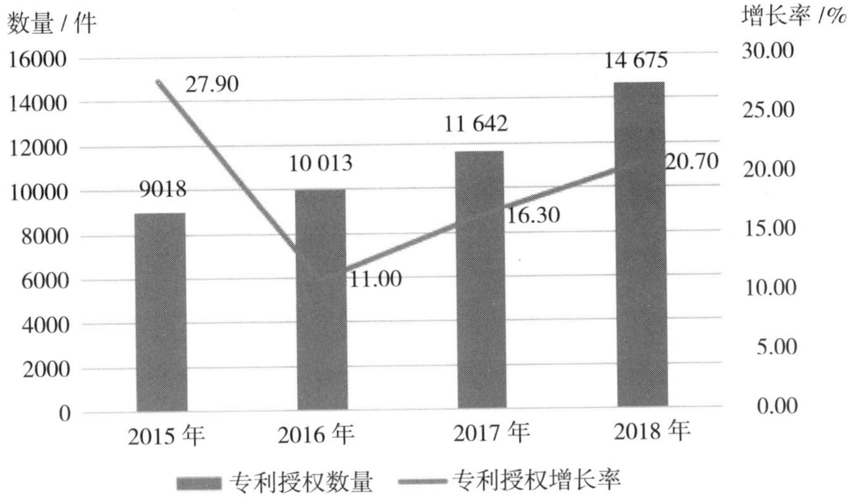

图 3-19　2015—2017 年武汉片区专利授权量

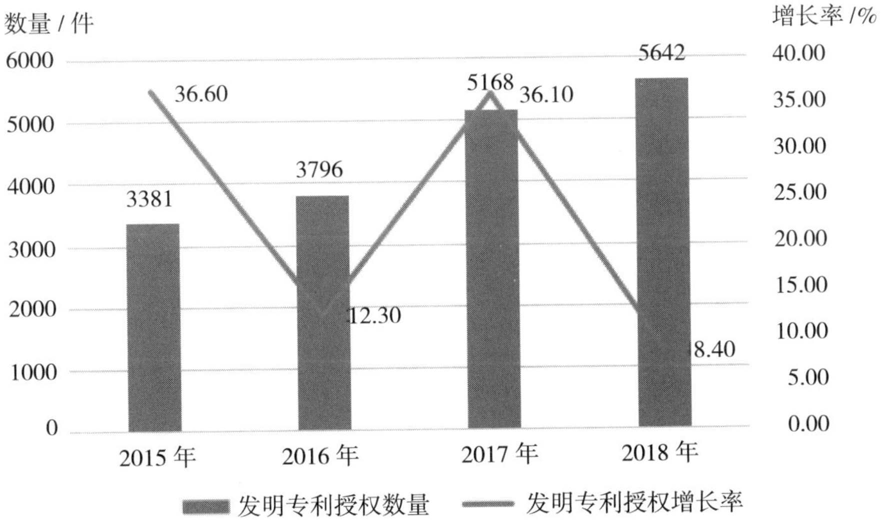

图 3-20　2015—2018 年武汉片区专利授权量

2018 年，全区有效发明专利拥有量为 22 868 件，同比增长 21.1%。其中企业有效发明专利量为 10 391 件，同比增长 32.3%，大专院校为 11 127 件，同比增长 16.3%，科研机构为 1001 件，同比增长 –14%，机关团体为 37 件，增长 2.7%，个人为 312 件，同比增长 22.4%。2014—2018 年武汉片区有效发明专利拥有情况见表 3-9。

表 3-9 2014—2018 年武汉片区有效发明专利拥有量

主体	2014 年	2015 年	2016 年	2017 年	2018 年	2018 年增长率
企业	3738	5481	5613	7852	10 391	32.3%
大专院校	—	7050	7517	9571	11 127	16.3%
科研机构	—	717	782	1164	1001	-14%
机关团体	—	23	23	36	37	2.7%
个人	—	238	81	255	312	22.4%
总量	9578	13 509	14 016	18 878	22 868	21.1%

第五，高价值专利的涌现支撑武汉片区经济高质量发展。武汉片区借国家知识产权服务业集聚发展试验区建设的东风，开展高价值专利培育、转化和产业化，形成了光电子信息、生物医药、节能环保、高端装备制造、现代服务业5个千亿级产业以及集成电路与半导体显示、数字经济2个新兴产业蓬勃发展的“5+2”产业集群和格局。

2018 年，东湖高新区企业国网南瑞、电信器件、烽火通信、华星光电等 7 家单位荣获第二十届中国专利优秀奖，高德红外荣获第二十届中国外观设计优秀奖。

截至 2018 年，东湖高新区已获中国专利金奖 3 项、专利优秀奖 61 项、外观设计优秀奖 4 项。2014—2018 年东湖高新区获中国专利奖获奖情况如图 3-21 所示。

2018 年烽火通信科技股份有限公司、华中科技大学、中冶南方都市环保工程技术股份有限公司等 7 家单位获得湖北省专利金奖。武汉科诺生物科技股份有限公司、武汉纺织大学、武汉斗鱼网络科技有限公司、语联网（武汉）信息技术有限公司等 10 家单位获得湖北省专利优秀奖，武汉博激世纪科技有限公司获得湖北省外观设计优秀奖。2014—2018 年东湖高新区累积获湖北省专利金奖、湖北省专利优秀奖、湖北省外观设计优秀奖情况如图 3-22 所示。

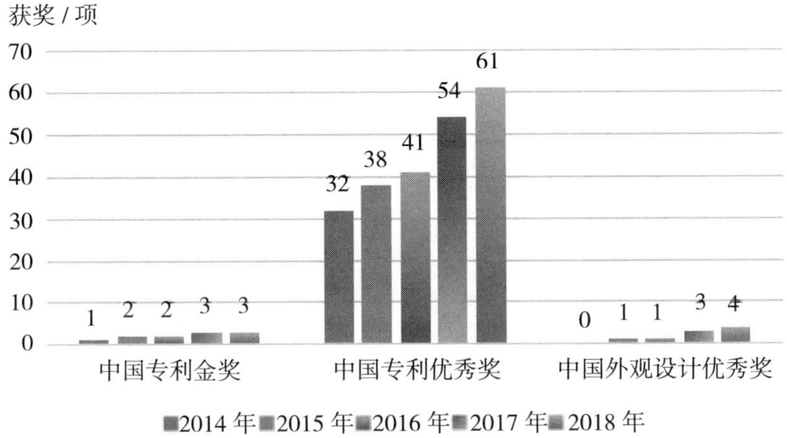

图 3-21　2014—2018 年武汉片区累计中国专利奖获奖情况

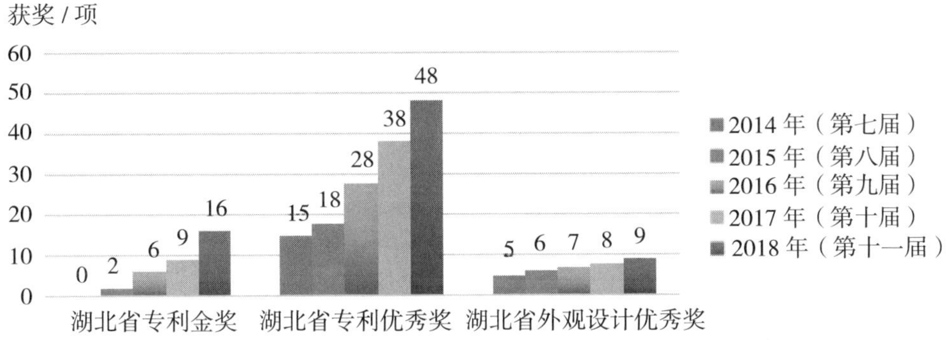

图 3-22　2015—2018 年武汉片区累计湖北省专利奖获奖情况

2017 年湖北省高价值专利培育、转化和产业化正式立项 43 个项目，安排项目专项资金 610 万元，其中武汉片区 15 家企业和高校科研院所获批，武汉片区立项项目占湖北省立项项目的比例高达 35%。其中作为联合申报单位的知识产权服务机构，全省共有 25 家，位于武汉片区就有 21 家机构占比高达 84%（图 3-23），知识产权服务机构辅助企业和高校科研院所高价值专利培育成就斐然，高新区的知识产权服务机构辅导服务湖北省接近过半的高价值专利立项项目。

2018 年湖北省高价值专利培育、转化和产业化项目总数为 71 件，武汉片区 24 家企业和科研院所荣登高价值专利培育名单。其中，全省知识产权服务机构涉及 53 件项目，位于武汉片区的机构就高达 42 项（图 3-23），即高新区的知识产权服务机构辅导服务湖北省高达 59.1% 高价值专利立项项目。

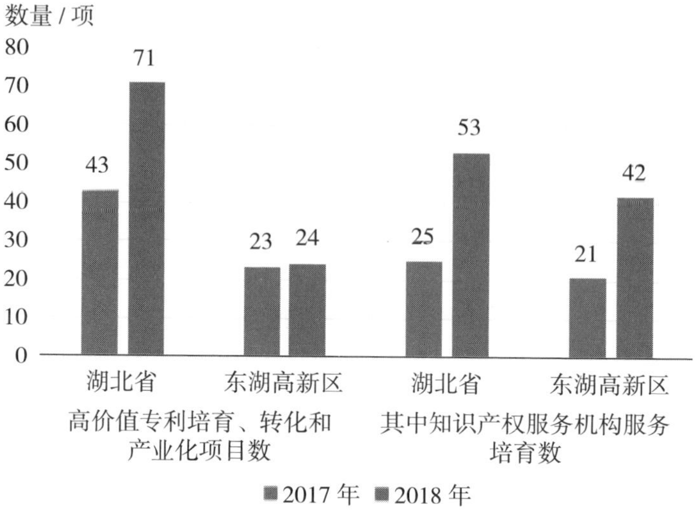

图 3-23　湖北省及武汉片区企业高价值专利培育、转化和产业化项目数

由此可见，在国家知识产权服务业集聚发展试验区建设期间，武汉片区知识产权服务机构在提供高价值专利培育服务方面取得显著成效。

武汉片区高价值专利创造能力得到有效提升，2015—2017 年 PCT 专利申请量分别为 200 件、480 件、790 件、1212 件，2016 年、2017 年同比增长 140%、64.6%、34.8%（图 3-24）。2015 年、2016 年、2017 年武汉片区 PCT 申请量占武汉市的比例分别为 51.7%、67.4%、64.8%、82%。

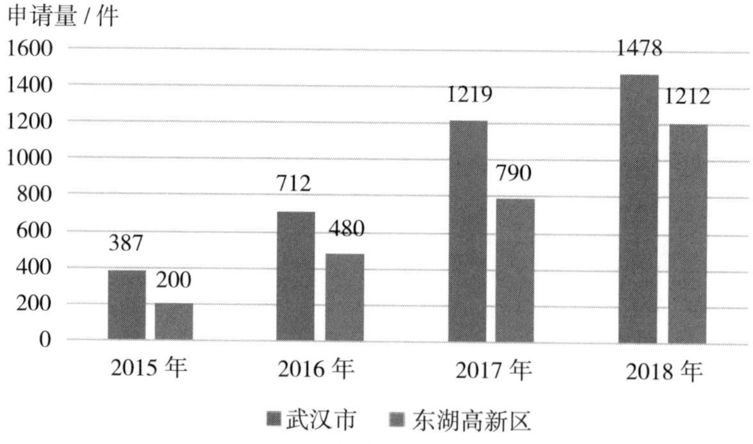

图 3-24　2015—2018 年武汉市、武汉片区 PCT 数量

截至 2017 年，武汉片区已累积荣获 3 项中国专利金奖，2015 年集聚试验

区设立后，每年均有斩获。2014—2017 年武汉片区累积获中国专利金奖数量分别为 1 项、2 项、2 项、3 项；中国专利优秀奖呈现 32 项、38 项、41 项、54 项的阶梯形增长趋势；中国外观设计优秀奖则新增了 3 项（图 3–25）。

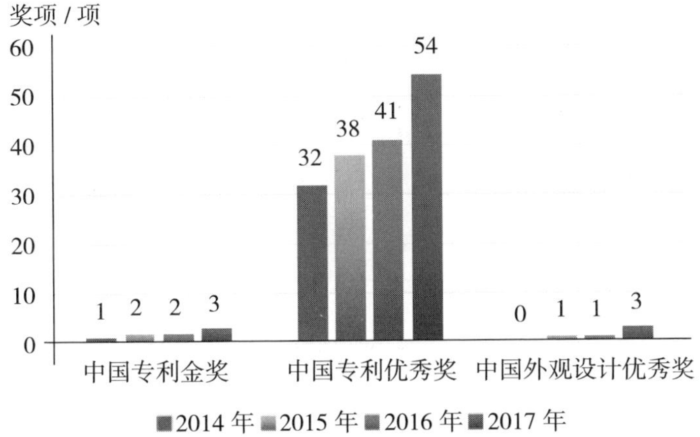

图 3–25　2014—2017 年武汉片区累计中国专利奖获奖情况

一大批高价值专利的涌现，坚定了企业发展的信心，增强了企业知识产权的创造、运用和管理能力，提高了企业的经济效益、社会效益、生态环境效益。同时加强高价值核心专利的培育，以新技术促进武汉片区供给体系质量的提升和发展，为武汉片区区域创新发展提供了不竭的动力。

以武汉华星光电技术有限公司（下称华星光电）和武汉斗鱼网络科技有限公司（下称斗鱼）为例，2015 年、2016 年、2017 年华星光电提交国内发明专利申请分别为 608 件、1062 件、1483 年，国内发明专利申请数量一直位居湖北省企业第一位；通过《专利合作条约》（PCT）途径提交的国际专利申请 168 件、394 件、607 年；美国专利申请量分别为 104 件、405 件、539 件（图 3–26）。华星光电形成了圆偏光技术低蓝光技术等一系列高价值专利，为产品投放市场以及走出国门铺就通途。

成立于 2014 年的斗鱼是一家弹幕式直播分享网站，以游戏直播为主，目前已涵盖了体育、综艺、娱乐等多种直播内容。2015 年、2016 年、2017 年斗鱼提交国内发明专利申请分别为 32 件、672 件、784 件；通过 PCT 途径提交的国际专利申请 19 件、93 件、152 件；2017 年美国专利申请实现历史性突破达 45 件（图 3–27），创新实力在直播行业中处于领先地位。

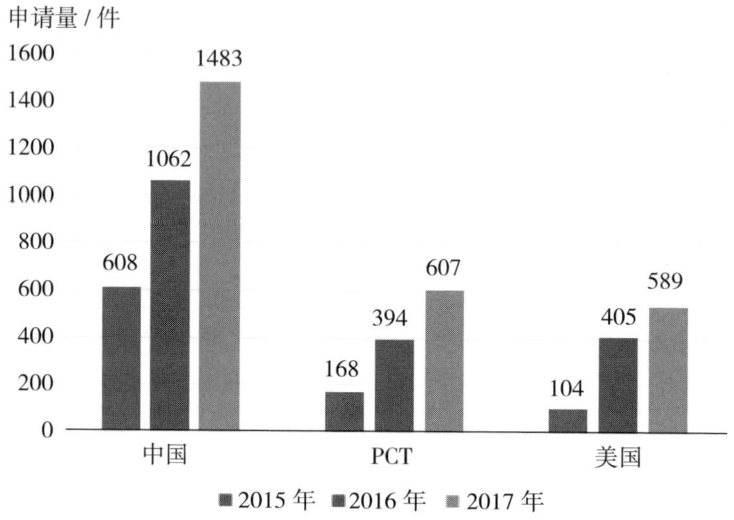

图 3-26 2015—2017 年华星光电中国、PCT 及美国专利申请量

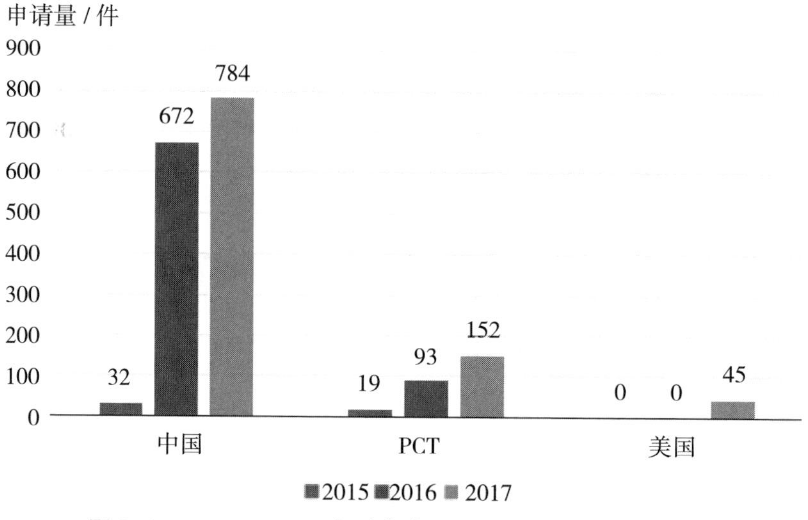

图 3-27 2015—2017 年斗鱼中国、PCT 及美国专利申请量

（2）园区知识产权运用如日方升。

1）专利实施与产业化。

①园区总体情况。2018 年，东湖高新区高价值专利培育、转化和产业化成效显著。华工激光、天琪激光、沃亿生物、资环院、锐科光纤、达梦数据库、凹凸电子、科亿华科、都市环保等 9 家企业入选 2017 年度湖北省高价值专利

培育、转化和产业化项目，获得支持资金125万元，东湖高新区给予企业配套支持。2018年度全省共64个项目获批湖北省高价值专利培育、转化和产业化项目立项，斗鱼、华工激光等21家东湖高新区企业获批立项名单（表3–10）。

表3–10　2018年武汉片区获批湖北省高价值专利培育、转化和产业化项目立项名单

序号	项目主申报单位	项目名称
1	武汉华工激光工程有限责任公司	柔性OLED屏激光精密切割高价值专利产业化
2	武汉中电节能有限公司	区域供冷供热系统产业升级过程中专利布局
3	中国长江动力集团有限公司	B12–8.83–0.98/QF–12–2型高效背压式汽轮发电机组研发
4	武汉华海通用电气有限公司	智能电网系统集成与装备开发及产业化
5	中冶南方（武汉）自动化有限公司	中冶南方6D系列新能源汽车电机控制器专利培育项目
6	武汉中理环保科技有限公司	煤矸石破碎分选技术转化
7	武汉水院电气有限责任公司	10KV多级串联间隙雷击闪电保护器关键技术运用与产业化
8	武汉颐光科技有限公司	高端椭偏仪系列产品产业化
9	武汉凌云光电科技有限责任公司	光束质量对称的高功率半导体激光器二维堆栈涉及技术转化
10	武汉远大弘元股份有限公司	ORN系列氨基酸全链条产业化技术研究
11	湖北盛齐安生物科技股份有限公司	肿瘤细胞来源的囊泡装载化疗药物防治恶性肿瘤新技术
12	人福普克药业（武汉）有限公司	复方制剂分析方法的开发及产业化应用
14	武汉益恒晟华环保科技有限公司	膜分离微电解组合工艺处理漂粉精废水
15	湖北科益药业股份有限公司	双氯芬酸二乙胺乳胶及其制备方法发明专利产业化
16	武汉四方光电科技有限公司	空气中悬浮颗粒物检测技术高价值专利培育和产业化
17	武汉武大卓越科技有限责任公司	公路快速三维检测关键技术研究及产业化
18	语联网（武汉）信息技术有限公司	基于神经网络的机器翻译技术研发和应用
19	武汉烽火众智数字技术有限责任公司	视频侦查作战平台
20	武汉开目信息技术股份有限公司	基于MBD的三维工艺规划系统高价值专利产业化项目
21	武汉恩倍思科技有限公司	COB工艺小间距LED显示屏高价值专利培育项目

②典型案例。

◎案例一：上市公司烽火通信科技股份有限公司——知识产权引领科技创新的旗帜。

2018年4月，习近平总书记在烽火通信科技股份有限公司（以下简称烽火科技）考察时强调核心技术、关键技术、国之重器必须立足于自身，科技攻关要摒弃幻想靠自己。

烽火科技（股票代码：600498）信息通信设备与网络解决方案提供商，国家科技部认定的国内光通信领域唯一的“863”计划成果产业化基地和创新型企业。产品涵盖光网络、宽带接入、光纤光缆、光配线、业务与终端、系统集成、软件与服务等多个领域，具备提供通信网络建设、集成、优化与服务一揽子解决方案的能力。公司旗下拥有武汉烽火网络有限责任公司、武汉烽火信息集成技术有限公司、武汉烽火国际技术有限责任公司、武汉烽火技术服务有限公司等多家控股公司，资产规模逾百亿元。

为深入贯彻总书记的指导思想，烽火科技不断强化科技创新，充分发挥知识产权引领作用，加快突破“卡脖子”的关键核心技术，强化技术创新和专利布局。截至2018年底，已布局5G相关专利超过3000件，提交标准提案超过5000件。

烽火科技专利申请情况：2018年东湖高新区烽火科技提出专利申请共计542件，同比增长32%。其中发明专利、实用新型、外观设计申请分别为357件、54件、131件，占专利申请总量的比例分别为66%、10%、24%，见图3-28。发明专利、实用新型、外观设计申请同比增率为21%、30%、62%。

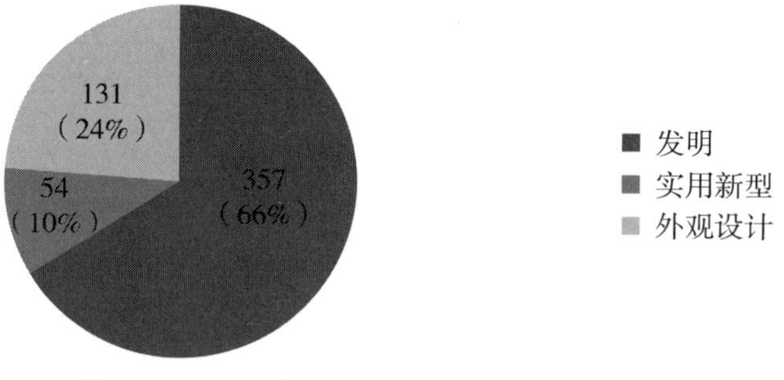

图3-28　2018年烽火科技三大专利申请量情况

烽火科技专利授权情况：2018年烽火科技获得专利授权总量达331件。其中，发明专利授权、实用新型、外观设计授权量分别为198件、58件、75件，分别占专利授权总量的60%、17%、23%，见图3–29。同比2017年，烽火通信科技股份有限公司专利授权总量增长率为34.6%，其中发明专利、实用新型和外观设计授权量增长率分别为25.32%、52.63%和50.00%。

图3–29　2018年烽火科技三大专利授权量情况

烽火科技有效专利情况：2018年烽火科技有效专利总量达1410件。其中，有效发明专利、有效实用新型、有效外观设计量分别为1015件、249件、146件，分别占有效专利总量的72%，18%，10%，见图3–30。同比2017年，烽火通信科技股份有限公司有效专利总量增长21%，其中有效发明专利、有效实用新型、有效外观设计增长率分别为16%、24%、51%。

图3–30　2018年烽火科技三大有效专利情况

烽火科技PCT申请情况：2017年、2018年烽火科技PCT申请量分别为6件、45件，2018年增长率为650%，见图3–31。

烽火科技R&D投入强度和每亿元研发经费授权专利产出：根据2018年烽火科技财政年报，营业收入高达24亿元，研发费用2.54亿元，R&D投入强度为10.48%，高于全区上市公司平均R&D投入强度将近4个百分点。至2018年，烽火科技获得331件专利授权，每亿元研发经费授权专利产出率13.78%。

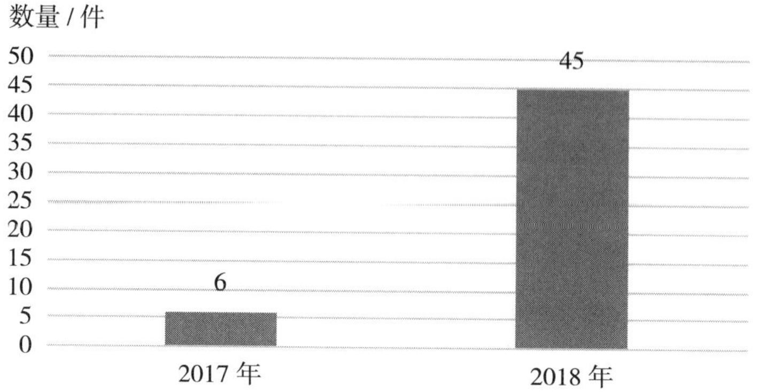

图 3-31　2017—2018 年烽火科技 PCT 数量

烽火科技的经验：烽火科技在专利实施与产业化方面的经验可以归结为：一个目标、三个阶段、四个提升。

一个目标：知识产权战略长期目标。利用光通信领域领先技术建立知识产权竞争优势，发展拥有自主知识产权的世界领先的信息通信技术支撑体系。

三个阶段：专利战略目标数量、质量及价值。为了实现知识产权战略的长期目标，烽火科技将知识产权工作分解为数量、质量及价值 3 个阶段，量质并举、标准结合，如图 3-32 所示。

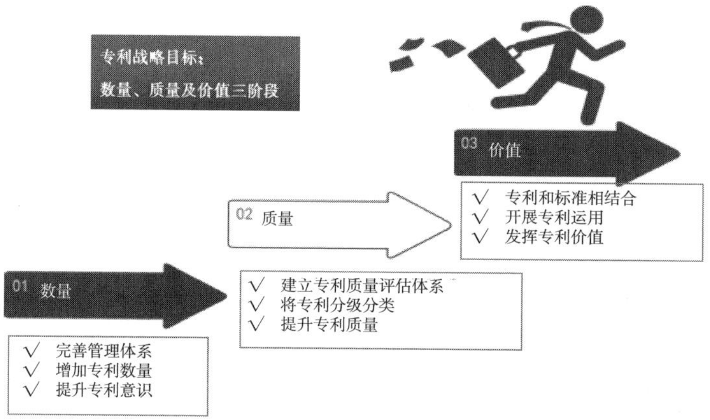

图 3-32　烽火科技专利战略目标的 3 个阶段

四个提升：专利质量的 4 个提升路径。路径 1——专利分析及布局，一是对重点技术领域开展专利分析，包括：5G 承载、管控一体、WDM-PON、大容量光纤光缆等；二是对前沿技术领域开展专利分析，包括：网络人工智能（NAI）、智能组网、智能运维；三是通过专利分析指导专利申请和专利布局提升专利质量。

路径 2——专利质量评估标准，一是法律价值，包括：专利稳定性、侵权可判性、权利要求数量、可规避性等；二是技术价值，包括：技术关键度、技术创新程度、生命周期、技术适用范围等；三是经济价值，包括：陈旧市场需求、市场规模、市场占有率、竞争对手实力等。路径 3——高质量专利牵引，一是优先申报各级政府奖励集团优秀专利；二是优先申报国际专利 PCT；三是加大高质量专利奖励力度。路径 4——六维量化指标，重点技术比例、发明数量、项目检索完成率、IDEA 检索通过率、合格技术交底书比例、优秀专利，如图 3–33 所示。

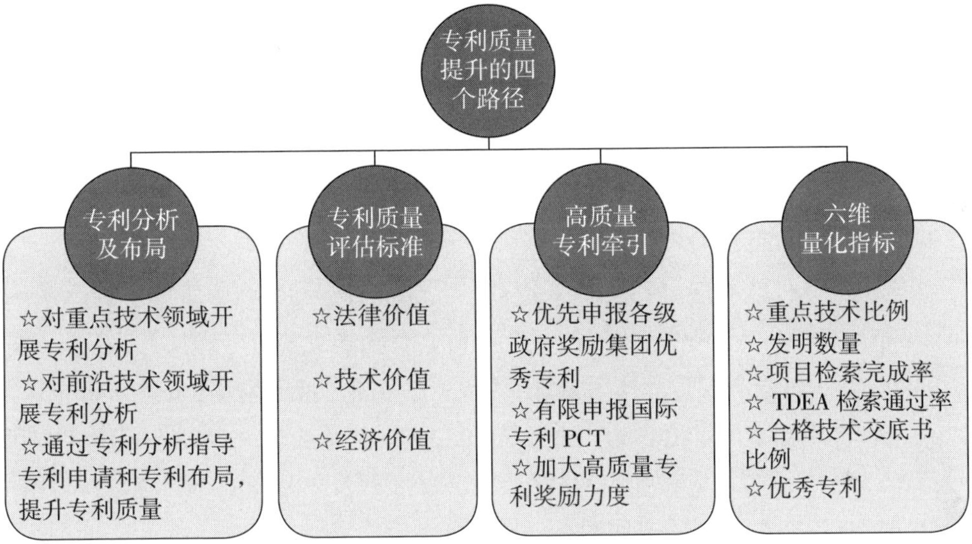

图 3–33　烽火科技专利质量的四个提升

◎案例二：上市公司高德红外——军民融合标杆，迎来军品业绩爆发。

高德红外（股票代码：002414）研制出拥有完全自主知识产权的“中国红外芯”，包括探测器、芯片在内的核心器件技术水平已与西方国家第一梯队持平，已成功实现核心器件全面国有化，为后续大批量、低成本制造核心器件奠定了基础。公司研发自主可控红外芯片，探测器全面国产化。红外探测器造价占到红外产品的 60% ~ 70%，是红外产品最核心的元器件。2009 年开始，高德红外通过自筹资金致力于国有探测器的研制与批产化。2014 年，在高德红外持续投入及工信部“工业强基专项”的支持下，完成了国产自主红外芯片的研发及批量化生产，技术指标达到国际先进水平，打破了国外的封锁与禁运。

2018 年 12 月 29 日美国国家利益网站发表了介绍中国便携式导弹发射器的

报道，报道称该型导弹发射器由高德公司研制，并在去年的珠海航展上亮相，该类武器是为单兵操作设计，由导弹发射器和一个可存放多达 6 枚导弹的背包组成，发射器重 1.2 千克，满载背包大约重 7.2 千克。

2018 年 12 月公告的 3.95 亿的军品订单预示着 2019 年将是公司军品订单放量，开花结果的一年。公司军品销售比例很高（80% 以上），军品订单的放量带给公司的盈利提升最为直接和显著。[①]

◎案例三：湖北窗口科技有限公司——瞪羚企业的“领头羊”。

2018 年东湖高新区瞪羚企业中获得专利授权最多的是湖北窗口科技有限公司。湖北窗口科技有限公司创立于 2012 年，总部坐落于中国光谷，是国内领先的线路解决方案开发商、生产商、服务商。公司致力于线路解决方案的产品化、智能化、标准化；专注于线路形象、线路安全、线路管理等领域。公司集研发、生产、销售、服务于一体，拥有自主的知识产权、科学的管理体系、先进的营销网络和卓越的服务理念。

湖北窗口科技有限公司先后获得高新技术企业、ISO9001 质量管理体系认证、ISO14001 环境管理体系认证、ISO45001 职业健康安全管理体系认证、GB/T29490-2013 知识产权管理体系认证、A 级资信企业、瞪羚企业，安防工程企业，以及 1 项软件著作权登记、3 项发明专利、32 项实用新型、25 项外观设计专利等。2018 年 9 月 7 日成功挂牌科技板，股权代码为：S02186。湖北窗口科技有限公司近几年获得专利情况如图 3-34 所示。

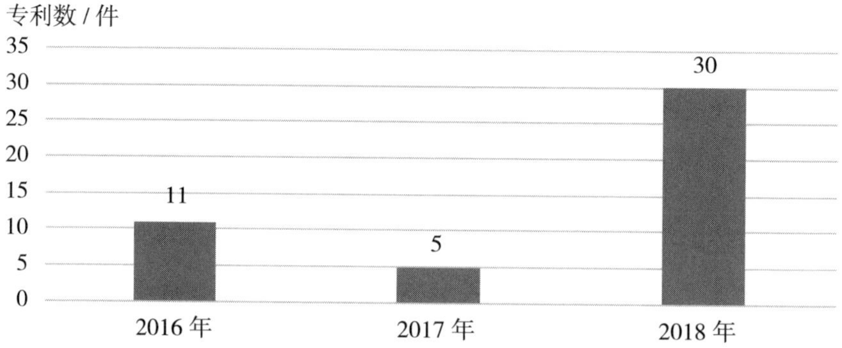

图 3-34　2016—2018 年湖北窗口科技有限公司获得专利授权情况

① 来源：新浪财经 https：//finance.sina.cn/stock/relnews/cn/2019-06-11/detail-ihvhiqay 4910487.d.html.

◎案例四：瞪羚企业武大巨成——通过工信部工业企业知识产权运用标杆评估。

武大巨成结构股份有限公司（巨成结构）是由武汉大学和教授团队共同发起创办，1999年12月8日在国家工商总局注册的国家高新技术企业，属于混合所有制公司。公司已申报和获得国际与国内发明专利260项，参编和主编国家和地方规程规范20本。获得主要荣誉包括：武汉市瞪羚企业、三峡集团授予的“样板工作面”、国家工信部“知识产权转化标杆企业”、中国水力发电科学技术特等奖等，是东湖国家高新区的上市后备企业之一。

武大巨成的主业是服务于既有建筑物的整体改造，包括建筑结构加固、建筑功能改造、建筑外观改造、建筑的环保与耐久性改造等。公司拥有相应的产品生产标准和各类资质，已为工业与民用建筑、能源、交通、水利、市政等各行各业实施了逾6000个项目的改造工程。

2018年武大巨成通过工信部工业企业知识产权运用标杆评估。

◎案例五：武汉天马——园区投资增加的“快马”。

天马2008年在光谷投资建设4.5代线TFT-LCD及CF生产线项目，于2010年底投产，2015年销售规模已达45.5亿元，目前满产满销。基于武汉良好的投资环境，天马进一步扩大在汉投资，并于2014年开工建设投资约120亿元的第6代LTPS AMOLED生产线，拟形成月产第6代LTPS AMOLED显示面板3万张的产能，年产值约110亿元，目前量产在即。

2018年6月，武汉天马微电子有限公司与武汉东湖新技术开发区管理委员会签署了《关于第6代LTPS AMOLED生产线二期项目（武汉）合作协议书》。天马预计将增加145亿元投资，用于扩大第6代LTPS AMOLED生产线产能规模。二期项目建成投产后，第6代LTPS AMOLED生产线一期及二期项目合计形成月产3.75万张柔性AMOLED显示面板的能力。公司投资建设第6代LTPS AMOLED生产线二期项目，将进一步增强我国战略新型显示产业的整体实力，提高我国在高端显示领域的自主创新能力和国产化水平，带动中国面板产业的进步与突破。

天马微电子股份有限公司极其重视公司专利的发明与保护，拥有申请发明专利10 769项，占申请专利总量的92%，发明专利授权率86%以上，截至2018年底，累计海内外申请专利11 761项，授权专利6 017项，近年天马专利申请及授权情况如图 3-35 所示。

图 3-35　2014—2018 年天马微电子股份有限公司专利申请及授权情况

天马高度重视知识产权的管理工作，专门成立了企业研发中心，组建了企业知识产权工作小组，制定了知识产品申请、使用、保护、管理与奖励等管理制度。管理团队小组由公司知识产权部总经理牵头，研发部经理、技术专家等共同组成，并定期召开知识产权工作会议，将产业规划同知识产权工作紧密结合起来，已经形成了系统的知识产权部门管理研发体系。

2）科技成果转移和转化的情况。

①园区总体情况①。

技术转移和科技成果转化的速度、数量和质量是新时代经济发展的核心竞争力，是支撑高质量发展的关键。2018 年东湖高新区通过聚资源、建平台、促对接、强服务，持续优化技术市场环境，技术交易日渐活跃，技术转移与科技成果转化成效明显。

2018 年东湖高新区技术市场规模与技术交易“含金量”高。全年技术交易合同达 8575 项，成交额 270.74 亿元，同比增长 21.04%。其中 1000 万元以上重大技术合同成交额 193.58 亿元，同比增长 29.92%；涉及知识产权的技术合同成交额 131.91 亿元，同比增长 31.65%；单项技术合同平均成交额 315.73 万元，同比增长 27.28%。人均技术合同交易额居全国高新区首位。

2018 年，武汉东湖高新区国际技术转移双向交易平稳，集中于电子信息和

① 来源：《2018 年东湖高新区技术市场发展报告》。

先进制造领域技术。其中，输出国外技术合同 32 项，成交额 6.89 亿元；吸纳国外技术 123 项，成交额 8.3 亿元。武汉东湖高新区去年输出的 8452 项技术中，湖北省内吸纳最多，其次流向了广东、北京、河南和福建。

科技成果转化资源要素集聚加速，高校和科研院所多项科技成果落地转化。2018 年，武汉东湖高新区联合高校或科研机构，或支持技术转移服务机构共开展 17 场科技成果转化对接活动，技术合同成交额突破 270 亿元，激光微加工装备、电力机器人等 70 多个项目在光谷实现落地转化。武汉市和武汉东湖高新区共同出资与中科院合作设立总规模 100 亿元的中科院科技成果转化基金，并已投资园区内新纵科公司等成果转化项目。

2018 年，武汉东湖高新区积极兑现落实“新黄金十条”等政策，让教师与高校共享职务成果所有权，改革重点瞄准了更为敏感的“成果所有权”。对涉及技术转移转化的成果完成人、中介和企业分别给予奖励和补贴，全年对 62 个高校和科研院所成果转化项目、44 个企业产学研合作项目共支持近 600 万元。当年技术合同认定登记为企业减免增值税达 290 万元。新认定市级以上技术转移示范机构 17 家，共达到 46 家。

②典型案例。

◎案例一：光电工研院：打通“顶天”与“立地”鸿沟的探索者。

光电工研院简介：武汉光电工业技术研究院（简称光电工研院）由武汉东湖新技术开发区和华中科技大学合作共建，由武汉光电国家实验室负责管理运行，是包含共性技术研发、中试熟化对接、高端产业孵化、企业研发服务等功能于一体的协同创新平台。光电工研院获得国家级科技企业孵化器、国家专业化众创空间、国家级众创空间三项国家级认定。

光电工研院被东湖高新区评为“2017 年度双创孵化优秀企业”，其培育的尚赛光电、精微视达、聚芯微电子、依麦德等 4 家企业入选 2017 年度湖北省“双创战略团队”名单，聚芯微电子、优炜星科技两家企业现身 2018 胡润百富中国最具投资价值新星企业百强榜湖北 50 强。作为首批湖北省知识产权双创服务基地之一，截至 2018 年，其在孵企业（项目）累计申请知识产权 545 项，共推动科技成果转移转化项目 31 项，成果转化金额超过 2.5 亿元；孵化企业已超 80 家，其中，瞪羚企业 7 家，高新技术企业 15 家，市大数据企业 3 家，培育企业总估值超过 26 亿元，累计获各类风险投资和产业资金 2.7 亿元。

光电工研院的研发优势：光电工研院依托武汉光电国家研究中心研发资源，坚持“围绕产业链部署创新链”1条主线，通过体制机制创新与高端产业孵化2大路径，提供平台、集成、孵化3类服务，通过研发新技术、创造新产品、孵化新企业、培育新产业，推动区域产业升级与实体经济发展。并持续在“芯、屏、智”等领域进行布局，分别围绕国家信息光电子创新中心、武汉集成电路技术及产业服务中心、光电显示国家专业化众创空间、脑连接图谱产业协同创新共同体等平台，培育发展自力更生、自主研发、自主创新的光电子产业新集群。

光电工研院的技术转移模式的经验：

光电工研院围绕实验室大量科研成果，提供产业化必需的工程技术研发、成果对接、投资运作和企业孵化，实现从“创新”到“创造”的转化。作为新区光电子产业科技创新驱动的核心源头和政产学研结合的对接平台，光电工研院突出开放性为主要特色，将体制机制创新作为首要任务，形成“以开放促进创新、以需求决定研发、以市场引导孵化、以贡献谋求发展”的运作和发展模式。

光电工研院定位于高端产业孵化，专注培育光电子信息领域的初创型科技企业。自成立以来一直高度重视为创新企业和个人提供全方位的知识产权服务工作，近年以创建湖北省知识产权双创服务基地为契机，充分结合园区企业特色，不断创新举措，形成了一些极具特色的工作方式方法。

一是组建高端服务团队，构建知识产权全链条服务体系。配合创建湖北省知识产权双创服务基地要求专业部门和人员负责园区知识产权管理和服务要求，光电工研院构建了高端人才引进和内外部团队建设体制，通过引进相关技术领域背景出身的专利代理人、审查员和相关企业的知识产权管理人员等高端人才，全力建设具有全球高端知识产权服务能力的高素质服务团队。服务团队的知识产权服务覆盖创新全链条，深入创新源头，实现在孵企业和项目知识产权全生命周期管理，从创新源头的方向把控、创新成果无形资产化产出、创新成果评估管理及运营、创新成果保护四个方面全方位布局，协助企业解决企业的专利管理问题，提高专利管理的工作效率。

二是建设特色领域知识产权数据平台，注重知识产权信息利用。光电工研院联合多家有特色的知识产权服务机构，建设了基于专利专题数据库的“光电工研院专利情报平台”，通过知识产权情报分析平台的搭建，充分利用情报信息，聚焦“芯、屏、脑”特色专业领域，梳理产业链脉络，理清相关企业、产品、技术的关联性。帮助企业充分了解竞争环境，掌握本行业内专利技术发展态势、跟踪竞争对手研发动向、分析潜在竞争对手，为企业的技术研发提供强有力的支撑。协助企业借鉴已有技术提升研发效率、避免可能产生的专利纠纷，从而全面提升企业的技术创新实力和市场竞争力。目前已利用数据平台为多个科研团队提供了专利挖掘和布局服务，为两家从事材料相关业务的企业分别提供了技术全景分析和专利预警分析服务，为一家医疗器械企业提供了专利挖掘和布局服务，累计为 10 余家入孵企业开展了全方位的专利信息利用服务。

三是积极拓展国际技术转移与合作，助推产业培育。通过中英、中法、中韩、中新等国际科技合作，在世界范围内调研搜索项目资源、创业团队和市场空间。从斯坦福引进的科技人工智能绕障识别系统，获百度风投、联想之星、长安资本和育成基金投资；从英国引进的新驱创柔 OTFT 核心技术，首轮获 4000 万投资；从新加坡引进的华引芯倒装 micro-LED 芯片显示技术可广泛应用于汽车大灯、智能穿戴、显示等领域，并成为知名汽车厂商的供应商。

四是整合资源，形成企业的集聚效应和链式反应。充分支持并发挥国家信息光电子创新中心、光电显示国家专业化众创空间、脑连接图谱产业协同创新共同体、武汉集成电路技术与产业服务中心等产业创新平台作用，对标千亿产业，形成企业的集聚效应和链式反应。助益科技成果转移转化的实施、助益企业全面发展、助益产业集聚、助益孵化器服务功能全面多样化发展。积极整合技术、资金、载体等创新创业要素和资源，使得一批高精尖项目在这里成功孵化并实现产业化——沃亿生物 MOST 技术及设备填补了我国高分辨可视化全脑网络空白；优炜星科技打破了美国对紫外 UV-LED 发光材料的垄断格局；光忆科技大容量光盘库、颐光科技高端椭偏仪获得第 43 届日内瓦国际发明金奖等。

光电工研院推动芯片产业链协同创新解读。2018 年 4 月，光电工研院参与发起成立的国家信息光电子创新中心获工信部长苗圩授牌。该创新中心承载解决我国信息光电子制造业“关键和共性技术协同研发”并“实现首次商业化”战略任务，成为破解我国信息光电子产业“缺芯少魂”局面的主体力量。

针对武汉在芯片产业中的缺失环节，光电工研院围绕芯片设计、芯片封装，挖掘海内外科技成果，先后实现了压力传感器芯片、3D 视觉传感器芯片、半导体激光器芯片、非制冷红外成像芯片和高端 LED 芯片等科技成果的转移转化，以及快速封装技术的产业化。

光电工研院基于芯片设计工具的云端共享、快速封装和高端电子贴装等服务，成立武汉集成电路技术及产业服务中心，为芯片类初创企业提供小批量多品种的小试中试服务，为芯片企业的科技成果转化降低成本门槛、打通市场渠道。

2018年7月，光电工研院携手国家电子计算机质量监督检验中心、武汉光电国家研究中心两大国家级平台，搭建了闪存产业链测试技术公共服务平台，将直接为湖北省信息存储产业核心项目及下游产品提供优质的测试服务，提升光谷在信息存储芯片上的话语权和国际竞争力。

◎案例二：武汉化院科技有限公司：校园科技创业孵化器。

武汉化院科技有限公司成立于1994年5月，是武汉工程大学全资组建的资产经营管理公司，公司设行政人事部、财务部、资产经营管理部、知识产权运营中心、成果转化中心、成果孵化与产业化服务中心、大学科技园发展管理部等7个部门。公司承担武汉工程大学经营性资产的经营、产业管理、知识产权运营和科技成果转移转化等工作。

武汉化院科技2013年12月荣获“省级科技企业孵化器和培育单位”；2014年08月，获评“校园科技创业孵化器试点建设单位”，同年12月，入选“国家专利运营试点企业”；2015年05月，荣获“国家级技术转移示范机构”“湖北省知识产权与技术转移中心”；2016年1月，被认定为“省级校园科技创业孵化器”。

2018年武汉化院科技专利申请量26件，专利授权量25件，有效专利44件，成功许可专利4件，成功转让专利44件，见表3-11。2018年武汉化院科技有效专利成功转让率为100%。

表3-11　2018年武汉化院科技专利相关情况　（单位：件）

专利申请量	专利授权量	有效专利件数	成功许可专利件数	成功转让专利件数
26	25	44	4	44

武汉化院科技在促进科技成果转移和转化方面的经验归结为：

一是增强认识，加强制度建设。作为国家专利运营试点服务型企业，要不断提高在知识产权工作中的认识，加强企业知识产权工作的指导思想和战略目标，加强对知识产权运营的管理，完善知识产权制度，优化知识产权环境，积极响应政府的政策，加强与学校各相关职能部门的联系。公司将在知识产权服务意识上下功夫，进一步完善学校专利运营制度体系和工作机制，推动学校专利转化量持续增长，进一步提高知识产权管理的信息化水平，完善知识产权工作奖惩机制。

二是推进专利数量和质量提升。健全学校知识产权管理制度，加强省知识产权与技术转移中心建设。设立专门的知识产权经费，提升发明专利申请量和授权量，资助发明专利申请，提高专利申请质量。通过机构建设，奖励机制完善等工作，以不少于 30% 的增长量提升学校专利申请的数量和质量。

三是建设专利信息数据平台建设。加强知识产权信息平台建设。在国家知识产权局专利信息中心指导下，建立完善的武汉工程大学专利信息利用分析数据库平台（高校专利平台），对学校的专利信息状态进行动态监测。利用平台最新数据，分析学校最新的专利数据情况，出台学校专利统计报告。同时，充分利用 incopat 科技创新情报等平台，及时获取信息，为推进知识产权工作提供支撑。

四是面向“一流”学科技术领域开展专利信息利用活动。化工和材料学科是武汉工程大学建设“双一流”的重点学科。用价值分析的方法对学校化工或材料领域存量专利从技术、法律和经济三个维度进行分析，结合专利的生命周期，建立专利分级分类管理机制。选取“一流”学科中的优势领域例如碳化硅陶瓷膜等技术领域的专利和非专利文献进行检索和分析，并对全球市场情况进行调研，形成现有技术专利布局情况报告，包括热点领域已有的专利布局、主要企业和市场分布、技术研发趋势等信息及未来布局方向和核心专利技术领域专利挖掘点的建议。

五是强化知识产权人才培养、培训和宣传工作。面向全校本科生中开设《专利那些事儿》的选修课，邀请实务部门的人员共同授课，提升本科生的知识产权意识。面向“一流”学科的科研人员、研究生进行发明专利撰写、专利信息分析等知识产权培训工作 1 ～ 2 次，提升相关学科的师生的创新意识。整合学校知识产权资源，依托省知识产权与技术转移中心，建立知识产权战略与运营方面的研究智库，产出高水平知识产权研究成果。力争承办一场省市级的知识产权论坛或学科竞赛活动，提升知识产权文化氛围。利用网络优势，加大知识产权网络宣传力度。

◎案例三：中冶南方工程技术有限公司：在项目实施中实现科技成果转化

的示范者。

公司简介：中冶南方工程技术有限公司（简称中冶南方）作为一家集雄厚的专业技术实力、工程实施能力和资源整合能力于一体，在工业、基础设施建设、绿色环保与新能源、民用建筑、自动化控制与智慧城市等多领域发展的综合性工程公司。在2016—2018年，共获得专利914件，在武汉市同类型企业中专利数量名列前茅，其中发明专利435件，发明专利比例接近50%，多年来一直保持高申请量及高授权率。

“中冶南方”商标继获得湖北省、武汉市著名商标之后，成功被认定为中国驰名商标，成为全国钢铁冶金行业中第一个被认定为“中国驰名商标”的企业。公司获评为2017年全国知识产权示范企业，成为科教大市——武汉市、国家级自主创新示范基地——东湖新技术开发区和国家大型企业集团——中冶集团知识产权管理领军企业。

中冶南方于2015年通过中知（北京）认证有限公司认证获得知识产权管理体系认证证书，2018年通过了知识产权管理体系再认证，并四次获得中国专利奖优秀奖。

公司促进科技成果转移和转化的经验：

一是重视自主研发，研发投入逐年增加。公司高度重视核心技术的自主研发，清楚认识到自主研发是企业技术发展的基石，是企业发展的原动力，而研发投入反映企业对科技创新的重视程度，所以公司始终坚持高投入的研发策略，在研发上不惜经济成本及人力成本。

2016年，针对钢铁公司科研开发中“产学研用”的矛盾，构建“创新、活力、联动、包容的研发体系”，充分调动研发人员的积极性，不断开发出新成果，提高公司市场竞争力，创造更好的经济效益，公司对原科研开发体系进行了调整，建立了新的科研开发体系，发布了一系列科研开发文件。新科研开发体系核心思想是以项目矩阵式管理进行研发项目过程管理，加强对前期研发需求和课题选择的把关，注重研发成果推广应用力度，加大研发推广激励。2018年按照研发新体系实施，组织第一批和第二批研发需求收集，收集143项研发需求，经技术专家组、技术专家委员会两级评审，下发41项研发立项任务书。研发课题选题质量得到较大提升，更加贴近市场。

二是在项目实施中实现转化。因公司知识产权绝大多数来源于项目的需求，所以获得的知识产权也都转化在项目中。通过研发项目获得的知识产权，为有效利用公司科技成果，提高生产力水平。公司积极将科技成果进行转化，通过小试、中试、形成标准、形成图纸、形成产品、形成销售等形式对知识产权进行转化，形成企业竞争力。

不完全统计，2016—2018 年公司实现了 73 项科技成果的转化，科技成果转化的年平均数 24 项以上，通过科技成果转化每年可实现销售的新产品都在 40 个以上。

2016—2018 年各类科技成果转化形式及数量为：自行投资实施转化 2 项科技成果，许可他人使用科技成果 22 项，向他人转让技术成果 34 项，将科技成果转化为国家标准规范 15 项。

中冶南方不锈钢混酸再生技术的转化解读：从 2013 年开始，中冶南方通过对不锈钢混酸再生专利技术的自主研发集成以及再创新，大胆实践，继 2017 年 7 月 24 日福建鼎信科技首台套机组投产后，一年内中冶南方相继承接了 6 套混酸再生机组，其中包含印度 Chromeni 和印尼瑞浦 2 套国外机组，2018 年国内市场占有率 100%，彻底打破了国外的技术垄断，为我国节省大量机组引进费用，并成功践行“一带一路”倡议，满足了众多不锈钢企业对不锈钢混酸再生技术的迫切需求。该专利于 2016 年申报国家发明专利，并于 2018 年 5 月 11 日获得专利授权。

围绕该专利开展的技术转移和转化工作：

一是建设专利产品中试装置，加快专利的成果转化。为加快专利的有效实施和专利价值实现，公司与国内最大的不锈钢企业青山控股集团合作，共同建设了不锈钢混酸再生中试装置（业主提供场地和土建工程，公司提供试验装置），加快专利成果的验证。2017 年中试装置福建鼎信科技不锈钢混酸再生中试装置通过考核验收，各项指标达到预期效果。

二是专利技术与企业生产营销紧密结合。为促进专利价值实现，2016 年公司进行机构改革，将给排水酸再生专业从原能源环保分公司剥离出来，更专注酸再生业务的发展。通过成立专利推广团队，加快专利产业化，2017 年实现不锈钢混酸再生中试装置考核验收后，专利成果得到迅速推广，仅 2018 年就推广承接专利产品不锈钢混酸再生装置 6 套，其中包含印度 Chromeni 和印尼瑞浦 2 套国外机组，成功践行“一带一路”倡议并进一步带动了我国机电装备出口。

2018 年国内市场占有率 100%，不仅为自身企业带来了可观的利润，也为我国企业节省大量机组引进费用，满足了众多不锈钢企业对不锈钢混酸再生技术的迫切需求。

三是主编与专利相关的国家规范，宣传专利产品优势，引导上游酸洗技术变革，促进国家和行业技术进步。以专利实施为依托，公司主编了《钢铁企业冷轧厂废液处理及利用设施工程技术规范》，为行业酸废液工程设计、建设、运行提供标准规范。同时，积极宣传具有环保、资源回收的专利产品技术优势，鼓励酸废液产生企业通过改变酸洗工艺，采用可实现资源回收的硝酸氢氟酸酸洗代替产生二次污染的硫酸酸洗，促进钢铁行业绿色高质量发展以及促进国家和行业的技术进步。也同时为专利产品应用提供了更广阔的市场空间。

四是专利技术带动公司相关产业链发展。专利技术通过技术集成和提供成套装置带动公司工程总承包承接，同时将关键设备如焙烧炉、燃烧系统、控制设备由公司子公司制造，实现专利核心装备的自主制造，实现价值链延伸的同时，也有利于自主知识产权的保护。

3）知识产权管理标准化建设情况。

东湖高新区作为国家知识产权示范园区，2018 年深入贯彻国家知识产权局《关于全面推行企业知识产权管理规范国家标准的指导意见》、湖北省《湖北省示范企业建设工程管理办法》、武汉市《关于开展专利快速预先审查和确权服务中请主体备案工作的通知》等系列文件，在知识产权管理标准化建设方面取得系列成绩。

①园区总体情况。

一是严格落实专项资助。为进一步提高东湖高新区知识产权创造、运用、保护、管理和服务水平，根据《武汉东湖新技术开发区管委会关于进一步加强知识产权工作的若干意见》（武新规〔2015〕10 号）的有关规定，于 2018 年开展了“2018 年度武汉东湖新技术开发区知识产权专项资助申报工作”。对于 2017 年度新认定的 9 家国家级知识产权贯标达标企业（表 3-12），由武汉市给予每家补贴 10 万元，东湖高新区知识产权办公室给予一次性资助 5 万元，并在高新技术企业申报、专利快速预先审查和确权服务中请主体备案工作等方面给予通过知识产权贯标企业一定倾斜。

表 3-12 东湖高新区 2017 年企业知识产权管理规范“贯标认证”资助名单（单位：万元）

序号	企业名称	资助金额
1	武汉拓宝科技股份有限公司	5
2	武汉青禾科技有限公司	5
3	武汉科诺生物科技股份有限公司	5
4	武汉浩宏科技有限公司	5
5	武汉杭久电气有限公司	5
6	武汉国量仪器有限公司	5
7	武汉微诚科技股份有限公司	5
8	国网电力科学研究院武汉南瑞有限责任公司	5
9	语联网（武汉）信息技术有限公司	5
合计		45

二是大力推进《企业知识产权管理规范》贯标认证工作，引进中知（北京）认证有限公司和中规（北京）认证有限公司 2 家第三方认证机构落户，先后举办“企业知识产权管理规范”内、外审员培训班 3 期，累计培训企业 200 家 / 次，近百家企业启动知识产权贯标工作，2018 年共有 94 家企业通过知识产权贯标认证（名单见表 3-13）。

表 3-13 2018 年东湖高新区通过知识产权贯标企业名单

序号	企业	序号	企业
1	武汉兴火源科技有限责任公司	48	武汉蓝星软件技术有限公司
2	武汉中原电子信息有限公司	49	武汉碧海云天科技股份有限公司
3	武汉极意网络科技有限公司	50	武汉艺果互动科技股份有限公司
4	武汉神宇电气有限公司	51	云峰核信科技（武汉）股份有限公司
5	武汉古奥基因科技有限公司	52	武汉锐奥特科技有限公司
6	武汉博达特种润滑技术有限公司	53	西红柿科技（武汉）有限公司
7	武汉英思工程科技股份有限公司	54	武汉固德超前高新科技研发有限公司
8	湖北灰科信息技术有限公司	55	武汉珞珈德毅科技股份有限公司
9	武汉优航网络技术有限公司	56	武汉逸飞激光设备有限公司
10	方正璞华软件（武汉）股份有限公司	57	武汉盛大神农生物工程有限公司
11	路德环境科技股份有限公司	58	弗洛格（武汉）信息科技有限公司
12	武汉艾特米克超能新材料科技有限公司	59	武汉中正鑫通信有限公司

续表

序号	企业	序号	企业
13	武汉中科志康生物科技有限公司	60	武汉中观自动化科技有限公司
14	武汉元鼎创天信息科技有限公司	61	中博绿色科技股份有限公司
15	武汉中仪物联技术股份有限公司	62	武汉东信同邦信息技术有限公司
16	武汉融创信息技术有限公司	63	武汉中舟环保设备股份有限公司
17	武汉广益交通科技股份有限公司	64	武汉迈德森医药科技股份有限公司
18	武汉凌科通光电科技有限公司	65	武汉威蒙环保科技有限公司
19	武汉库柏特科技有限公司	66	武汉梓金山科技有限公司
20	湖北仪天成电力设备有限公司	67	武汉优品楚鼎科技有限公司
21	武汉大势智慧科技有限公司	68	武汉智慧地铁科技有限公司
22	武汉灵动在线科技有限公司	69	武汉大音科技有限责任公司
23	穆特科技（武汉）股份有限公司	70	武汉契友科技股份有限公司
24	武汉驿路通科技股份有限公司	71	武汉中地地科传媒文化有限责任公司
25	武汉创驰蓝天信息科技有限公司	72	武汉通用联合科技有限公司
26	新能量科技股份有限公司	73	霍立克电气有限公司
27	嘉必优生物技术（武汉）股份有限公司	74	武汉汇研生物科技股份有限公司
28	武汉纽康度生物科技股份有限公司	75	武汉远光瑞康科技有限公司
29	武汉索雅信息技术有限公司	76	武汉爱基百客生物科技有限公司
30	武汉中旗生物医疗电子有限公司	77	武汉普赛斯电子技术有限公司
31	武汉凡果信息技术股份有限公司	78	武汉普迪真空科技有限公司
32	武汉拓优智能股份有限公司	79	武汉需要智能技术有限公司
33	湖北泰龙互联通信股份有限公司	80	湖北荣屹昊机器人科技有限公司
34	武汉艾德杰电子有限责任公司	81	武汉中科创新技术股份有限公司
35	武汉朗来科技发展有限公司	82	武汉万安智能技术有限公司
36	盛隆电气集团有限公司	83	武汉滴滴网络科技有限公司
37	武汉览山科技股份有限公司	84	武汉世纪水元科技股份有限公司
38	武汉波睿达生物科技有限公司	85	武汉智丽丰信息科技有限公司
39	武汉康录生物技术股份有限公司	86	武汉微派网络科技有限公司
40	武汉兰丁医学高科技有限公司	87	武汉真福医药股份有限公司
41	大鹏高科（武汉）智能装备有限公司	88	武汉极目智能技术有限公司

续表

序号	企业	序号	企业
42	武汉海达数云技术有限公司	89	湖北世纪森源电气集团有限公司
43	武汉华飞智能电气科技有限公司	90	微云（武汉）科技有限公司
44	武汉叶动力生物科技有限公司	91	武汉瑞丰光电技术有限公司
45	中国长江动力集团有限公司	92	武汉魅瞳科技有限公司
46	武汉创信博达信息技术有限公司	93	武汉云传媒科技股份有限公司
47	光谷技术股份公司	94	武汉小狮科技有限公司

三是贯彻实施知识产权强企工程。深入推进知识产权示范、优势企业培育工作，推动企业贯彻实施《企业知识产权管理规范》，指导企业建立标准化知识产权管理体系，辅导培训企业通过贯标认证。2018 年 3 月组织了知识产权政策宣讲暨东湖新技术开发区贯标工作推进会，对企业进行知识产权政策宣讲和培训。2018 年 4 月联合武汉知识产权交易所、武汉嘉恒高科知识产权咨询管理公司、武汉智嘉联合知识产权代理事务所举办国际专利申请培训会。2018 年 7 月组织了“国家知识产权试点示范园区培训班”，全国 30 多个省（区、市）的 125 个国家知识产权试点示范园区，共计 180 多名园区领导干部参加了培训。

②典型个案解读。

◎案例一：独角兽企业——武汉斗鱼网络科技有限公司。

企业基本情况：斗鱼是一家隶属于武汉斗鱼网络科技有限公司的以游戏直播为主的弹幕式视频直播分享网站。其前身为 ACFUN 生放送直播，2014 年正式更名为斗鱼。该网站主要以游戏视频直播为主，也包括体育、综艺、娱乐等内容。截至 2018 年，斗鱼直播 APP 的手机、电脑双端注册用户各超过 1 亿，日活跃用户人数峰值达到 3000 万，市场占有率为 80%。作为民营企业创新的代表，斗鱼直播通过不断夯实创新根基，致力于将核心技术牢牢掌握在自己手中，成为中部地区创新高地的名片。

据互联网公开数据，斗鱼在 2018 年入选中国互联网 20 年创新公司 100 强中排名第 25 位，并且在全国独角兽企业发明专利排行榜中排名第二。创新并非一朝一夕，斗鱼从成立至今已经跨过第四个年头，不变的是始终贯彻提升企业自身关键核心技术创新能力，将直播行业核心技术主动权牢牢掌握在自己手里，不断改变的是持续优化知识产权管理，秉承匠人精神，做精做细专利成果。

2018年斗鱼在国家知识产权优势企业的基础上，接连获得国家知识产权示范企业，并入选中国好专利、湖北专利优秀奖，以及互联网领域专利领先企业称号。

企业知识产权概况：2018年，斗鱼PCT申请量为107件，提出1176件专利申请,其中发明专利、外观设计和实用新型申请量分别为1039件、136件、0件,专利授权量为194件,其中发明专利、外观设计和实用新型授权量分别为54件、0件、140件，如表3-14所示。

表3-14　2018年斗鱼专利情况　（单位：件）

PCT	专利申请量				专利授权量			
	发明专利	外观设计	实用新型	总量	发明专利	外观设计	实用新型	总量
107	1039	136	0	1176	54	0	140	194

贯标开展情况：最重要的是加强核心专利培育。2018年斗鱼发明专利申请量超过1000件，发明授权量达到54件。除了专利数量外，狠抓专利质量和核心专利的培育成为新的管理重心，从创新支持、创新高度、案件申请文件质量等多个维度对专利质量进行管控。创新支持方面，通过建立专业团队及引入外部专家资源提供前瞻性的研究方向和论证，对国内及国际的创新技术、项目及文献进行梳理和检索，为发明人及创新团队提供可能的创新支持和启发，结合斗鱼现有专利布局和平台战略，对创新方案的技术领域和研究方向进行评估，倾斜战略布局和新兴领域的专利申请。同时建立专业评审机制评价，对技术方案的创新高度进行评估，淘汰创新度不足的方案，对高水平、高技术含量的技术方案制定完善的体系化申请方案，包括合理的分案和区域布局，形成技术脉络和防御网络，实现核心技术方案的全面最优的保护。另外还有加强案件质量的管理，对代理机构和代理人进行分级评价及管理，对撰写质量提出严格的规范化管理要求，诸如对说明书、实施例描述、权利要求质量及项数等都制定了明确的撰写标准，并根据案件领域和质量配置相应的代理及服务资源，对于核心专利优化资源配置和管理措施，从源头到出口管控提升专利质量，加强核心专利的培育。

二是升级专利布局战略。斗鱼从早期就注重基础和框架技术的创新和布局，在传统的弹幕交互、虚拟礼物设计、用户体系管理、动态图像语音识别技术等专利布局持续保持直播行业领先的情况下，2017年斗鱼围绕“人工智能”“信息安全”进一步升级专利布局，在互联网环境下保护数据及服务安全，持续优化用户体验、实现创新技术的保护时也为平台的战略发展提供支持。目前斗鱼的人工智能研究已经涵盖了海量数据标准化处理、核心算法改进优化、应用场景拓展三个方向。在互联网环境下流量劫持频发、恶意广告和软件肆虐的背景下，斗鱼不仅率先启用 https 全站加密，还从直播底层技术向上延伸，在视频流鉴权、安全控件优化、流数据加密、直播水印防篡改、隐私保护、人气识别等各个维度扩展，构造一张安全专利保护网，保证用户在斗鱼平台的数据和信息的绝对安全和最佳的观看体验。

三是加强知识产权贯标管理。作为一个实施知识产权战略仅仅两年多的新兴互联网企业，斗鱼一开始就围绕着公司整体经营战略打造一种包含战略护航、竞争自由、智力保护、诉讼攻防、金融扩张内涵的复合资产模式。在制度建设上成立了以公司 CEO 张文明、法务副总裁邓扬为负责人的知识产权领导小组，在公司台内部相继制定了《专利管理制度》《企业知识产权文化建设制度》《企业知识产权体系建设方案》《企业知识产权宣传工作管理办法》《技术交底书撰写指导书》《专利挖掘指导书》等多项知识产权管理制度及知识产权指导文件，形成跨部门共同配合、促进公司包括专利、商标、著作权、域名等知识产权创造和保护的全方位的管理体系。斗鱼还非常重视专利预警工作，目前已引入多家专业知识产权机构提供专利分析、专利预警方面的指导和建议，跟踪行业技术发展动态与专利技术分布，尽可能规避侵权风险。

◎案例二：瞪羚企业——武汉海达数云技术有限公司。

企业基本情况：武汉海达数云技术有限公司是广州中海达卫星导航技术股份有限公司（简称中海达，股票代码 300177）控股子公司。公司成立于 2012 年，致力于高精度三维激光测量系列产品开发、应用服务与产业化，是国内优质的三维激光测量产品制造商，率先攻克了全波形激光雷达的关键核心技术，打破了长期由国外技术垄断的局面。

公司拥有强大的研发、技术及市场团队，其中核心研发团队成员 70% 以上具有硕士、博士学位，长期从事三维激光扫描技术研究与应用、空间信息与数字技术开发和多传感器集成系统应用，连续多年主持和承担多项国家、省部委各类科研和产业化项目，对三维激光扫描、系统集成、数字城市、地理信息服务有着丰富的研发与产业化经验。截至 2018 年，海达数云已拥有专利 80 项，软件著作权 43 项，获得多项省部级科技进步奖。公司先后通过了 ISO9001 质量管理体系、CMMI4 级认证、知识产权贯标管理体系认证、ISO27000 信息安全管理体系认证及高新技术企业认定。

企业知识产权概况：2018 年，海达数云 PCT 申请量为 0 件，提出 6 件专利申请，其中发明专利、外观设计和实用新型申请量分别为 1 件、2 件、3 件，专利授权量为 6 件，均为发明专利，如表 3-15 所示。

表 3-15　2018 年海达数云专利情况　（单位：件）

PCT	专利申请量				专利授权量			
	发明专利	外观设计	实用新型	总量	发明专利	外观设计	实用新型	总量
0	1	2	3	6	6	0	0	6

贯标情况：海达数云始终坚持走自主创新的道路，深入实施知识产权战略，扎实推进知识产权创造、运用、保护、管理和服务各项工作。自成立以来，高度重视知识产权的管理工作，专门成立了企业研发中心，组建了企业知识产权工作小组，制定了知识产品申请、使用、保护、管理与奖励等管理制度。管理团队小组由公司常务副总经理牵头，研发部经理、技术专家等共同组成，并定期召开知识产权工作会议，将产业规划同知识产权工作紧密结合起来。目前专利的转换率高达 90% 以上，并已陆续运用专利技术推出了 HS 系列、HiScan 系列、iVew 等三维激光测量系统及点云处理、建模等系列软件。

◎案例三：国家高新技术企业——天空蓝环保科技有限公司。

企业概况：武汉天空蓝环保科技有限公司（以下简称天空蓝环保）专注于环保技术的研究、成果转化、产品开发以及应用的国家高新技术企业。公司与华中科技大学煤燃烧国家重点实验室张军营团队共同研发出“细颗粒物团聚强化除尘技术”。经 18 年研发历程，获批专利几十项，得到了国家科技部“863 计划”“973 计划”的立项支持，是目前国内有效控制化石燃料 PM2.5 排放的重大科研成果，打破了世界除尘技术格局。

企业知识产权概况：武汉天空蓝环保认真贯彻，围绕公司的科研和生产任务，认真部署了知识产权工作，设立了专门的知识产权管理部门，并设专人严格按照《天空蓝环保科技有限公司知识产权管理办法》开展相关工作。

公司 2018 年共新申请专利 7 件，其中发明专利 5 件，获得授权的专利 2 件。公司目前拥有专利 25 件，其中发明专利 3 件，受理中发明专利 9 项。

知识产权相关工作情况：

专利分析布局：公司委托合享汇智信息科技集团有限公司对公司专利核心技术进行专利分析。通过对公司团聚技术（声团聚、电团聚技术、磁团聚技术、蒸汽相变团聚技术、湍流团聚、化学团聚等），公司重点关注化学团聚技术展开深入分析，使得企业获取行业技术发展趋势，为企业自主研发技术的保护提供了时间上的优势和保障。

专利培训：公司分别邀请南京纵横知识产权代理机构和北京汇泽知识产权代理机构来公司进行专利培训，以提高公司工艺技术人员的专利点挖掘及技术交底书撰写能力，并拓宽知识产权业务知识。同时，公司积极参加省知识产权局举办的专利培训，并安排知识产权主管参加了武汉市组织的知识产权培训。

知识产权贯标：为进一步加强公司的知识产权管理，使公司的知识产权工作向标准化、规范化、制度化的要求更进一步，公司于 2018 年 3 月正式启动了知识产权贯标工作。

主要经验和体会：知识产权是企业进行自主创新的保障，同时也是企业核心竞争力的体现。公司领导高度重视知识产权工作，由技术副总直接负责公司的专利工作，每年划拨专门的经费，用于技术研发和知识产权投入。

公司把企业发展规划与知识产权工作紧密结合，制定了专门的知识产权管理办法，对专利的申请、管理等进行规范，同时对有积极贡献的专利及发明人进行奖励。

公司将严格落实知识产权贯标工作，通过推进专利制度的规范化，积极发挥知识产权对企业的技术保护和产业推动作用；加强工艺技术人员和知识产权管理人员的培训，加大技术创新和资金投入，建立更加完善的知识产权激励制度。持续推进知识产权贯标工作，严格履行相关程序，通过全员参与，树立全公司知识产权战略意识，形成良好的企业知识产权文化。

◎案例四：上市公司——人福医药集团股份公司。

企业概况：人福医药集团股份公司（以下简称人福医药）成立于 1993 年，1997 年上海证券交易所上市（股票代码 600079）。人福医药是湖北省第一家上市的民营高科技企业，也是武汉东湖新技术开发区第一家上市公司。经过 20 多年的发展，已成为湖北省医药工业龙头企业、中国医药工业百强企业、中国民营 500 强企业、全国科技创新示范企业。

作为“国家级企业技术中心”“国家重大新药创制专项的承担单位”，公司坚持以研发为先导，持续进行研发投入，与国内外著名研发机构建立了紧密联系和合作平台，与中国军事医学科学院合作成立了“军科光谷创新药物研发中心”，牵头成立了“湖北省生物医药产业技术研究院”。人福医药坚持做医药领域“细分市场领导者”战略，已在国内的麻醉药、生育调节药、维吾尔药等领域建立了领导地位；同时，积极发展医疗服务业，实现医药健康全产业链深度融合。

企业知识产权概况：人福医药集团股份公司旗下子公司位于东湖高新区的有：人福普克药业（武汉）有限公司、武汉九珑人福药业有限责任公司、武汉人福健康护理产业有限公司、人福医药集团医疗用品有限公司和武汉光谷人福生物医药有限公司。表 3–16 列出了以上 5 家子公司 2018 年的专利申请和授权情况。

表 3–16　2018 年人福医药东湖高新区子公司专利情况　（单位：件）

PCT	专利申请量				专利授权量			
	发明专利	外观设计	实用新型	总量	发明专利	外观设计	实用新型	总量
0	14	1	2	16	18	1	1	20

2017 年，人福医药集团顺利通过考核被评为湖北省知识产权示范企业。2018 年，人福医药集团获得“2018 年度国家知识产权示范企业”荣誉称号。

一是建章建制。逐步订立了《保密暂行规定》《科学技术奖励办法》《技术攻关及创新项目管理办法》《专利管理办法》《产品工艺技术攻关考核办法》和《商标管理办法》等知识产权管理制度。旨在搭建管理机构，组建管理队伍，明晰各版块职责，激励科技人员创新，加速创新成果转化，加强知识产权保护，而这一切更循环成为公司知识产权管理工作的有序改进的原动力。

人福医药集团在集团总部法务部设立了知识产权中心，全面负责集团及子公司的知识产权管理工作。在总部研究院新设立了新药研发中心，并单独成立了领导直管的知识产权与新药资讯部，将继续加大专利调研和信息调研的结合，加强专利调研在立项中的指导作用。在总部及各个子公司，均配备有专职或兼职的从事技术研发、知识产权创造、运用、保护和管理以及从事知识产权法律事务等各方面的知识产权专业人才。

二是将知识产权意识融入生产经营，挖掘员工潜能。为助推全体员工自觉将知识产权意识融入企业生产经营中，提升公司专利申请数量，更拓宽员工的创新思维，公司把知识产权建设纳入企业长期发展的战略范畴，采取多种形式以提高员工知识产权认识和创造能力。例如，“走出去，请进来”的培训模式，针对性的有的放矢的分级培训和宣贯，全国知识产权周活动，公司内部刊物，宣传专栏等，近年来，已有越来越多的基层一线员工主动向公司专利主管部门咨询相关事宜。

三是推进产学研联合，强化专利保护。创新是当今医药企业决胜市场的利器，低水平的仿制和低价位的竞争只会将企业淹没于历史的浪潮。公司始终坚持走产学研的道路，开发具有自主知识产权的新产品，不断培育自己的品牌。近年来公司与多所高校及科研院所开展多领域多层次的合作，先后与四川大学、武汉大学、华中科技大学、中国药科大学、南京师范大学、三峡大学等院校建立了密切的合作关系。通过产学研合作，公司陆续推出注射用磷丙泊酚钠、异氟烷注射液、HX0601. 盐酸氢吗啡酮注射液等多个国家一、二、三类新药。

四是信息化利用贯穿研发全过程。根据《人福医药集团股份公司专利管理办法》第二章第八条，公司在新产品、新技术研究、开发项目正式立项前，必须进行项目可行性研究，并对拟立项目进行专利文献的检索与分析，对确有价值的项目方可开展研究、开发工作。新药资讯与知识产权部的专利人员将对每一个项目从立项到开发再到上市进行全流程跟踪。

从 2016 年开始，人福医药集团逐步推行信息电子化管理。与研发管理系统并行地设立了专利管理系统，用于管理自主申请的专利。2018 年，人福医药研究院购买了智慧芽专利数据库，实现了项目专利的在线管理和实时更新，管理的对象不仅有自主申请的专利，还包括竞争产品的全球专利、潜在风险专利。

为了更好支持专利调研和信息利用工作，人福医药集团每年投入过百万用于国内外各类商业数据库的购买和使用。如科睿唯安（Clarivate Analytics）Cortellis、Scifinder、Reaxys、米内网、Insight、智慧芽、Soopat 等。未来集团将继续加大数据库信息方面的投入，进一步完善信息调研工作，让专利信息与新药资讯更好指导研究院的项目开发。

（3）园区知识产权政策汇集、环境优化。

1）政策汇集。

①园区出台的促进知识产权创造、运用、保护的政策。高新区围绕着创新驱动和开放驱动“双轮”驱动战略，加大知识产权政策供给力度，不断完善知

识产权政策体系，构建完备的知识产权政策供给链，以发挥知识产权对双轮驱动的引领作用。自 2015 年以来东湖高新区颁布了多项促进知识产权创造、运用、保护的政策，相关信息见表 3–17。

表 3–17　2015 年以来东湖高新区颁布的促进知识产权创造、运用、保护政策一览表

序号	颁布时间	政策	与知识产权相关的主要内容
1	2015 年	东湖国家自主创新示范区条例	设立知识产权专项资金，鼓励和支持知识产权的创造、运用、保护和管理。鼓励建设知识产权联盟和专利池，实现知识产权合作。建设有区域特色的知识产权交易市场，支持知识产权服务机构开展知识产权咨询、代理、评估、质押融资和托管运营等服务。支持创新主体实施标准战略
2	2015 年	关于进一步加强知识产权工作的若干意见	构建知识产权公共服务体系，搭建知识产权综合服务平台，加大知识产权服务机构培育力度，推进武汉东湖国家知识产权服务业集聚发展试验区建设
3	2016 年	关于推动科技金融创新发展的若干政策（试行）	发挥东湖国家自主创新示范区自主创新和辐射带动作用，推进科技金融改革创新，加速东湖资本特区建设，促进示范区经济社会发展
4	2016 年	武汉东湖新技术开发区科技创新券实施办法（试行）	为激发中小科技企业的创新活力，充分发挥武汉地区科教资源集中的优势，创新财政科技研发经费的使用方式
5	2017 年	关于推进文化科技产业融合发展的实施意见	促进文化和科技深度融合，推进文化创意、设计及相关产业跨越发展，建设全国领先、国际一流的文化科技融合示范基地
6	2017 年	东湖新技术开发区“十三五”规划	推进自由创新区建设，打造创新光谷。建设知识产权示范区，实施重点骨干企业知识产权优势培养计划、“瞪羚企业”知识产权战略实施计划；健全知识产权信用管理机制，探索实施知识产权资本化、证券化试点；建立东湖开发区专利运营基金，建立专利联盟、专利池和技术标准联盟，推动专利集成运营。鼓励企业参与国际标准化专业委员会、国家标准化专业技术委员会及工作组的工作，承办具有国际影响力的标准化会议和活动
7	2017 年	知识产权综合管理改革试点工作方案	实现专利、商标、版权等知识产权综合管理、综合保护和综合服务，构建知识产权“三合一”管理、执法、服务新机制
8	2018 年	武汉东湖新技术开发区关于建立专利、商标、版权“三合一”知识产权综合执法协调机制的意见（试行）	形成跨部门的知识产权综合执法协作机制，积极组织开展知识产权综合执法活动。市场监督、知识产权、文化部门组织开展联合执法活动，形成了纵向联合、部门联动的协作机制

续表

序号	颁布时间	政策	与知识产权相关的主要内容
9	2018年	武汉东湖新技术开发区关于推动国际化发展的实施意见（“开放十条”）	支持企业知识产权海外布局。对企业申请国外专利、注册国外商标、主导或参与创制国际标准等给予资金支持，单个企业最高500万元。目的在于从海外知识产权布局的角度支持区内企业“走出去”，参考了外省市及高新区现有政策，奖励标准高于中关村、深圳等地

②园区出台的促进知识产权服务业发展的政策。2015年12月，国家知识产权局批复同意在武汉东湖高新区设立国家知识产权服务业集聚发展试验区。东湖高新区大胆实践，加快出台有利于知识产权服务业集聚发展的政策措施（表3–18），扎实推进各项工作，完善产业集聚区知识产权服务业管理体系，优化服务结构，提高服务能力，做大做强知识产权服务业，推动知识产权服务与知识产权创造、保护、运用和管理的全面融合；充分发挥知识产权服务业支撑作用，形成优势产业与知识产权服务业在相互促进、相互支撑中共同发展的良好局面。东湖高新区初步实现了“知识产权服务机构集聚、服务体系完善、服务水平提升、与产业转型升级融合发展”的建设目标。

2018年12月，东湖新技术开发区“国家知识产权服务业集聚发展试验区”以优异成绩通过专家组验收，在服务体系建设、资源集聚、平台建设、人才培养和政策措施等方面获得充分肯定。

表3–18 2015年以来东湖高新区出台的促进知识产权服务业发展的政策一览表

序号	颁布时间	政策	目的、意义
1	2015年	东湖国家自主创新示范区条例	建设有区域特色的知识产权交易市场，支持知识产权服务机构开展知识产权咨询、代理、评估、质押融资和托管运营等服务
2	2015年	关于进一步加强知识产权工作的若干意见	构建知识产权公共服务体系，搭建知识产权综合服务平台，加大知识产权服务机构培育力度，推进武汉东湖国家知识产权服务业集聚发展试验区建设
3	2017年	中国（湖北）自由贸易试验区武汉片区工作任务分工	开展知识产权综合管理改革试点，搭建便利化的知识产权公共服务平台，设立知识产权服务工作站，大力发展知识产权专业服务业，加快建设武汉东湖国家知识产权服务业集聚发展试验区

续表

序号	颁布时间	政策	目的、意义
4	2017 年	东湖国际化发展的实施意见（“开放十条”）	设立 10 亿元国际化发展专项资金。主要用于支持东湖高新区要素国际化、产业国际化和环境国际化等方面；打造全球一流国际合作服务平台。支持企业知识产权海外布局。对企业通过《专利合作条约》申请国外专利的按 2 万元 / 件给予资金支持。对主导创制、参与创制国际标准的企业分别给予 200 万元 / 项、50 万元 / 项的奖励
5	2018 年	国家知识产权服务业集聚发展试验区建设方案	通过试验区建设，大幅提高知识产权服务机构的服务能力和质量，优化服务结构。引进培育一批品牌化、规模化、国际化的服务机构，知识产权公共服务体制机制不断健全，知识产权公共服务能力不断提升。提高知识产权服务业产值，知识产权服务业规模不断扩大

③园区出台的促进创新发展的政策。创新是东湖高新区的立区之本、发展之基。为更好落实国家创新驱动发展战略，加快实施创新驱动发展战略，以科技创新引领和支撑经济社会高质量发展，东湖高新区充分发挥先行先试优势的政策优势，形成了引导企业创新发展、支撑创新生态建设的政策体系（表 3–19），为园区营造良好的创新创业和产业发展环境。

表 3–19　2015 年以来东湖高新区出台的促进创新发展的政策一览表

序号	颁布时间	政策	目的、意义
1	2015 年	东湖国家自主创新示范区条例	支持创新主体实施标准战略
2	2016 年	关于推动科技金融创新发展的若干政策（试行）	发挥东湖国家自主创新示范区自主创新和辐射带动作用，推进科技金融改革创新，加速东湖资本特区建设，促进示范区经济社会发展
3	2016 年	武汉东湖新技术开发区瞪羚企业认定及培育办法	对认定的瞪羚企业给予以下支持；东湖高新区各内设机构与各园区办要加大对瞪羚企业培育引导和跟踪服务的力度
4	2017 年	关于推进文化科技产业融合发展的实施意见	促进文化和科技深度融合，推进文化创意、设计及相关产业跨越发展，建设全国领先、国际一流的文化科技融合示范基地
5	2017 年	“十三五”规划	推进自由创新区建设，打造创新光谷

续表

序号	颁布时间	政策	目的、意义
6	2017年	支持创新创业发展新经济的政策清单（“新黄金十条”）	加快实施“双自联动”战略，激发各类主题创新创业活力，发展型经济，打造新动能
7	2017年	武汉东湖新技术开发区支持创新创业发展新经济的政策清单实施导则	激发各类主体创新创业活力，发展新经济，打造新动能
8	2017年	光谷“招商十条”	推进“双百万”工程，支持人才引进；技术创新奖励，支持高水平科技创新平台建设；技术创新奖励，支持高水平科技创新平台建设。支持国际化，深入实施“双自联动”战略
9	2017年	武汉东湖新技术开发区关于大力推动新民营经济发展的意见（“新民营经济八条”）	支持新“四军”在东湖新技术开发区创办科技型企业，实施好高校科研成果转化对接工程，对各类鼓励新“四军”创新创业；支持民营企业科技创新
10	2018年	关于加快推进众创空间建设发展的支持意见	支持龙头骨干企业、高校院所、产业联盟、产业技术研究院等专业化机构或团队建设众创空间，服务和支撑实体经济发展；东湖高新区每年设立5000万元专项资金，鼓励和支持众创空间发展和开展众创服务
11	2018年	中国光谷2035创新驱动发展战略行动纲要	走出一条具有光谷特色的创新驱动发展道路；打造全球重要科技创新源，建设技术转移转化示范区；实施知识产权、标准、质量和品牌战略，强化“光谷标准”与世界标准互联互认
12	2018年	加快科技投入提升创新能力的政策清单	加快实施创新驱动发展战略，以科技创新引领和支撑东湖高新区经济社会高质量发展
13	2018年	武汉东湖新技术开发区关于进一步优化大学生创业就业环境的若干意见（试行）（光谷“大学生政策十条”）	设立“光谷奖学金”和“扎根光谷奖”，鼓励大学生到光谷创新创业；构建“创业种子池”，助力大学生光谷创业

2）环境优化。

东湖高新区以优化知识产权环境为抓手，通过完善知识产权服务体系，加强知识产权人才培养，营造知识产权文化氛围，将园区打造成新兴产业的育成区、创新要素的集聚区、创新驱动的先行区。

①知识产权服务体系日臻健全。东湖高新区围绕“5+2”产业布局，依托丰富科教资源，探索以建设知识产权服务体系为桥梁，畅通技术与市场链接通道。东湖高新区以知识产权服务业机构物理集聚区为依托，以知识产权服务协会组织集聚为引导，强化打造包括知识产权行政服务集群、审查服务集群、代理服务集群、信息服务集群、运营服务集群和人才培养、文化氛围服务集群六大系统在内的知识产权服务体系（图 3-36），逐步形成了特色鲜明、协调运作、行之有效的知识产权服务体系“光谷模式”。

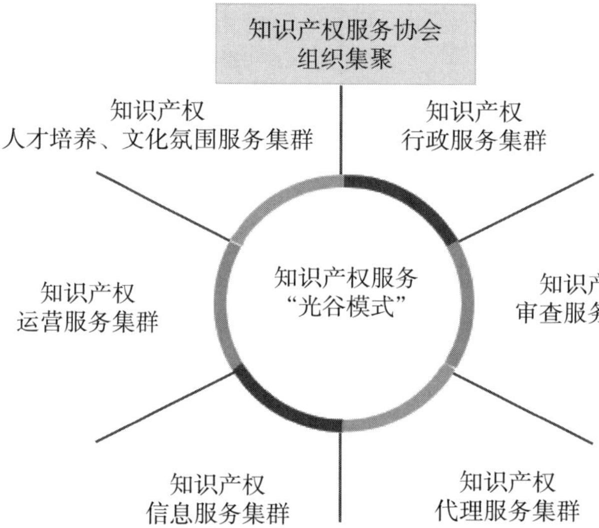

图 3-36　东湖高新区知识产权服务体系“光谷模式”

a. 两层集聚：

◎服务机构空间集聚：正在重点规划建设占地 150 亩的“中国武汉‘光谷’知识产权国际创服园”，该项目预期建设成包含金融中心、交易运营中心、大数据中心、教育培训中心、国际合作中心、综合服务中心及智慧人才家园的全产业链综合服务园区。通过重点发展知识产权代理服务、法律服务、信息服务、商用化服务、咨询服务和培训服务，形成专业化、高端化知识产权全领域服务链，将东湖高新知识产权服务业集聚发展试验区打造成全功能综合服务聚集区。

东湖高新区集聚发展区物理载体，给予服务机构免租金、租金优惠等政策，吸引服务机构落户，形成了知识产权服务高地；在东湖集聚发展区，高校开设创业课程、设立服务窗口、举办创业交流会等，安天信息、悦然心动等一批大学生创业企业应运而生；知识产权服务集聚效应的“聚变反应”深化了服务业与当地优势产业融合，推动产业发展壮大。

◎服务协会组织集聚：2018 年 8 月，东湖高新区知识产权服务业协会挂牌成立。东湖高新区知识产权服务业协会由武汉知识产权交易所有限公司、武汉工程大学、武汉化院科技有限公司等单位联合申请发起设立的融服务社会与自律管理为一体的社会组织，是东湖高新区知识产权服务行业相关机构的联合体。截至 2018 年年底，服务业协会现有团体会员单位 68 家（副会员长单位 64 家，理事单位 9 家，会员单位 55 家），理事会成员 14 名，东湖高新区知识产权服务业协会的组织架构如图 3–37 所示。

东湖高新区知识产权服务业协会作为湖北省首家由从事知识产权服务工作的各类机构自愿组成的行业性、非营利性的社会组织，知识产权服务业协会，旨在推动组织区域化建设，加强武汉市知识产权服务行业的资源优化组合和良性竞争与合作，积极培养知识产权高端人才，加强知识产权人才体系建设，扩大行业规模，提升行业综合服务能力，助推知识产权服务行业专业化、规范化和国际化的发展，助推东湖国家自主创新示范区和自由贸易试验区建设，有力推动光谷将科技资源优势转化为经济社会发展的竞争优势。

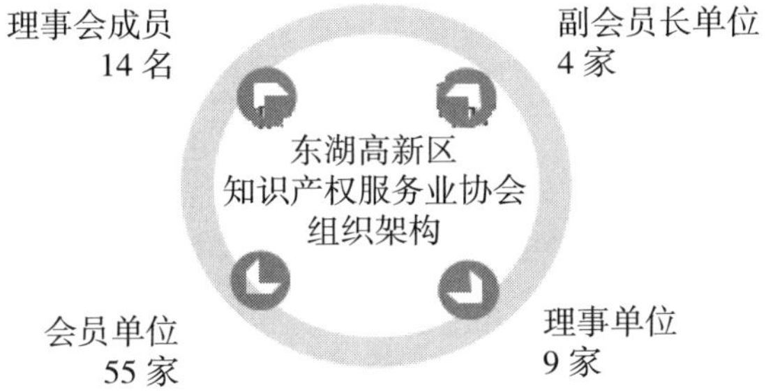

图 3–37　东湖高新区知识产权服务业协会组织架构

b. 六大集群：

◎知识产权行政服务集群：2018 年 2 月，东湖高新区在知识产权综合管理改革试点，由区知识产权办公室统一承担区内专利、商标、版权等知识产权综合管理、综合执法、综合服务和统筹协调工作整合专利、商标、著作权、集成电路布图设计、植物新品种等知识产权行政服务职能，打造一体化、一站式的知识产权行政服务集群。为企业提供知识产权创造、运用、保护和管理等全过程的知识产权行政服务。

2018 年 12 月，武汉自贸区商标受理窗口在光谷公共服务中心正式启动运行，重点开展商标注册受理、商标法律咨询等业务服务，是全国首家受国家知识产权局商标局委托的自贸区商标受理窗口，标志着武汉自贸区商标注册便利化改革取得突破性进展。武汉自贸区商标受理窗口，重点服务武汉自贸区，辐射全国各地范围内的市场主体，能极大地简化市场主体商标注册申请流程，加快申请人商标培育和保护进程，激发市场活力，此举将进一步优化武汉自贸区营商环境，促进国家自贸试验区和国家自主创新示范区“双自联动”发展。

◎知识产权审查服务集群：自 2013 年落户武汉以来，国家知识产权局专利审查湖北中心主要围绕专利审查和知识产权服务两大职能开展工作，截至 2018 年专利审查员队伍已达 1100 余人，其中硕士研究生以上学历达 93%，初步打造了一支懂技术、懂法律的多层次、高水平、专业化的知识产权人才队伍。专利审查湖北中心聚焦中心，突出主业，持续提升专利审查能力，年审结专利数量达到 10.5 万件，为知识产权强国建设提供了有力支撑，2014—2018 年审协湖北中心审结发明专利情况如图 3-38 所示。

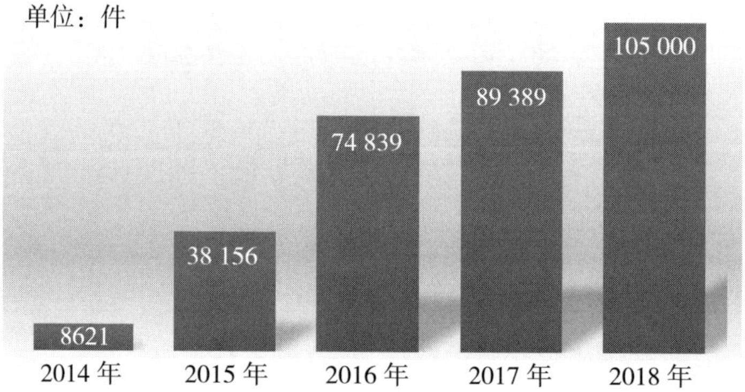

图 3-38　2014—2018 年审协湖北中心审结发明专利情况[①]

此外，专利审查湖北中心主动融入，积极作为，服务地方，先后与洪山区人民政府、东湖新技术开发区、市中级人民法院、湖北（武汉）院士中心、中国地质大学（武汉）等签署合作协议，依托自身人才优势、资源优势，积极参与知识产权强省、强市和强企建设，在聚焦专利审查主责主业的基础上，为百余家企事业单位提供了专利导航、分析评议、专利布局、高价值专利培育等高质量的知识产权服务。针对武汉市“城市合伙人”和武汉市东湖高新区“3551”

① 数据来源：2014—2017 年数据来源于人民网，http：//ip.people.com.cn/n1/2018/0211/c179663-29818340.html；2018 年数据来源于《2018 年武汉知识产权发展报告》。

人才项目，开展了人才评议课题研究工作，为光谷引智工作提供参考。近年审协湖北中心服务地方情况如图 3–39 所示。

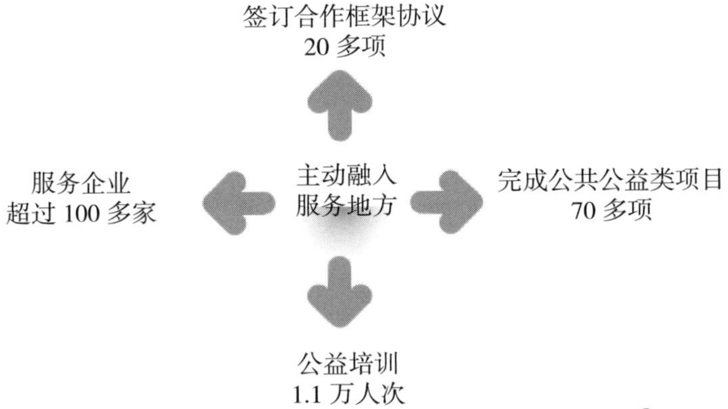

图 3–39　2013—2018 年审协湖北中心服务地方情况 ①

2018 年 11 月，审协湖北中心发布了三大产业知识产权分析评议成果，包括《半导体存储器产业知识产权分析评议》《新能源汽车产业知识产权分析评议》《物联网产业知识产权分析评议报告》。评议报告对相关产业的国内外知识产权环境及发展态势进行深入分析，既展现了知识产权的信息资源价值，也为知识产权服务创新驱动、服务产业发展提供了可遵循、可借鉴的方法和路径。

◎知识产权代理服务集群：培育和引进各类代理服务机构，沿高新大道、光谷大道“十”字布局，打造高新区知识产权代理服务集群。鼓励代理机构拓展服务领域，提高服务质量。为企业提供咨询、涉外、代理、无效、诉讼、托管等方面的服务。

分析营业执照办公地址在东湖高新区的 255 家知识产权服务机构的经营范围，从事商标、专利、版权、集成电路、地理标志、植物新品种代理服务的知识产权服务机构分别有 129 家、80 家、71 家、3 家、2 家、1 家（北京众合诚成知识产权代理有限公司武汉分公司），占知识产权代理服务类型的比重分别为 45.1%、28.0%、24.5%、1.0%、0.7% 和 0.3%。2018 年，市级财政对专利代理工作贡献突出的湖北永嘉、武汉开元、武汉科皓等 5 家知识产权代理服务机构予以专项补贴 975 万元。

◎知识产权信息服务集群：积极搭建武汉专利（知识产权）信息综合服务

① 数据来源：2014—2017 年数据来源于人民网，http：//ip.people.com.cn/n1/2018/0211/c179663-29818340.html；2018 年数据来源于《2018 年武汉知识产权发展报告》。

平台，获批国家新一代地方专利信息中心检索与分析系统试点，并于2018年6月正式上线运行。新一代专利检索与分析系统作为国家知识产权局“全领域专利数据库系统”升级版的地方专利信息服务中心检索及分析系统，已成为武汉知识产权保护中心面向全市开展专利信息服务的基础工具和主要抓手。

知识产权信息利用倍受重视，2018年东湖新技术开发区百余家企业积极开展知识产权信息利用工作，共83家企业获得支持，其中专利预警项目37个、专利数据库项目3个、专利导航项目7个，专利布局项目5个，知识产权评议项目5个，定题跟踪项目16个，专利战略实施项目18家。

2018年8月，省知识产权局对东湖高新区四所高校开展了知识产权评议——中国地质大学（武汉）“双一流”学科建设专利评议、武汉理工大学一流学科建设的柔性玻璃与印刷光电子技术知识产权评议、武汉理工大学一流学科建设的新能源汽车与汽车节能减排技术知识产权评议、武汉工程大学一流学科建设的材料科学与工程知识产权评议。

湖北省作为一个科教大省，高校专利已经成为国家技术创新的重要源泉。为了提升高校专利检索分析服务水平，有效支撑高校一流大学和一流学科的“双一流”建设，省知识产权局在湖北省2017年重大经济科技活动知识产权评议项目中嵌入高校“双一流”建设知识产权分析评议。把专利信息分析评议用于支持高校科技创新、学科建设评估与规划，该做法全国领先，在全国属于首创。

◎知识产权运营服务集群：“知果汇”。

通过建设武汉光谷知识产权联盟管理有限责任公司“知果汇”公众服务平台以及专利服务类APP“发明快线”，开辟了知识产权服务新模式。“知果汇”平台秉承公益化服务与市场化运作相结合的建设思路，秉持“汇聚知识产权服务、培育大众创新成果”的创新理念，依托O2O模式，搭建起“获权—用权—维权”三位一体的、目前东湖高新区唯一一站式“互联网+”知识产权综合服务平台。“知果汇”汇聚全球资源，提供线上线下一体化、全方位的专业知识产权服务和政策资讯服务，发挥知识产权作用，支撑创新驱动发展。

平台现建成4个特色板块：技术与需求匹配度查询板块、专利检索板块、知识产权人才信息库板块、知识产权远程培训板块。主要提供专利交易、专利评议、专利托管、专利代理、专利匹配、政策解读、知产培训等服务，为企业提供了更便捷全面的知识产权一站式服务。其中平台利用人工智能的手段对海量专利数据进行了技术质量与潜在价值的快速评价，研发的“专利评分与匹配系统”能帮助企业从大量专利中发现优质专利、快速综合评价企业专利实力，推动市场专利运营、投资等活动的开展。

截至 2018 年“知果汇”平台所产生的服务类商品交易数量为 90 余件订单，总交易金额达到 27 万余元，国内发明专利代理 47 个订单，总交易金额达到 18 万余元；国内实用新型专利代理 31 个订单，总交易金额达到 6 万余元；国内外观设计专利代理 14 个订单，总交易金额达到 2 万余元。

◎知识产权运营服务集群：国家知识产权运营公共服务平台高校运营（武汉）试点平台。

2018 年 7 月，国家知识产权局发文批复同意湖北建设国家知识产权运营公共服务平台高校运营（武汉）试点平台，该平台也成为全国首个获批建设的高校知识产权运营平台。

依托中部知光技术转移有限公司、中国地质大学（武汉）和国家知识产权局专利局专利审查协作湖北中心三家承建单位，建设国家知识产权运营公共服务平台高校运营（武汉）试点平台，以高校知识产权运营为特色，开展知识产权运营、专利导航、知识产权分析评议与预警、知识产权挖掘与布局、高价值专利培育、专利技术运营转化、知识产权质押融资等市场化运作。

该平台的获批对于我省发挥高校科教资源优势，推动高校科技成果转化，畅通高校知识产权转化运用渠道，探索高校知识产权运营新模式，构建创新创业新业态，具有深远意义，也标志着中国（湖北）自由贸易试验区建设知识产权工作取得阶段性成果，为助推长江经济带发展提供坚实支撑。

◎知识产权人才培养、文化氛围服务集群：学科建设。

东湖高新区科技资源丰富的优势，截至 2018 年已有 2 所高校开设知识产权本科专业，3 所高校开设知识产权学院，2 所高校开设了知识产权硕、博士专业（表 3-20），知识产权教育已覆盖了本科以及研究生教学，人才培养体系较为完善。东湖高新区将继续引导、支持集聚区高校设立知识产权院系，探索建立“国际知识产权学院”，开展知识产权运营相关专业教育与培训。

◎知识产权人才培养、文化氛围服务集群：知识产权专业能力培训。

实施“3551 光谷人才计划”“城市合伙人计划”“千企万人支持计划”“楚才回家计划”等多形式多渠道培养引进国家知识产权领军人才、专利信息人才、黄鹤英才等高端人才，引进高学历人才和海外留学人才，引进能够胜任知识产权战略研究、诉讼服务和涉外服务的高层次人才。

表 3-20　东湖高新区知识产权高等教育情况一览表[①]

类型	学校
本科开设知识产权专业的院校	中南民族大学（2012 年）
	武汉东湖学院（2012 年）
	华中师范大学（2013 年）
开设知识产权学院的院校	华中科技大学（1995 年）
	中南财经政法大学（2005 年）
开设了知识产权硕、博士专业的院校	华中科技大学
	中南财经政法大学

武汉·中国光谷知识产权信息中心自 2014 年以来，已连续承办 8 期专利分析实战培训班，累计培训专利分析实务人才 600 余人，共形成近 70 项专利信息分析课题。

湖北省知识产权培训（自贸区）基地（以下简称基地）在湖北省知识产权局的指导和支持下，2018 年 8 月 2 日在东湖高新区成立。基地依托武汉东湖新技术开发区知识产权服务业协会，是中国（湖北）自由贸易试验区第一个开展知识产权培训的机构。基地整合知识产权人才资源，建立全序列集培训、研究、沙龙、服务等为一体的综合性服务平台，为区域知识产权人才体系建设奠定基础。

湖北省知识产权培训（自贸区）基地依托武汉东湖新技术开发区知识产权服务业协会（以下简称协会）与武汉知识产权研究会（以下简称研究会）联合开展培训工作，截至 2018 年 11 月，基地主办或承办知识产权行政管理部门、高等院校、高新企业、事业单位、知识产权服务机构等各类培训活动和论坛 22 场，累计培训 3500 人次。协助协会会员单位举办各类知识产权论坛近 10 场，累计培训近 1000 人次。

2018 年 9 月，省知识产权局与华中科技大学共建湖北省知识产权国际合作培训基地揭牌仪式在华中科技大学管理学院隆重举行。省知识产权国际合作培

① 资料来源：教育部新增 5 家高校获批“知识产权”本科专业（现共 76 家），http://www.iprdaily.cn/news_18555.html.

训基地作为我省首家聚焦本土人才国际化培养的平台，它的诞生对湖北知识产权对外交流合作、对外开放具有里程碑作用和标志性意义。基地以武汉自贸区建设和“一带一路”为契机，以探索建立扎根武汉、面向全国、联通全球的知识产权人才培养体系为宗旨，整合国内外知识产权优质资源，构建知识产权国际交流与合作的窗口，推动知识产权人才、服务、政策加速集聚，为湖北企业“走出去”走得更远更稳提供强有力的支持。

知识产权文化建设的探索。2018 年 11 月，东湖高新区举办了主题为“新动能 · 新发展 · 空间：数字经济与知识产权”的第十六届“中国光谷”知识产权国际论坛。自 2003 年以来，已举办已连续成功举办十六届“中国光谷”知识产权保护国际论坛，各届主题见表 3–21。

表 3–21　历届“中国光谷”知识产权国际论坛及其主题

届数	举办时间	论坛主题
第一届	2001 年	
第二届	2002 年	加入 WTO 与我国专利制度面临的形势和发展
第三届	2003 年	加入 WTO 与我国专利制度面临的形势和发展
第四届	2004 年	实施知识产权战略，提升自主创新能力
第五届	2005 年	知识产权保护
第六届	2006 年	自主创新与知识产权国际保护
第七届	2008 年	知识产权保护与服务外包产业发展
第八届	2010 年	知识产权保护与服务外包产业发展
第九届	2011 年	知识产权保护与经济发展方式转变
第十届	2012 年	知识产权保护与国家中心城市建设
第十一届	2013 年	知识产权保护与战略性新兴产业发展
第十二届	2014 年	知识产权运用和保护
第十三届	2015 年	专利联盟与产业发展
第十四届	2016 年	知识产权运用和保护——知识产权强国建设
第十五届	2017 年	自由贸易试验区建设与知识产权保护
第十六届	2018 年	新动能 · 新发展 · 新空间：数字经济与知识产权

同时东湖高新区广泛开展知识产权的宣传教育，支持各类知识产权服务机构开展行业宣传，树立专业化的知识产权服务理念，鼓励知识产权服务人才加

入志愿者队伍，普及知识产权知识，提升社会各界对知识产权服务的认识，营造有利于知识产权服务业发展的社会氛围。

②创新环境日趋完善。

a. 新兴产业的育成区：一家工研院，一条产业链。

10家工研院集聚东湖高新区（表3-22），围绕“5+2”产业布局，形成“一家工研院，一条产业链”的格局：以华为、武汉光电工研院为龙头，做强光电子信息产业研发集群；以国家地球空间信息产业基地、武汉导航与位置服务工业技术研究院为基础的空间信息产业研发集群；以长江存储、新思科技为龙头，打造集成电路产业研发集群；以中国电信、中国移动、中国联通为龙头，打造新一代信息技术产业研发集群；以激光院、锐科激光为龙头，培育激光产业研发集群；以新能源研究院、中国电子为龙头，形成新能源环保产业研发集群；以武汉智能装备工业技术研究院、国家（湖北）海洋工程装备研究院为代表的高端装备产业研发集群。2017年底，东湖高新区8家产业技术研究院累计推动科技成果转化344项；在孵团队342个，孵化企业306家；建设公共服务平台43个；为企业提供服务7.7万次，服务收入达1.3亿元。

表3-22　东湖高新区10家工业技术研究院名单

序号	单位	地址	成立时间
1	武汉生物技术研究院有限公司	武汉市东湖新技术开发区高新大道666号光谷生物城B5栋	2009年
2	武汉新能源研究院	武汉市东湖高新区高新大道999号未来科技城G区新能源大楼	2010年
3	武汉光电工业技术研究院	武汉东湖新技术开发区高新大道999号	2012年
4	武汉智能装备工业技术研究院	武汉东湖新技术开发区高新大道999号海外人才大楼B4座5楼	2012年
5	武汉导航与位置服务工业技术研究院	武汉市东湖新技术开发区高新大道999号A4-301	2012年
6	国家（湖北）海洋工程装备研究院	湖北省武汉市东湖新技术开发区高新大道999号	2013年
7	武汉地质资源环境工业技术研究院	光谷七路未来城科技城海外人才大楼B4栋4楼	2013年
8	武汉遥感与空间信息工研院	湖北省武汉市东湖新技术开发区高新大道999号	2013年
9	武汉中科医疗科技工业技术研究院	武汉未来科技城	2018年

续表

序号	单位	地址	成立时间
10	武汉高德微机电与传感工业技术研究院	高新大道 999 号未来科技城海外人才大楼 A 座 18 楼 143 室	2018 年

两大新兴产业发展迅猛：集成电路和半导体显示产业技术水平国内领先，“芯片－高端显示－智能终端”万亿产业集群初具雏形；数字经济产业蓬勃发展，人工智能、网络安全、大数据与云计算等领域快速崛起，东湖高新区正成为我国互联网产业“第四极”。“芯－屏－端－网”万亿级光电子信息产业集群加速崛起，正在向打造完整产业生态稳步迈进，代表中国参与全球信息技术领域的竞争，形成产业创新发展策源地。长江存储、华星光电 t3、天马 G6 一期顺利量产。在“一芯两屏”强劲引领下，“芯屏端网”万亿光电子信息产业集群加快形成。此外，小米武汉总部、联影医疗华中总部等项目正式开工，全年完成工业投资 279 亿元，增长 16.4%。光谷生物城综合实力稳居全国第三位。网络直播、在线教育、人工智能等新兴业态加速发展。

b. 创新要素的集聚区：

△聚智。

“院士经济”专项计划：截至 2018 年，东湖高新区共有诺贝尔奖工作站 2 家（名单见表 3–23）、院士工作站 24 家（表 3–24），占全市 38%。东湖高新区将继续探索围绕“5+2”产业布局，瞄准应用前沿，聚焦战略性新兴产业，以工业技术研究院为主要载体，以院士工作站为依托，以国家知识产权运营公共服务平台高校运营（武汉）试点建设为平台，建立国家重大原始创新及关键、核心技术创新知识产权运营服务新机制，通过实施“高校科研成果转化对接工程”开展“院士经济”专项计划，为高端人才和团队提供知识产权导航、布局和运营一体化服务。

表 3–23　东湖高新区 2 家诺贝尔奖工作站

序号	公司	进站专家	成立时间
1	武汉华美生物工程有限公司	哈特穆特・米歇尔	2017 年
2	武汉生之源生物科技公司	兰迪・谢克曼	2018 年

表 3-24　东湖高新区 24 家院士专家工作站

序号	站点名称	进站专家	进站时间
1	武汉铁盾民防工程有限公司	顾忠明	2012 年
2	武汉重型机床集团有限公司	段正澄	2012 年
3	武汉市农业科学技术研究院	傅廷栋	2013 年
4	武汉新天达美环境科技有限公司	曲久辉	2014 年
5	武汉法雅园林集团有限公司	尹伟伦	2014 年
6	武汉华丽环保科技有限公司	瞿金平	2014 年
7	武汉合缘绿色生物股份有限公司	陈文新、曹文宣、邓子新	2015 年
8	国网电力科学研究院武汉南瑞有限责任公司	潘垣、雷清泉、陈维江	2016 年
9	三川德青科技有限公司	闻邦椿	2016 年
10	武汉摩尔生物科技有限公司	候惠民	2016 年
11	武汉导航与位置服务工业技术研究院有限责任公司	刘经南	2016 年
12	武汉梦芯科技有限公司	刘经南	2016 年
13	武汉智能控制工业技术研究院有限公司	郭孔辉	2016 年
14	武汉惠普海洋光电技术有限公司	宋君强	2017 年
15	武大吉奥信息技术有限公司	龚健雅	2017 年
16	湖北华舟重工应急装备股份有限公司	李培根	2016 年
17	武汉市农科院水产科学研究所	桂建芳	2015 年
18	武汉市畜牧兽医科学研究所	陈焕春	2016 年
19	湖北惠民农业科技有限公司	谢华安	2017 年
20	湖北天勤生物科技有限公司	邓子新	2017 年
21	武汉网信安全技术股份有限公司	张联盟	2018 年
22	湖北真福医药有限公司	朱应	2018 年
23	湖北金林原种畜牧有限公司	陈焕春	2018 年
24	中工武大设计研究有限公司	院士团队	2018 年

国家级知识产权人才项目：表 3-25 显示，截至 2018 年底，武汉市入选国家知识产权专家库人员 20 名，其中高新区 15 名；国家知识产权专家咨询委员会委员 1 名（中南财经政法大学 吴汉东）；全国知识产权领军人才数量 10 名，其中高新区 8 名；专利信息师资人才 11 名，其中高新区 8 名；实务人才 20 名，

其中高新区 14 名；百名高层次人才 14 名，其中高新区 10 名。

表 3-25 截至 2018 年东湖高新区知识产权高级人才分布情况

知识产权高级人才数量 / 城市	入选国家知识产权专家库人员数量	入选国家知识产权专家咨询委员会	入选全国知识产权领军人才数量	入选全国专利信息师资人才数量	入选全国知识产权实务人才数量	全国知识产权百名高层次人才培养人选数量
武汉	20	1	10	11	20	14
东湖高新区	15	1	8	5	14	10

资料来源：国家知识产权人才信息平台

地方级人才项目：东湖高新区出台具有本土特色的人才项目——“3551 光谷人才计划”和黄鹤英才计划，如表 3-26 所示。

表 3-26 “3551 光谷人才计划”和黄鹤英才计划

序号	项目名称	项目内容	实施效果
1	“3551 光谷人才计划”	构建包含基础人才、高层次创新创业人才、产业领军人才、国际顶尖人才在内的“金字塔”形多层次人才支持体系（图 3-40）	东湖高新区已集聚 3 名诺奖得主、47 名中外院士、397 名国家“千人计划”专家、123 名国家“万人计划”专家、182 名湖北省“百人计划”专家、86 位武汉“城市合伙人”、1477 名“3551 光谷人才计划”、5000 多个海内外人才团队
2	黄鹤英才（知识产权类）	自 2011 年启动，截至 2017 年已实施 6 批，包含知识产权工作、知识产权服务业和知识产权教学研究人才。可获得市财政专项资助用于开展项目研究、人才培养和团队建设等	2014 年武汉市 10 人入选，其中东湖高新区 8 人；2015 年武汉市 5 人入选，其中东湖高新区 3 人；2016 年武汉市 3 人入选，均来自东湖高新区

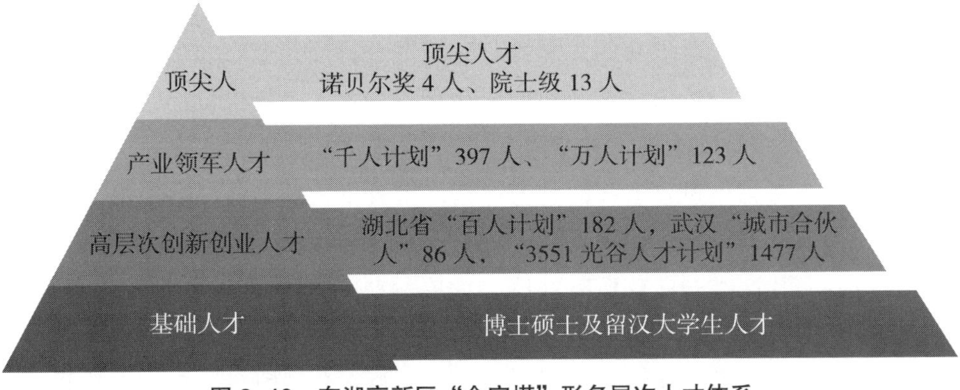

图 3-40 东湖高新区“金字塔”形多层次人才体系

△引财。

2018 年，光谷招商引资实际到位资金 788 亿元，实际利用外资 23 亿美元，均位列全市第一。

东湖高新区所在的武汉自贸片区的专利权质押融资性模式，作为“金融改革与服务创新”制度创新领域的优秀案例，上榜中山大学自贸区综合研究院发布的“2018—2019 年度中国自由贸易试验区制度创新十佳案例”。

主要做法：东湖高新区创新“银保贷”知识产权质押融资服务模式（图 45），一是通过引入第三方评估机构，得出企业知识产权可靠的市场评估价值；二是采用“银行 + 保险公司 + 政府风险补偿”模式，实现风险分担，降低银行风险；三是对获得知识产权质押融资并按期偿还贷款本息的企业，由财政资金予以实际支付贷款利息和保费一定比例的补贴，提高企业开展知识产权质押融资贷款积极性，降低企业的融资成本。

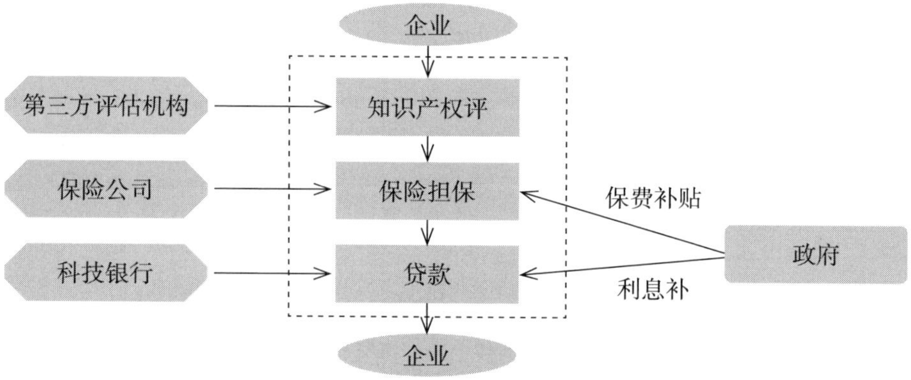

图 3-41　东湖高新区知识产权质押贷款流程

东湖高新区中小企业众多，且多属轻资产类科技型企业，可抵押的有形资产较少，而专利权具有独有的无形性、专有性等特征，受市场影响波动较大，难以进行合理准确的价值评估，很难成功获得贷款。武汉自贸片区管委会为了解决此类问题，主导引入第三方专业评估机构，对中小企业运营状况、经济效益、知识产权等参考指标进行有效的价值评估，出具正式的专业评估报告，提高中小企业价值评估的科学性和权威性，增加贷款信用等级和额度。

武汉自贸片区综合运用风险补偿、贷款贴息、保费补贴、利息补贴、专利评估费补贴等方式，对银行、中小企业提供对应的配套政策支持。对通过专利权质押获得贷款并按期还本付息的企业，武汉自贸片区对贷款利息按基准利率给予 25% 贴息，保费给予 40% 补贴，大大降低中小企业的融资成本。

2018 年，武汉农商行、汉口银行等多家银行与东湖高新区 31 家中小型科技企业签订 7 亿元知识产权质押贷款协议，实际放款约 3.6 亿元。根据《东湖新技术开发区关于进一步促进知识产权工作的若干意见》政策精神，已于 10—11 月对企业专利质押贷款项目进行贴息支持，降低企业质押贷款成本。

大力推进知识产权质押贷款保证保险业务，高新区 617 家科技型企业申请办理贷款保证保险，累计发放贷款 509 笔，总计融资金额达到 10.9 亿元。

推动设立“投保贷”基金，人保资本已与省高投发起设立了总规模 10 亿元的投保贷基金，正在推动人保资产、省宏泰集团和光谷金控发起设立另一只“投保贷基金”①。

c. 创新驱动的先行区：强力推进光谷科技创新大走廊建设。

这条大走廊将撑起光谷全新的“1133”创新空间布局：以高新大道为主轴，以光谷科学岛为重点创新源，以武汉未来科技城、光谷生物城、光谷中心城 3 园区为核心载体，以关山大道、左岭大道、光谷五路 3 条千亿大道为延伸，打造高端人才、高端产业汇聚的创新发展核心承载区。

创新生态不断优化：东湖高新区是我国孵化器事业的发源地，建设了我国第一家科技企业孵化器、第一条创业大街（全长 1 千米）。现有综合孵化器、专业孵化器、新型孵化器、大学科技园、国际合作孵化器（表 3–27）等各类孵化器（加速器）60 家，其中国家级孵化器 17 家，国家创新型孵化器 14 家；众创空间 98 家，其中国家级 30 家；创业服务机构 300 多家；孵化（加速）面积达 500 万平方米，在孵企业 5260 家。

表 3–27　东湖高新区孵化器类型

类型	典型案例
综合孵化器	武汉东湖新技术创业中心（http：//www.whibi.com/） 武汉华工科技企业孵化器（http：//www.whbi.com.cn/）
专业孵化器	武汉留学生创业园（http：//www.wh–newstart.org/） 武汉光谷新药创业孵化器 武汉光谷创意产业孵化中心（http：//www.027ci.com/） 湖北国知专利创业孵化器（http：//www.gz–incubator.com/）

① 数据来源：市政府督查室，http：//www.wuhan.gov.cn/2018wh/ztlm/2017ngzbgzxqk/zfgzbgmbrwzxqk_1/whdhxjskfqgwh/201811/t20181112_239279.html.

续表

类型	典型案例
新型孵化器	DEMO 咖啡（http：//www.democoffee.org/） 创库咖啡（http：//weibo.com/chuangkucoffee） 创业咖啡 东科创星（http：//www.csescn.com/）
大学科技园	武汉大学国家大学科技园（http：//www.wusp.com.cn/index.html） 华中科技大学国家大学科技园 华中师范大学科技园（http：//www.ccnustp.com/） 武汉理工大学科技园（http：//www.wstp.cn/） 东湖高新区国家大学科技园
国际合作孵化器	中比高科技孵化园区（http：//www.jxiti.com/） 中美科技创新园

创新平台成为创新发展的重要支撑：在重大科技创新平台建设上，启动科学岛规划建设，精密重力测量、生物成像等重大科技基础设施开工建设；2018年东湖高新区新获批了国家信息光电子创新中心、国家先进存储产业创新中心、数字设计与制造国家创新中心；武汉中科医疗工研院、高德工研院挂牌成立；工业互联网标识解析国家顶级节点（武汉）落户并正式上线，打造数字经济发展新引擎；工研院建设步伐加快，武汉中科医疗工研院、高德工研院挂牌成立。新增院士专家工作站 9 家。东湖高新区省级以上（含省级）技术创新平台达到 288 家，其中国家级 29 个。科技金融服务平台不断完善，集聚各类金融机构 700 多家，其中股权投资机构 496 家，建设了武汉股权托管交易中心、长江众筹金融交易所、长江大数据交易所等 10 多家交易平台。

东湖高新区进一步成为全国知名的创新平台集聚区，2018 年共引入 10 家研发机构，分别为泛林半导体设备工艺开发及技术支持中心项目、神州数码云科网络技术项目、富士康台式机整机业务及部分大屏组装业务搬迁项目、DHL 华中智能装备制造产业项目、TCL 武汉研发中心项目、武汉华锐激光项目、格罗夫项目、国家海洋工程装备研发中心项目、墨楚武汉教育研发项目、国药控股武汉鸿盛医药研发项目。

多管齐下服务双创：东湖高新区探索了若干行之有效的孵化模式，总结出科技成果转化“四级跳”模式，以大学科技园为主要载体，实现了“校内研发—高校周边孵化—大学科技园产业化—高新技术产业区规模化”的四级转化。为适应新的创业趋势和需求，涌现出一批以活动组织型、创业辅导型、校园创客型、线上线下结合型为代表的新型创业孵化品牌，探索了“免费创业辅导 + 天使投资”“创业培训 + 天使投资”“开放式平台 + 天使投资”“主题创业活动 + 开放式平台”“互联网开放平台”“线上线下社区 + 交互设计研发”“校园创客 + 天使投资”“大企业资源支持 + 内部孵化”等新模式，初步形成了集孵化服务、创业投资、创业活动和推广服务等于一体的创业服务链条。有 18 家获批湖北省知识产权双创服务基地（图 3–42）。

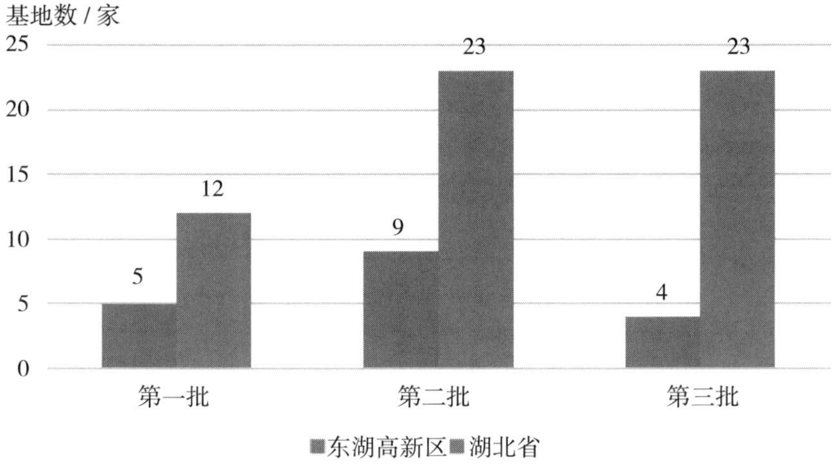

图 3–42　湖北省知识产权双创服务基地

营造浓厚双创氛围。举办了光谷青桐汇、中央电视台“寻找光谷创业榜样”、黑马大赛、楚才回家等一系列具有影响力的创业活动，营造了“天天有咖啡、周周有路演、月月青桐汇”的良好氛围。举办光谷青桐汇活动 20 场、东湖创客汇 2 场、楚才回家 3 场、武汉知识产权专家诊断室等品牌双创活动，有效对接双创主体现实诉求。举办中国游戏节、斗鱼直播节、中国青年电子竞技大赛，全年双创活动超过 2000 场，日均 6 场。东湖高新区双创服务平台信息汇总见表 3–28。

表 3–28　东湖高新区双创服务平台一览表

创设时间	平台名称	定位	活动情况
2013 年	光谷・青桐汇	大学生创业的场所——孵化器；华中地区发展速度最快、最具品牌影响力的创业学习、交流、交易平台	一批独角兽企业如卷皮网、极验验证等通过该平台被发现、投资并获得快速成长；在“光谷・青桐汇”的引领带动下，光谷创业活动日益丰富，平均每天有 6 场活动举行，已经形成“天天有咖啡、周周有路演、月月青桐汇”的良好氛围

续表

创设时间	平台名称	定位	活动情况
2016 年	东湖创客汇	集创新体验、集中展示、产品发布与推广、高峰论坛于一体，为区域创新者和广大市民提供推广产品、体验创新、科技创服的新的创新创业平台	东湖创客汇主要由三大块构成，包括：创客汇、创客秀、创客说； 首届东湖创客汇·中国创客联盟（CMA）启动仪式、中国创客空间联盟（CMSU）全国会员大会； 第二届“东湖创客汇”智能机器人专场； 第三届东湖创客汇无人机及无人车专场
2016 年	武汉知识产权专家诊断室	围绕“常见知产问题预防”“专家一对一诊断”“对症下药”等知识产权诊断系列形式，搭建武汉知识产权研究会资深知识产权人士、中介服务机构、武汉中青年知识产权讲师团等各领域专家资源平台	通过“专家诊室”“在线诊疗”“知识产权诊断沙龙”等方式，帮助企业解决在知识产权运营、管理上存在的风险，同时为参与诊断企业提供相关服务及衍生服务目前该诊断室提供包括知识产权管理、运营、保护、获取等多种涉及企事业单位知识产权问题的服务

2018 年 4 月，全国首个大学生创新创业知识产权维权援助中心在中南财经政法大学揭牌成立。湖北大学生创新创业知识产权维权援助中心成立旨在依托共青团组织优势、知识产权局职能优势和高校学科优势，组建专业维权志愿服务团队，开展大学生双创知识产权保护的研究、咨询、法律维权和培训等工作，解决大学生在创业过程中知识产权保护维权成本高、周期长、举证难、赔偿低；创业大学生知识产权保护意识薄弱、高校知识产权教育缺失、立法执法力量不足等问题，提高大学生的创业热情，助推大学生双创工作健康有序发展。

知识产权海外护航创新发展：伴随着东湖高新区企业布局海外市场，知识产权海外预警成为企业关注的热门话题。东湖高新区 5 家企业入选 2017 年湖北省知识产权海外护航工程——烽火通信科技股份有限公司、武汉科林精细化工有限公司、武汉新华扬生物股份有限公司、武汉智能鸟无人机有限公司、武汉佑康科技有限公司（图 3–43）。

企业知识产权海外护航工程，旨在帮助企业健全管理制度、知识产权导航、知识产权布局、知识产权预警与知识产权应对机制等，提升企业海外知识产权风险防范和纠纷应对能力。

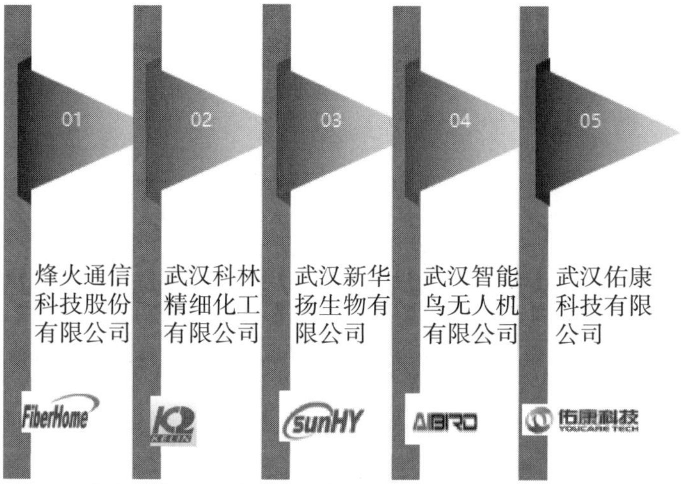

图 3-43 东湖高新区入选 2017 年湖北省知识产权海外护航工程企业

3.2.2.2 发展存在的问题

（1）知识产权服务供给方存在的问题。

①服务机构营业收入和利润率双低。

a. 营业收入不高。

参考国家统计局颁布的《统计上大中小微型企业划分办法（2017）》中软件和信息技术服务业按营业收入的划分标准，依据本次调研的实际情况，按营业收入将知识产权服务业机构划分为超小型、小型、中型、大型、超大型五类，标准为：$0 < X < 20$ 万元、$20 \leqslant X < 50$ 万元、$50 \leqslant X < 500$ 万元、$500 \leqslant X < 1000$ 万元，$X \geqslant 1000$ 万元，具体调查情况见表 3-29。

表 3-29 2015—2017 年武汉片区知识产权服务机构营业收入（X）（单位：万元）

年度	$0<X<20$（超小型）	$20 \leqslant X < 50$（小型）	$50 \leqslant X < 500$（中型）	$500 \leqslant X < 1000$（大型）	$X \geqslant 1000$（超大型）	年均值	年均增长率
15 年 / 家（占样本比重）	6（30%）	2（10%）	10（50%）	2（10%）	0（0%）	191	
16 年 / 家（占样本比重）	7（17.9%）	7（17.9%）	19（48.7%）	5（12.8%）	1（2.6%）	219	11.87%
17 年 / 家（占样本比重）	2（3.6%）	11（20%）	30（54.5%）	10（18.2%）	2（3.6%）	247	4.46%

注：2015 年、2016 年及 2017 年该问题有效样本量分别为 20 家、39 家、55 家

考察表 3–29 中武汉片区知识产权服务机构营业收入的分布情况可以发现：

一是武汉片区知识产权服务机构平均营业收入偏低。2015—2017 年年均值分别为 191 万元、219 万元、247 万元。

二是武汉片区知识产权服务机构的经营规模偏小，但超小型机构所占比例逐年锐减。武汉片区知识产权服务机构小规模机构所占比例高（超小型及小型比例之和），2015 年、2016 年和 2017 年所占的比例分别为：40%、35.8%、23.6%。其中超小型规模所占比例由 2015 年 30% 下降到 2016 年 17.9%，随后继续锐减至 2017 年仅占 3.6%，由此可判断武汉片区知识产权服务业已经形成了优胜劣汰的市场竞争机制。

三是武汉片区以中型规模的知识产权服务机构为主体，2015 年、2016 年和 2017 年所占的比例分别为：50%、48.7%、54.5%。

四是武汉片区知识产权服务机构大型、超大型比例偏低，行业缺乏有引领作用的带头羊。2015 年、2016 年和 2017 年所占的比例分别为：10%、12.8%、18.2%。超大型的比例畸低，2015 年、2016 年和 2017 年所占的比例分别为：0%、2.6%、3.6%。

b. 利润率偏低。

由表 3–30 可知 2015—2017 年武汉片区知识产权服务机构的亏损率高，利润低，盈利状况普遍不佳。2015 年武汉片区知识产权服务业亏损机构占样本的 36.8%，2016 年亏损比率高达 63.6%，2017 年亏损率大幅下降为 28.3%。2015—2017 年略有盈利（0 ~ 10%）的比率分别为 47.4%、18.2%、34%。2015—2017 年盈利水平比较高（10% ~ 30%）的比率分别为 10.5%、0%、24.5%。2015—2017 年盈利水平非常高（30% 及以上）的比率分别为 15.8%、18.2%、22.6%。说明虽然在国家和地方知识产权扶持政策的鼓励下成立了大量的服务机构，但同时造成了行业无序的恶性竞争。2016 年是武汉片区知识产权服务发展的转折点，2016 年优胜劣汰的市场竞争机制作用开始显现，到 2017 年行业呈现良性发展，市场较为景气。

表 3–30　2015—2017 年武汉片区知识产权服务机构利润率（X）

年度	＜ 0	0% ≤ X ＜ 10%	10% ≤ X ＜ 30%	30% ≤ X ＜ 50%	50% ≤ X ＜ 70%	X ≥ 70%
15 年 / 家（占总体比重）	7（36.8%）	9（47.4%）	0（0%）	2（10.5%）	1（5.3%）	0（0%）

续表

年度	＜0	0% ≤ X ＜ 10%	10% ≤ X ＜ 30%	30% ≤ X ＜ 50%	50% ≤ X ＜ 70%	X ≥ 70%
16 年 / 家（占总体比重）	7（63.6%）	2（18.2%）	0（0%）	0（0%）	1（9.1%）	1（9.1%）
17 年 / 家（占总体比重）	15（28.3%）	18（34%）	8（15.1%）	5（9.4%）	6（11.3%）	1（1.9%）

注：2015 年、2016 年及 2017 年该问题有效样本容量分别为 19 家、11 家、53 家

②从业人员整体专业素质有待提高，收入偏低。

a. 机构从业人员分布呈倒金字塔分布。

按从业人员分布看（表 3–31），武汉片区知识产权机构的呈倒金字塔形状分布，即 10 人以下的小规模机构占据半壁江山，11 ~ 30[①] 人中等规模的机构占三成左右，而 31 人及以上大规模的机构仅占两成。尤其值得关注的是 1 ~ 5 人超小规模的服务机构占总体的 19.5%，50 人及以上的机构占比仅为 7.9%，在本次调查中从业人数最多的一家有员工 182 人。由此可见，当前武汉片区知识产权服务机构尚未形成规模化经营，以散兵游勇式的非生力军为知识产权服务提供主体。

表 3–31　从业人员分布统计（该问题有效样本量 63 家）

分段 / 人	1 ~ 5	6 ~ 10	11 ~ 12	21 ~ 30	31 ~ 50	51 及以上
家（百分比）	12（19.5%）	17（27%）	12（19.5%）	9（14.3%）	8（12.7%）	5（7.9%）

b. 女性从业人员占半边天。

由表 3–32 可以知，武汉片区知识产权服务机构女性撑起半边天，40% 的机构女性占到从业人员总数的 40% ~ 60%。

表 3–32　女性从业人员统计（该问题有效样本量 60 家）

分段	0% ~ 20%	20% ~ 40%	40% ~ 60%	80% ~ 100%
家（百分比）	3（5%）	11（18.3%）	24（40%）	1（2%）

① 本报告中所有分组原则均遵守“含下不含上”原则，如从业人员数（X）分组 11 ~ 30，意为 11 ≤ X ＜ 30。

c. 高学历人才及其匮乏。

武汉片区知识产权服务机构研究生及以上高学历人才及其匮乏，58.3% 以上机构仅有 5 人及以下的研究生及以上学历的员工，填答此问题的 60 家机构，7 家没有 1 个研究生及以上学历员工，6 家仅有 1 个，10 家有 2 个，而拥有 20 人及以上仅占 6.6%（表 3–33）。主要原因有：一是知识产权学历教育需要兼具理工科基础和法学背景，当前我国的高等教育学科及专业设置两者兼顾者不多；二是知识产权硕博教育更偏向于学术型研究生的培养，缺乏实践经验，且毕业生多以高校及政府部门为就业首选；三是知识产权人才流动的“马太效应”，高学历高素质的高端人才更倾向于到一线及沿海城市谋求发展。

表 3–33　研究生从业人员统计（该问题有效样本量 60 家）

分段 / 人	≤ 5	6 ~ 10	11 ~ 15	16 ~ 20	21 ~ 25	≥ 26
家（百分比）	35（58.3%）	11（18.3%）	6（10%）	4（6.7%）	2（3.3%）	2（3.3%）

由表 3–34 可知，武汉片区 42.7% 的知识产权服务机构本科生占本机构从业人员 60% ~ 100%，从业人员基本为本科学历。湖北作为一个教育资源禀赋丰富的省份，目前仅有中南民族大学和东湖学院开设知识产权本科学位教育。另一方面，应用型知识产权本科毕业生无法参加专利代理人等执业资格考试，就业途径受限。客观存在着的知识产权人才需求和供给的悖论势必制约武汉片区创新和开放双轮驱动战略的实施。

表 3–34　本科生占本机构全部从业人员比例（该问题有效样本量 68 家）

分段	0% ~ 20%	20% ~ 40%	40% ~ 60%	60% ~ 80%	80% ~ 100%
家（百分比）	3（4.4%）	15（22.1%）	21（30.9%）	15（22.1%）	14（20.6%）

d. 从业人员职称不高。

由表 3–35 可以看出，68.9%、72.2%、81.1% 的武汉片区知识产权服务机构没有高级、中级及初级技术职称人员，只有 6.7%、11.1%、6.8% 的机构有高级、中级及初级技术职称人员。知识产权服务人才需具备深厚的理工科、知识产权和法学功底，并且熟知企业技术、内外部创新及竞争环境。中高级人才匮乏严重制约了武汉片区知识产权服务业的综合服务能力。

表 3–35 高、中级技术职称人员占本机构全部从业人员比例

分段		0	1% ~ 10%	10% ~ 30%	30% ~ 100%
高级	家（百分比）	31（68.9%）	6（13.3%）	5（11.1%）	3（6.7%）
中级	家（百分比）	32（72.7%）	2（4.4%）	5（11.1%）	5（11.1%）
初级	家（百分比）	0（81.1%）	1（2.2%）	4（8.9%）	3（6.8%）

注：高级、中级及初级技术职称问题的有效样本量分别为 45 家、44 家、44 家

e. 从业人员专业取得技术资格不高。

45.9% 的武汉片区知识产权服务机构专利代理人占本机构全部从业人员 0% ~ 20%，其中，有 7 家（占比 12.2%）没有专利代理人（表 45）。专利代理人极其缺乏的局面严重影响武汉片区知识产权服务机构提供高质量的专利代理服务。

47.3% 的武汉片区知识产权服务机构律师执业资格人员占本机构从业人员 0% ~ 20%，其中，有 7 家（占比 12.7%）没有律师执业资格人员；95.7% 的机构资产评估执业资格人员占本机构从业人员的 0% ~ 20%，其中，有 41 家（占比 87.2%）没有律师执业资格人员。本次调查显示武汉片区所有知识产权服务机构均没有其他执业资格从业人员（表 3–36）。律师、资产评估及其他执业资格人员等知识产权复合人才的极度匮乏掣肘东湖高新技术企业“创新驱动、创业引领，高端发展、质量并举”发展，严重束缚武汉片区打造世界一流高科技园区，成为具有全球影响力的“世界光谷”的“十三五”目标的实现。

表 3–36 各类专业技术资格人员占本机构全部从业人员比例

分段		0% ~ 20%	20% ~ 40%	40% ~ 60%	60% ~ 80%	80% ~ 100%
专利代理人	家（百分比）	15（45.9%）	16（28%）	10（17.5%）	3（5.3%）	2（3.5%）
律师执业资格人员	家（百分比）	26（47.3%）	16（29.1%）	10（18.2%）	3（5.5%）	0（0%）
资产评估执业资格人员	家（百分比）	45（95.7%）	1（2.2%）	1（2.2%）	0（0%）	0（0%）

注：专利代理人、律师执业资格人员、资产评估执业资格人员问题的有效样本量分别为 57 家、55 家和 47 家

f. 行业人员流动性大。

2017 年被调查的武汉片区知识产权服务机构新进与调离人员数基本持平，但大出大进现象严重，行业人员流动性大且无序。有 0 ~ 5 人新进人员机构占该项有效样本量的比例为 45.9%，而调离人员为 47.3%。此外，有 20 人及以上新进人员机构占该项有效调查总体的比例为 5.3%，而调离人员为 5.5%（表 3–37）。以上数据可以反映：一方面，武汉片区知识产权服务机构大量引进员工，这说明目前人才缺口大，行业仍属于发育期；另一方面，东湖知识产权服务业从业人员大出大进显示行业内人才流动大。可能的原因：工作强度大，薪资偏低，职业发展期望不高。但机构人员大规模流动对业务发展及竞争力提升极为不利。

表 3–37　2017 年新进及调离人员

分段 / 人		0 ~ 5	5 ~ 10	10 ~ 20	20 人及以上
新进人员	家 （百分比）	32 （45.9%）	16 （28%）	10 （17.5%）	3 （5.3%）
调离人员	家 （百分比）	26 （47.3%）	16 （29.1%）	10 （18.2%）	3 （5.5%）

注：2017 年新进人员项、调离人员问题的有效样本量分别为 61 家、59 家

g. 从业人员收入不高。

2017 年武汉市最低、平均工资标准分别为 1.86 万 / 年 ①、6.636 万 / 年 ②，2016 年武汉市科学研究和技术服务业的平均工资水平为 10.79 万元 / 年 ③，本项目以此为依据将武汉片区服务业从业人员工资水平分为 4 段。2017 年武汉片区知识产权服务机构仍有 6.5% 的平均税前年收入水平低于武汉市最低工资水平，56.5% 的员工位于武汉市最低工资水平和平均工资水平之间，32.6% 的位于武汉市平均工资水平和科学研究和技术服务业的平均工资水平之间，仅有 4.3% 高于武汉市科学研究和技术服务业的平均工资水平（表 3–38）。相较于武汉市平均工资，高新区知识产权服务机构员工平均工资普遍偏低。可能原因在于知识产权服务业中的专业人员与辅助人员薪资差别巨大，部分机构收入采取年薪制加提成制，在统计时没有将提成列入工资内。武汉片区知识产权服务业就收入水平而言是一个具有吸引力的行业，且随着创新驱动战略深入实施，行业收

① 数据来源：http：//wuhan.chashebao.com/ziliao/18077.html.

② 数据来源：https：//www.sohu.com/a/195731861_693191.

③ 数据来源：http：//mini.eastday.com/mobile/170713132730685.html.

入水平具有进步增长的空间较大。

表 3–38　2017 年及入职两年以上员工税前平均年收入水平

分段（万元 / 年）		1.86 及以下	1.86 ～ 6.64	6.64 ～ 10.79	10.79 及以上
2017 年	家（百分比）	3（6.5%）	26（56.5%）	15（32.6%）	2（4.3%）
入职两年以上	家（百分比）	1（2.6%）	12（31.6%）	15（41.7%）	10（26.3%）
入职两年以上员工与 2017 年新进员工对比变动		下降 3.9%	下降 24.9%	上升 9.1%	上升 22%

注：2017 年及入职两年以上问题的有效样本量分别为 46 家、38 家

表 3–39 显示，平均税前年收入入职两年以上员工与 2017 年新进对比，以上 4 个分段分别下降了 3.9% 和 24.9%、上升了 9.1% 和 26.3%。进一步考察可发现：入职两年以上员工较 2017 年机构员工的平均税前年收入出现负增长和零增长的比例仅为 14.6%，而增长 20% ～ 60% 的比例则高达 64.8%（表 48）。成为一名优秀知识产权服务人才既需要系统扎实掌握专业领域知识，又依赖于长期的实践经验积累，更重要的是有保障收入水平随经验积累而稳步增长的激励机制。目前，武汉片区知识产权服务业的经验积累激励机制已经初步形成。

表 3–39　入职两年以上员工与 2017 年员工平均税前平均年收入水平变动（X）

（有效样本量 37 家）

分段	负增长	零增长	$0 < X < 20\%$	$20\% \leq X < 40\%$	$40\% \leq X < 60\%$	$60\% \leq X < 80\%$	80% 及以上
家（百分比）	1（6.5%）	3（8.1%）	5（13.5%）	15（40.5%）	9（24.3%）	3（8.1%）	1（2.7%）

③业务来源方式单一。从业务来源方式看，44% 的武汉片区知识产权服务机构业务来源方式是通过签署常年服务协议，30% 是通过朋友及同行介绍，其次是通过客户招标的（占比 12% 左右），最少的业务来源方式是通过电话营销、百度营销或媒体广告（占比分别为 9%、3%、3%），见表 3–40。这表明：武汉片区知识产权服务企业的业务来源方式比较单一，主要集中于签署常年服务协议和朋友或同行介绍，而通过其他方式如：电话、百度营销或媒体广告等途径，这阻碍了武汉片区知识产权服务机构的发展壮大。因此，本区的知识产权服务机构要不断拓展业务来源的方式，多途径开发业务来源，积极对接各类企业，以增强自身的竞争力。

表 3-40 业务来源方式

业务来源方式		签署常年服务协议	电话营销	朋友或同行介绍	客户招标	百度营销	媒体广告
以数量计	家（百分比）	46（44%）	9（9%）	31（30%）	13（12%）	3（3%）	3（3%）
以收入计	家（百分比）	44（46%）	6（6%）	26（27%）	14（15%）	2（2%）	3（3%）

④质量竞争意识不高。在填答该问题的 69 家武汉片区知识产权服务企业中，41% 的机构认为较低的服务价格是争取客户的主要手段，26% 认为是要与客户建立良好的关系，21% 认为是提高服务质量，12% 选择其他，见图 3-44。这说明武汉片区的知识产权服务机构还没有真正视提高服务质量为企业安身立命之根本，没有认识到只有提高服务的质量才能有效地争取到客户。

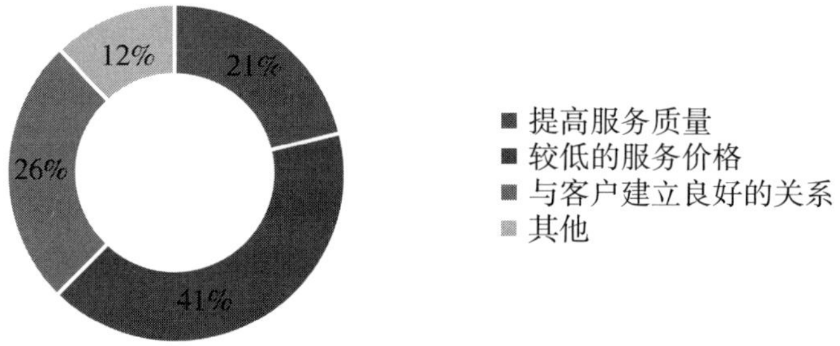

图 3-44 争取客户手段

⑤服务收费尚未形成规范。在填答该问题的 69 家武汉片区知识产权服务企业中，46 家企业的服务收费方式是按照服务类型实行标准化收费（占比 66%），8 家企业的服务收费方式是按涉及金额的一定比例收费（占比 12%），7 家企业的服务收费方式是按服务花费的时间收费（占比 10%），见图 3-45。武汉片区知识产权服务机构加强行业规范，按服务质量和内容统一服务收费标准，同时倡导根据个性化的服务解决方案实施多样化收费标准，形成公平公正的市场竞争机制。

⑥业务管理有待标准化。在接受调查的武汉片区的知识产权服务机构中，46% 的机构综合知识产权类型、业务形态和客户类型 3 种方式进行业务部门的划分，有 31% 的企业按照知识产权类型划分，还有 7% 的企业按业务形态划分，2% 的企业按照客户类型划分，见图 3-46。武汉片区内知识产权服务机构要在体现自身特色的基础上统一业务部门的划分，从而加强企业内部的分工与合作，

最终实现全区内知识产权服务企业整体实力的增强。

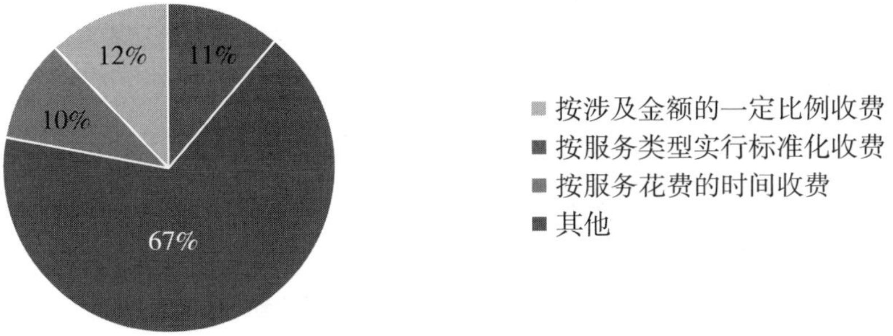

图 3–45　服务收费方式

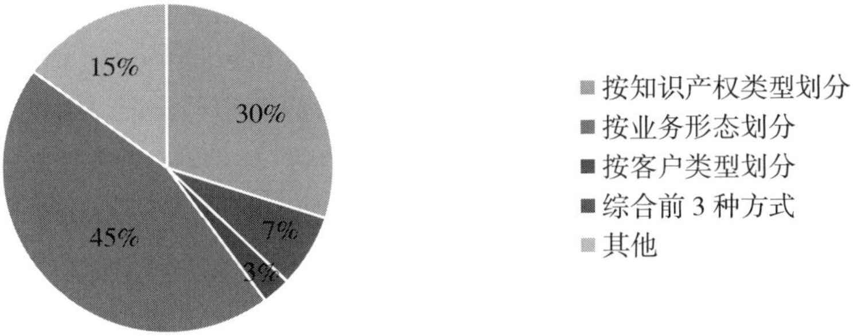

图 3–46　业务部门划分依据

⑦员工业务素质提升途径较为单一。在接受调查的武汉片区的知识产权服务企业中，企业提高员工业务水平最主要的方式是公司组织学习与培训，占比分别达到了 47% 和 40%，而只有少数企业通过组织参加行业管理单位组织培训、实施优胜劣汰的管理制度或采用以老带新传授经验等方式来提高员工的业务水平，见图 3–47。在新形势下，随着“双创”的深入推进，经济社会发展对高层次人才的需求日益旺盛。武汉片区知识产权服务机构要重视对人才业务水平的提升，要加大企业组织培训学习的力度，继续发扬以老带新传授经验的方法，也要鼓励多途径提升自身业务水平，如鼓励自主学习、参加行业管理单位组织的培训等。

（2）知识产权服务需求方存在的问题。

以下从 5 个方面分析武汉片区知识产权服务需求主体的基本情况：需求地域分布情况、需求主体机构类型、需求主体所有制类型以及需求主体规模类型，具体分析如下：

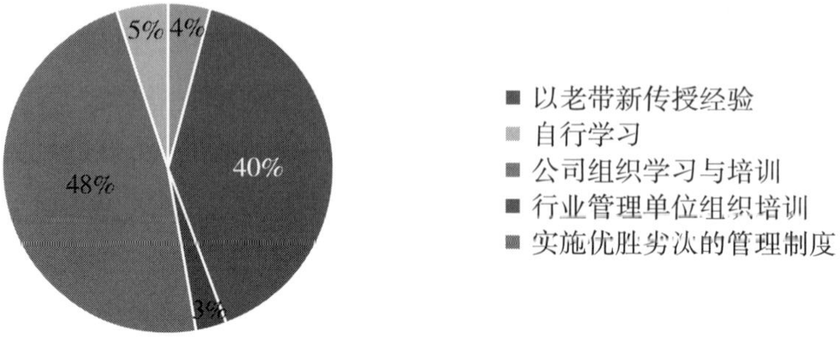

图 3-47　员工业务素质培养方式

①对知识产权服务的国内需求强劲，国外需求疲软。从地域分布来看，目前武汉片区知识产权服务的需求市场80%左右来自国内（服务需求仅来自国内、省内及市内以数量计之和、以收入计之和分别为79%、82%），同时来自海外及国内的占20%左右，没有来仅来自海外的市场需求，见表3-41。这表明，一是武汉片区知识产权服务机构立足本地，服务区域经济的贡献和能力有待进一步加强。二是随着武汉片区企业的发展壮大，“一带一路”建设及中国（湖北）自由贸易试验区的稳步推进，来自海外的知识产权壁垒和风险必定会加大，因此需要知识产权服务机构提供更多的海外知识产权风险评估和预警服务。三是随着武汉片区企业“走出去”步伐的加快以及金融、保险和服务领域开放的深化，来自海外的知识产权服务需求必定会成为一个新的增长点，因此，武汉片区知识产权服务企业应当不断增强自身品牌和国际影响力，注重提升海外市场的开拓能力。

表 3-41　需求主体地域分布情况

地域分布		仅地市内	仅省内	仅国内	海外及国内	仅海外
以数量计	家（百分比）	8（13%）	18（28%）	24（38%）	14（22%）	0（0%）
以收入计	家（百分比）	11（18%）	16（27%）	22（37%）	11（18%）	0（0%）

②需求主体类型看，以企业为主。从需求主体类型来看，目前武汉片区知识产权服务的需求主体有57%左右都是企业，其次分别是大专院校、个人和科研院所，机关团体不在其需求主体范围之内，见表3-42。这表明：武汉片区知识产权服务的最大需求主体是企业，来自大专院校、个人、科研院所和个人的服务需求不强。知识产权服务机构要不断扩大和拓展服务对象，努力实现服务

主体的多样化，以促进武汉片区知识产权服务企业的发展壮大。

表 3-42 需求主体机构类型

客户类型		企业	大专院校	科研院所	个人	机关团体
以数量计	家 （百分比）	58 （56%）	25 （24%）	8 （8%）	12 （12%）	0 （0%）
以收入计	家 （百分比）	55 （58%）	23 （24%）	7 7%	10 11%	0 0%

③需求主体所有制类型看，以私营企业为主。从需求主体所有制类型来看，目前武汉片区知识产权服务的需求主体机构类型中，64% 左右的主体机构类型为私营企业，国有企业达到了 30% 左右，而少数的服务企业所有制类型是国外企业和港澳台商与外商投资企业，见表 3-43。这表明：一是武汉片区知识产权服务的需求主体机构类型主要是私营企业和国有企业，而类型为国外企业或港澳台商与外商投资企业的数量较少，这主要跟武汉片区辖区范围内的企业布局有关系，但武汉片区知识产权服务的需求主体类型还可以不断增多，努力拓宽服务面，面向不同类型的企业服务，提高知识产权服务水平。二是武汉片区知识产权服务机构尚需积极拓展外资企业的业务，丰富服务业务。

表 3-43 需求主体所有制类型

所有制类型		国有企业	私营企业	港澳台商与 外商投资企业	国外企业
以数量计	家 （百分比）	29 （31%）	59 （63%）	2 （2%）	3 （3%）
以收入计	家 （百分比）	26 （30%）	56 （64%）	2 （2%）	3 （3%）

④需求主体规模看，以中小型企业为主。从需求主体规模类型来看，武汉片区知识产权机构需求主体规模类型主要是中小型企业（45% 左右为小型企业，31% 左右是小型企业），大型企业比重在 21% 左右，微型企业比重最低，见表 3-44。这表明：武汉片区中小型企业对知识产权服务需求大，另一面可能本区知识产权服务机构能力有限，难以满足大型企业对高质量知识产权服务的规模化、个性化的需求。因此，武汉片区知识产权服务机构要不断提高自身的服务能力，拓展服务的领域，努力打造多样化的服务品牌以满足不同类型企业对知识产权服务方面的需求。

表 3-44 需求主体规模类型

规模类型		大型企业	中型企业	小型企业	微型企业
以数量计	家（百分比）	21（20%）	46（45%）	33（32%）	3（3%）
以收入计	家（百分比）	21（22%）	43（46%）	28（30%）	2（2%）

（3）知识产权服务业市场运营存在的问题。

①公共服务供给不足。2008 年颁布的《国家知识产权战略纲要》导向是发展知识产权公共服务和中介服务。从武汉片区知识产权服务机构类型分布来看（图 3-48），企业占据绝对主导地位（占该问题有效样本量的 78%），事业单位和民办非事业单位占比之和为 11%，其他组织机构占比为 11%。这说明武汉片区知识产权服务市场已初步形成市场配置资源起决定性作用的格局，但本事业单位和民办非事业单位服务机构的缺乏可能会导致应由政府提供的公共服务供给不足，由社会团体为主体的第三方服务机构发展不充分，无法满足社会对知识产权公益服务的需要。

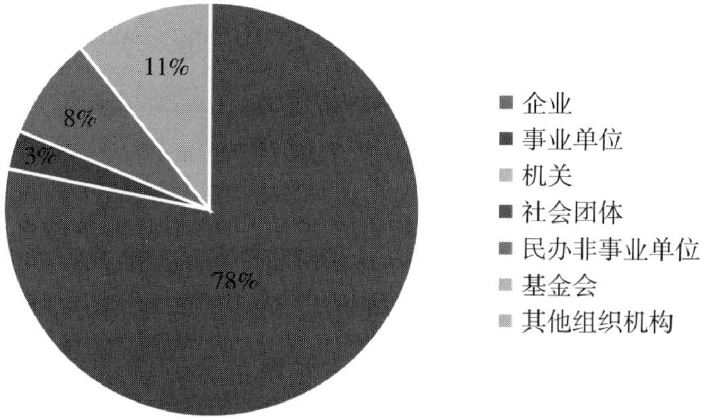

图 3-48 武汉片区知识产权服务机构类型（该问题有效样本容为 65 家）

注：其余为显示分类占比均为 0%

②经营业务同质化现象严重。武汉片区知识产权服务机构的主营业务存在同质化现象，八成以上机构均以专利为其主营业务，仅有 16.9% 和 1.7% 的服务机构以商标和版权为其主营业务（表 3-45）。主营服务范围高度集中，反映出武汉片区对专利服务的市场需求旺盛，但同时可能会导致竞相压价、恶性竞争，另一方面则是对其他类型的知识产权服务有效供给不足，两则并存的现象可能会造成东湖知识产权服务市场供需脱节、无序竞争的局面。

考察武汉片区知识产权服务机构的兼营服务发现72.6%和79%的机构以商标和版权作为其兼营业务。结合主营业务的来看，武汉片区知识产权服务机构提供的知识产权服务集中于专利、商标和版权。

武汉片区知识产权服务机构以商业秘密和植物新品种为兼营业务的只占21%和17.7%，选择其他（集成电路布图设计）的仅有2家（占比3.2%）。这反映武汉片区知识产权服务机构响应市场需求开始开拓商业秘密与植物新品种等新业务，但由于专业性强、专业人才少以及市场需求开发不足，尚未形成规模化和专业化经营。

表3-45 武汉片区知识产权服务机构主营和兼营的服务范围

类型		专利	商标	版权	商业秘密	植物新品种	其他
主营	家（百分比）	48（81.4%）	10（16.9%）	1（1.7%）	0（0%）	0（0%）	0（0%）
兼营	家（百分比）	13（21%）	45（72.6%）	49（79%）	13（21%）	11（17.7%）	2（3.2%）

注：主营项、兼营问题的有效样本量分别为59家、62家

③产业链低端惨烈厮杀，高端供给缺乏。知识产权服务作为知识产权战略的重要内容，贯穿于知识产权创造到产业化的全过程，对于科技创新具有重要的支撑作用。据前文按知识产权服务机构提供服务的内容，从代理服务、法律服务、信息服务、商用化服务、咨询服务以及培训服务6个方面分析武汉片区知识产权服务机构的主营业务形态。

a.代理服务集中满足确权需要。

知识产权代理服务主要是指提供各类知识产权的申请注册、登记复审、无效异议等代理服务，也包括知识产权涉外代理服务。73%的武汉片区知识产权服务机构以知识产权代理服务为其主营业务形态，这说明知识产权代理服务机构提供服务功能集中于满足企业知识产权确权需求（图3-49）。武汉片区企业知识产权密集、知识产权申请量快速增长。随着企业创新成果的增多和知识产权保护意识的提高，武汉片区企业对专业的知识产权代理服务机构需求增加。

b.法律服务能力有待提高。

知识产权法律服务是指为企业上市、并购、重组等提供知识产权尽职调查服务，为中小微型企业提供知识产权法律援助服务和涉外知识产权维权服务。知识产权法律服务有利于提高企业知识产权保护效率。武汉片区企业尤其是科

创型小微企业大多不具备专门的知识产权管理部门，在知识产权转化、侵权诉讼及恶性竞争等方面欠缺经验，亟待服务机构为其提供专业的法律服务，尤其是公益性服务。但武汉片区知识产权服务机构仅有 8% 以知识产权法律服务为其主营业务形态，难以有效满足为本区企业提供专业化、标准化、低成本化的法律服务需求。

c. 信息服务严重不足。

知识产权信息服务是指提供知识产权信息检索分析、数据的深度加工、管理等软件工具和平台的研发等服务。知识产权服务有助于企业知识产权创造，能够为企业提升技术创新能力、创造高质量的知识产权提供服务保障。如专利信息服务可以从专利数据中获取公开的技术信息，对研发技术的新颖性和创造性形成初步评价，帮助企业进行技术创新的预测与决策，防止低水平重复研究，提高创新成功率。知识产权信息服务可提高企业的研发效率，在进行产品创新时，及时对产品的专利申请、技术的获取途径提供准确信息；在进行市场创新时，及时提供客户需求的商品类型、价格及现有市场的细分情况信息，开发新的市场。抽样调查显示，目前武汉片区仅有 6% 的知识产权服务机构以提供信息服务为其主营业务形态，这必定会严重影响本区企业的研发效率和效果，不利于本区企业研究开发和技术创新。

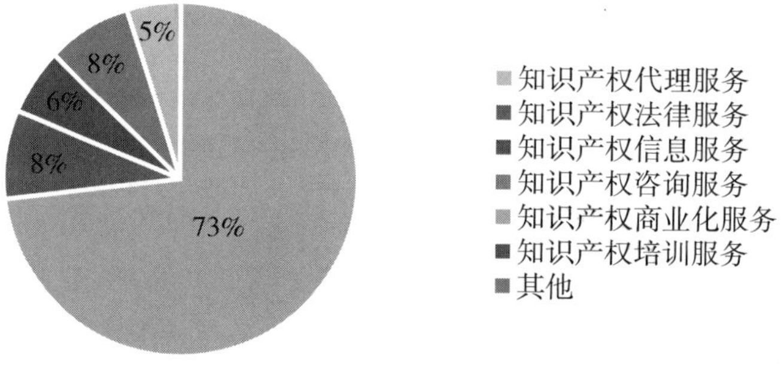

图 3-49　武汉片区知识产权服务机构主营业务形态（该问有效样本量为 64 家）

注：图中未显示的分类其占比均为 0%

d. 咨询服务有待加强。

知识产权咨询服务提供知识产权战略咨询、政策咨询、专利运营咨询、企业知识产权管理顾问、实务咨询等服务。武汉片区知识产权服务机构通过发挥在企业决策和规划等方面的咨询作用，可使服务对象在完善管理制度、拓展业务范围以及制定标准化解决方案等方面获得巨大收益。当前知识产权咨询服务主要由两个层面提供，一个是政府非营利性层面，另一个是市场层面。武汉片区仅有 8% 的知识产权服务机构以提供咨询服务为其主营业务形态。一方面众多初创公司、小微企业基于成本核算考虑不愿购买知识产权管理、咨询服务，另一方面武汉片区知识产权服务机构的咨询服务非主营化导致难以满足具有高成长性的高技术企业对定制知识产权咨询顾问、战略制定、预警分析、质押评估等高端咨询服务的需要。

e. 商用化服务发展不充分。

知识产权商用化服务是指提供知识产权价值评估、交易转化、质押融资、运营托管、保险证券化等服务。武汉具有丰富的科教资源优势，拥有数量较多的高校科研院所，高校科研院所转让知识产权意愿强烈。东湖开发区光电电子信息、生物医疗、节能环保、先进装备制造和高技术服务业等五大主导产业不断发展壮大，企业创新意识不断增强，小微企业加速涌现、“瞪羚企业”快速成长、领军企业不断壮大，截至 2015 年底，全区已聚集世界 500 强企业近百家[①]，创新企业对知识产权需求旺盛。武汉片区知识产权交易市场中普遍存在买方与卖方信息不对称、沟通不顺畅、交易不能有效对接的问题。企业对于急需的技术往往没有购买渠道，发明人因找不到买家往往致使自己的技术束之高阁，“知识产权交易最后一千米的路程”未予打通。但武汉片区知识产权服务业仅有 5% 的机构以商用化服务为其主营业务形态，难以承担起为区内知识产权的交易提供一个较具影响、有一定规模的知识产权交易服务平台，以使知识产权交易对接渠道更加顺畅和便利，遑论针对不同层次企业和发明人提供差异化服务。

f. 培训服务有待开拓。

知识产权培训服务是指提供知识产权管理、运营、实务技能等培训服务，培训内容包括从基本的专利申请、数据库使用、贯标、管理实务、许可证贸易以及反不正当竞争到高端的战略规划、专利布局、海外诉讼维权等有关知识产权专业性知识。开展多层次培训工作，有助于提升知识产权有关从业人员的专业技能和业务水平，进而提升企业知识产权运用与保护水平。本次调查显示武汉片区知识产权服务业没有以知识产权培训为其主营业务的机构。

---

① 数据来源：《武汉东湖新技术开发区发展“十三五”规划》。

总之，从知识产权服务业的产业链视角来看，本次调查显示当前武汉片区知识产权服务多集中在产业链的低端环节，如知识产权代理、法律服务等，对处于产业链高端环节的知识产权商用化服务、咨询服务等仍开展较少，能提供高端服务的知识产权服务机构数量少，能力不足且竞争力不强。

（4）业务内容三维分析。

以下将提供该项业务内容的机构占所有服务机构的比例、从占业务形态的比例、是否以该项业务为最高营业收入的比例三维视角分析专利、商标、版权、植物新品种及其他知识产权类型服务。

①有待开展全链条专利服务。

由表 3–46 可知：

第一，一半及以上的武汉片区知识产权服务机构提供专利代理服务、专利信息服务及专利法律服务。科技创新成果产权化是创新驱动战略的起始步，武汉片区就此取得的显著成效。

第二，武汉片区知识产权服务机构的专利商用化服务有待进一步开拓。无形的知识财产转化为有形的物质财富，使科技创新驱动东湖乃至武汉市、湖北省的经济提质增效，尚需武汉片区知识产权服务机构在专利商用化服务发挥更大作用。

第三，将近八成的武汉片区知识产权服务机构提供专利代理服务，且 68% 的机构以专利代理服务为营业收入最高的专利业务形态，如不加强行业规范在专利代理服务中存在着恶性价格的可能性。

第四，有助于提升企业研发能力和产业竞争力的专利咨询服务和专利培训亟待加强。以上两项业务形态无论是从提供的服务机构数量来看，还是就其对服务机构的营业收入的贡献而言，都未得到武汉片区知识产权服务机构的重视。分析其原因，从行业内部的因素来看，专利服务机构都是从代理业务发展起来转型为综合性的服务企业，缺乏企业技术开发与经营管理的经验，其专业能力很难满足服务对象的知识产权管理咨询需求，例如，不能提供专利现状与发展的深度分析，知识产权战略咨询、价值评估和融资咨询等服务。从行业外部原因看，企业专利战略布局意识薄弱，没有感到知识产权对企业价值的重要性，欠缺知识产权运用的意识，专利的运用和保护工作还没有成为企业的战略武器，其价值还未发挥出来。

表 3-46　专利服务的三维综合对比分析

专利服务业务形态	占所有专利服务业务形态的比例	排名	占的所有服务机构比例	排名	是否以该项业务为最高营业收入比例	排名
专利代理服务	22%	1	79%	1	68%	1
专利咨询服务	22%	1	39%	5	3%	5
专利信息服务	18%	3	65%	2	10%	3
专利法律服务	14%	4	50%	3	12%	2
专利培训服务	13%	5	45%	4	1%	6
专利商用化服务	11%	6	37%	6	5%	4

②有待拓展差异化商标服务。

由表 3-47 可知：一是武汉片区知识产权服务机构在商标服务中集中于提供商标注册代理、咨询、许可转让代理服务。二是商标行业社团组织尚未成为武汉片区知识产权服务机构的主营业务形态。三是将近八成的武汉片区知识产权服务机构提供商标注册代理服务，且 85% 的机构以商标注册代理服务为营业收入最高的商标业务形态。四是有助于增强企业品牌市场价值的商标咨询服务、商标许可转让代理和商标司法保护代理以及商标评审服务亟待加强。五是目前在国际商标注册、商标信息、商标行政保护代理、为地理标志申请集体商标与证明商标提供咨询、策划和代理、为地理标志集体商标与证明商标提供司法与行政保护咨询、商标权价值评估、商标行业社团组织的这几项业务没有营业收入。开拓以上领域的业务有利于武汉片区知识产权服务机构提供差异化的商标服务、拓宽服务领域，可能会成为未来武汉片区知识产权服务机构在商标服务中的重点布局领域。

表 3-47　商标服务三维综合对比分析

商标服务业务形态	占所有商标服务业务形态的比例	排名	占的所有服务机构比例	排名	商标服务中营业收入最高的商标业务形态	排名
商标注册代理	27%	1	88%	1	85%	1
商标咨询	17%	2	57%	2	4%	3
商标许可转让代理	16%	3	53%	3	2%	4
国际商标注册	8%	4	28%	4	0	

续表

商标服务业务形态	占所有商标服务业务形态的比例	排名	占的所有服务机构比例	排名	商标服务中营业收入最高的商标业务形态	排名
商标信息	7%	5	22%	5	0	
商标司法保护代理	7%	5	22%	5	7%	2
商标评审	5%	7	17%	6	2%	4
商标行政保护代理	3%	8	10%	7	0	
为地理标志申请集体商标与证明商标提供咨询、策划和代理	3%	8	10%	7	0	
为地理标志集体商标与证明商标提供司法与行政保护咨询	3%	10	10%	7	0	
商标权价值评估	2%	11	7%	8	0	
商标行业社团组织	1%	12	2%	9	0	

③有待提供综合版权服务。

由表 3–48 可知：一是武汉片区知识产权服务机构在版权服务中集中于提供版权代理、计算机软件登记代理及计算机软件登记服务，且版权服务中营业收入最高的版权业务形态也是以上 3 项。二是版权鉴定、版权行业社团服务和图书出版合同登记以及版权衍生产品交易尚未成为武汉片区知识产权服务机构的主营业务形态。武汉的科教资源及丰富的文化底蕴转化为经济优势尚需武汉片区知识产权服务机构在这四项服务发挥更大作用。三是将近八成的武汉片区知识产权服务机构提供版权代理服务，且 29% 的机构以版权代理服务为营业收入最高的版权业务形态。四是版权咨询服务、版权许可使用和版权转让、其他作品著作权登记代理、海外作品登记、版权贸易以及与新闻出版、广播影视、文学艺术、广告设计、工艺美术、计算机软件、游戏动漫、信息网路等有关的版权服务有待加强。五是目前在其他作品著作权登记、版权鉴定、版权资产评估、版权集体管理、版权行业社团服务、版权行业社团服务、图书出版合同登记、版权衍生产品交易、涉外音响合同认证与版权诉讼、调解、仲裁、司法鉴定的这几项业务没有营业收入，是对于在版权服务营业中收入比较欠缺。

表 3–48　版权服务三维综合对比分析

版权服务业务形态	占所有版权服务业务形态的比例	排名	占的所有服务机构比例	排名	版权服务中营业收入最高的版权业务形态	排名
版权代理	22%	1	70%	1	29%	1
计算机软件登记代理	15%	2	48%	2	20%	2
计算机软件登记	15%	2	47%	3	13%	3
版权咨询	11%	4	37%	4	2%	6
版权许可使用和版权转让	10%	5	32%	5	13%	3
与新闻出版、广播影视、文学艺术、广告设计、工艺美术、计算机软件、游戏动漫、信息网路等有关的版权服务	6%	6	18%	6	2%	6
版权诉讼、调解、仲裁、司法鉴定	5%	7	17%	7	0	
其他作品著作权登记代理	5%	7	17%	7	2%	6
其他作品著作权登记	3%	9	8%	8	0	
版权资产评估	2%	10	7%	9	0	
海外作品登记	2%	10	5%	10	2%	6
版权集体管理	1%	12	3%	11	0	
版权贸易	1%	12	3%	11	4%	5
涉外音响合同认证	1%	12	2%	12	0	
版权鉴定	0.50%	15	2%	12	0	
版权行业社团服务	0.50%	15	2%	12	0	
图书出版合同登记	0.50%	15	2%	12	0	
版权衍生产品交易	0.50%	15	2%	12	0	

④有待开拓全方位植物新品种服务。

由表 3–49 可知：一是武汉片区知识产权服务机构一半及以上的机构提供品种权申请代理服务、品种权信息服务、品种权转让、许可服务以及品种权诉讼、调解、仲裁服务。二是品种权咨询服务欠缺。三是将近八成的武汉武汉片区知识产权服务机构提供品种权申请代理服务。四是品种权诉讼、调解、仲裁亟待加强。五是目前在版权鉴定、品种权信息服务、品种权咨询和品种权转让、许可等业务中没有营业收入。这一方面说明知识产权服务机构尚未介入到农业研发，为发挥对研发的信息服务作用；此外，服务机构也没有发挥在植物新品种的市场运作和市场价值的实现中。造成此处市场的空白可能的原因在于农业研发机构对知识产权对提高农业研发效率和增加研发回报的意义认识不够，而服务机构也未能有效开发此市场。这必然会严重制约知识产权制度服务我省农业技术进步和提高农产品竞争力的作用。

表 3-49　植物新品种三维综合对比分析

植物新品种业务形态	占所有植物新品种服务业务形态的比例	排名	占的所有服务机构比例	排名	植物新品种服务中营业收入最高的植物新品种业务形态	排名
品种权申请代理	41%	1	28%	1	69%	1
品种权转让、许可	19%	2	13%	2	0	
品种权诉讼、调解、仲裁	15%	3	10%	3	31%	2
品种权信息服务	15%	3	10%	3	0	
品种权咨询	11%	5	8%	5	0	

⑤有待覆盖其他知识产权服务。

由表 3-50 可知：一是武汉片区知识产权服务机构提供的其他知识产权服务业务形态集中于商业秘密咨询与保护、传统知识产权保护、开发和利用以及地理标志产品咨询、注册与代理服务。二是市场竞争有造就东湖知识产权服务业务形态差异化的可能性。地理标志产品咨询、注册与代理服务是其他知识产权服务中营业收入最高的其他知识产权业务形态，武汉片区已有机构开始从事民间文艺保护服务、地理标志产品质量保证与检测服务、遗传资源保护、开发和利用服务和知识产权贯标服务。这说明武汉片区知识产权服务机构已经认识到这些市场的机制，如果政策上加以扶持、人力资源上加以保障，同时以政府采购形式培育市场需求，可以促成知识产权服务市场的差异化、特色化经营格局的形成。三是将近八成的武汉片区知识产权服务机构提供地理标志产品咨询、注册与代理服务，且 33% 的机构以地理标志产品咨询、注册与代理服务为营业收入最高的其他知识产权服务业务形态。四是商业秘密咨询与保护服务及集成电路布图设计服务供给不足。

表 3–50　其他知识产权服务三维综合对比分析

其他知识产权业务形态	占所有其他知识产权服务业务形态的比例	排名	占的所有服务机构比例	排名	其他知识产权服务中营业收入最高的其他知识产权业务形态	排名
商业秘密咨询与保护服务	29%	1	35%	1	19%	3
传统知识产权保护、开发和利用服务	23%	2	28%	2	30%	2
地理标志产品咨询、注册与代理服务	21%	3	26%	3	33%	1
集成电路布图设计服务	18%	4	22%	4	19%	3
民间文艺保护服务	4%	5	4%	5	0	
地理标志产品质量保证与检测服务	2%	6	2%	6	0	
遗传资源保护、开发和利用服务	2%	6	2%	6	0	
知识产权贯标服务	2%	6	2%	6	0	

3.2.2.3 存在问题原因解析

（1）自我评价客户需求满足度高。

由图 3–50 可知：

在培训服务上，37% 左右的客户需求能完全满足，43% 左右的客户需求能满足，17% 的客户需求能基本满足，3% 左右的客户需求不能满足。在商业化服务上，17% 左右的客户需求能完全满足，47% 左右的客户需求能满足，32% 的客户需求能基本满足，4% 左右的客户需求不能满足。在咨询服务上，43% 左右的客户需求能完全满足，53% 左右的客户需求能满足，4% 的客户需求能基本满足，没有客户需求不能满足。在信息服务上，36% 左右的客户需求能完全满足，47% 左右的客户需求能满足，15% 的客户需求能基本满足，2% 客户需求不能满足。在法律服务上，42% 左右的客户需求能完全满足，34% 左右的客户需求能满足，22% 的客户需求能基本满足，2% 客户需求不能满足。在代理服务上，62% 左右的客户需求能完全满足，33% 左右的客户需求能满足，3% 的客户需求能基本满足，2% 客户需求不能满足。

总体评价武汉片区知识产权服务业客户需求满意度，36% 左右的客户需求能完全满足，62% 左右的客户需求能满足，2% 的客户需求能基本满足，没有客户需求不能满足。由此可见，武汉片区知识产权服务机构对其所提供的服务满意度的自我评价非常高，但真实地刻画知识产权服务市场满意度尚需来自服务需求主体（主要包括高校、科研院所、企业等）的数据，此为今后的研究重点。

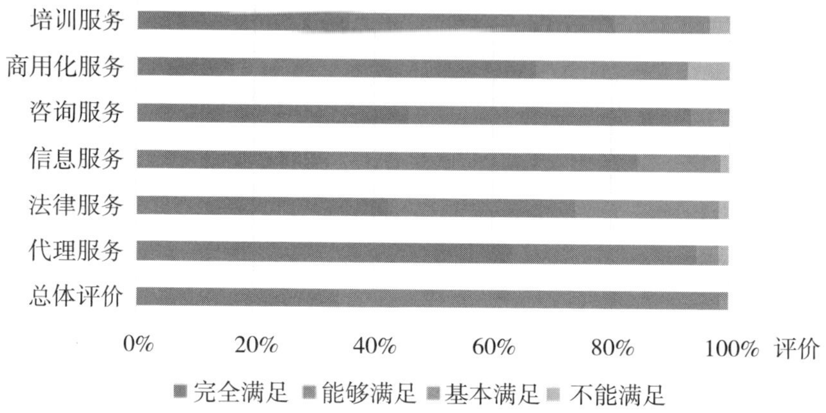

图 3-50　客户需求满意度：基于武汉片区知识产权服务机构自我评价

（2）发展遇到多层问题叠加。

分析图 3-51 可知，武汉片区知识产权服务业发展遇到的问题中，职业资格难获得和自身管理不善的问题不大。市场恶性竞争问题最为严重，可能由于本区企业数量众多，而且知识产权服务项目相对比较雷同，同时市场也缺乏监管。其次是高端人才稀少和经营税费负担重的问题，本区高学历人才从事知识产权服务业相对较少，同时专利代理人也比较短缺。

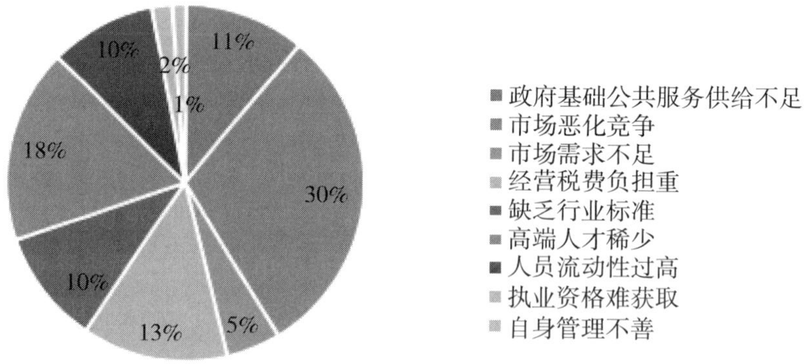

图 3-51　发展中遇到的问题

（3）政府刺激政策有效性、精准性有待提高。

①享受比例不高。本次调查显示（图 3–52）53% 的武汉片区知识产权服务机构享受过政府促进知识产权服务业发展的激励政策，47% 则没有。接近一半的企业没有享受到政府政策，可能是由于企业规模较小，享受政策的门槛较高，政府可适当降低相关政策的门槛,使更多有潜力的“幼稚”机构享受政府的激励政策。

②享受的类型偏少。武汉片区知识产权服务机构享受政府政策的类型最多的是荣誉或奖励、政府资助，各占 34%；其次是人员培训，占 22%；享受场所提供的占 6%，赋税减免政策占 4%，没有享受人员就业安置政策。当前武汉片区知识产权服务业的就业安置激励政策落实上有待加强；同时，适当提高赋税减免政策的力度。武汉片区知识产权企业对场所的需求较大，政府在这方面的可以推出更多优惠政策。

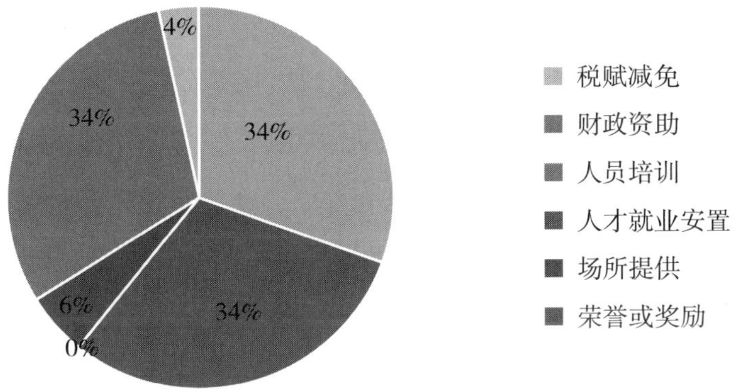

图 3–52　政府政策享受的类型

③过于依赖财政资助。武汉片区知识产权服务业所享受的政府政策中，对营业收入影响最大的激励政策类型是财政资助，占 41%；刺激最小的是人才就业安置政策，仅占 2%，见图 3–53。绝大部分企业认为财政资助和税负减免对营业收入影响最大，第一，财政资助相比其他方式更为直接；第二，大部分企业处于起步阶段，经营还不稳定，财政资助和税负减免能帮助他们更快的起步。荣誉或奖励的激励政策也有较大影响，有助于增加服务机构的社会声誉。

④省地级刺激政策最关键。武汉片区知识产权服务机构所享受的政府激励政策中，对营业收入影响最大的激励政策 69% 源自地市级政府，17% 来自省级政府，9% 来自中央政府，5% 来自县级政府；地市级政府政策最多，县级政府政策最少，见图 3–54。地级市府与县级市政府的比例最高，原因是这两级政府

的政策门槛最适合本区的企业，既没有国家级政策的门槛那么高，也没有县级政府的扶持力度那么低。综合来看，省级与地级市的政策对企业来说最为关键。

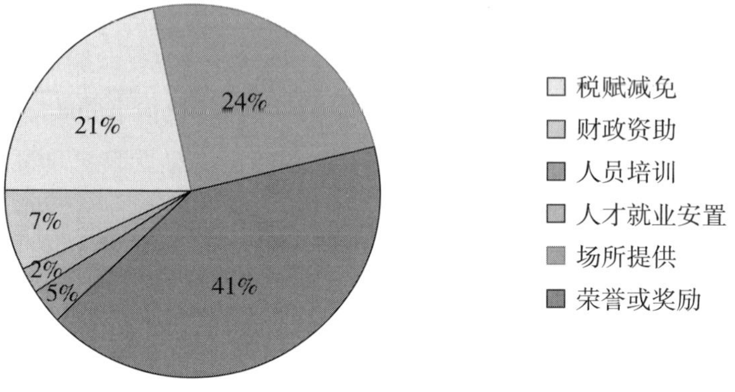

图 3–53　对营业收入影响最大的激励政策类型

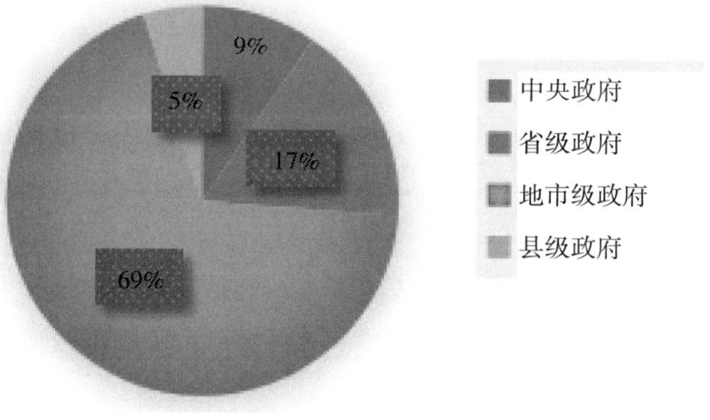

图 3–54　对营业收入影响最大的激励政策源自政府层级

⑤服务提供主体最期待的激励政策类型。由图 3–55 可知，服务提供主体最期待的激励政策类型是财政资助和赋税减免，其次是荣誉或奖励、人才就业安置以及场所提供。政策资助能最直接的资助企业，特别是部分企业处于起步阶段，经营还不稳定，财政资助和税负减免能帮助他们更快的起步。荣誉或奖励的激励政策也有较大影响，适当加强荣誉或奖励的激励政策有助于促进企业的发展。

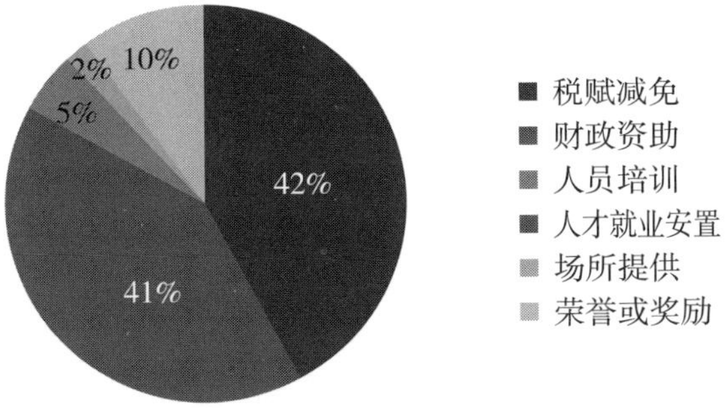

图 3–55　服务提供主体最期待的激励政策类型

（4）服务收费水平偏低。

本次调查显示，武汉片区知识产权服务业 62% 的服务收费水平过低，36% 的服务收费水平适中，2% 的服务收费水平过高。武汉片区知识产权服务业收费水平普遍偏低，适当提高收费水平有助于提高服务机构的经营收入和促进服务质量的提高。

（5）迫切需要建立国家知识产权服务标准与质量规范。

本次调查显示，在建立国家知识产权服务标准与质量规范需求上，绝大多数的武汉片区知识产权服务业认为亟待建立，占比 89%；少数 11% 持不确定态度。目前最大的问题就是，缺乏国家知识产权服务标准与质量规范，以至于知识产权服务业存在恶性市场竞争、收费标准不明确、质量标准不明确等诸多问题；目前，建立国家知识产权服务标准与质量规范可能仍需时日，但可以先建立本区域内的相关知识产权服务标准与质量规范，以尽快规范和监管武汉片区知识产权服务业市场。

武汉片区知识产权服务业发展中遇到的问题可以归结为：

第一，从提供的服务内容层次看，结构失衡现象严重。表现为“低端惨烈厮杀、高端严重短缺”，高端知识产权服务供给严重不足。结构失衡充分表明对武汉片区知识产权服务实施调整和改革的紧迫性和必要性。

第二，政府资助政策的有效性和针对性有待提高。一方面要充分调研以了解服务机构对政策的真实需求，以使激励政策有效和落实；另一方面，政府介入市场应适度，尽量减少政策对于市场负向干预，避免资助、考核、奖励等政府行为催生无效知识产权服务供给；同时应对政府资助政策加强专项监管、绩效评估和考核。

第三，武汉片区知识产权服务业发展的生态环境有待改善。本区内知识产权服务行业市场规范性不高，市场恶性竞争问题突出，行业之间存在价格竞争，部分领域存在服务收费偏低情况。而且价格竞争也导致了高水平服务供给的不足，亟待建立知识产权服务业的服务标准和质量规范。

3.3 影响自贸区知识产权服务业扩大开放的因素

3.3.1 制度因素：基于负面清单的考察

3.3.1.1 背景分析

习近平总书记在2018年4月博鳌亚洲论坛上指出，过去40年中国经济发展是在开放条件下取得的，未来中国经济实现高质量发展也必须在更加开放条件下进行。面对国际环境的深刻变化，中美贸易战的升级，新一轮的对外开放势在必行。

于是，2018全国版负面清单针对我国经济中当前存在的供需结构性矛盾，加强推动重点领域开放，全面放宽了第一、二、三产业的市场准入，在涉及金融、交通运输、商贸流通、专业服务、制造、基础设施、能源、资源、农业等领域推进了共22项开放措施；大幅精简了2017全国版负面清单，由63条减少为48条，相应地外商投资审批范围也就进一步缩小了；列出了汽车、金融领域对外开放路线图时间表，增强了开放的可预期性。

紧随其后的2018自贸区负面清单更是充分发挥自由贸易试验区“试验田”的作用，在对外开放方面继续先行先试。2018自贸区负面清单仍沿用“说明+列表”的模式，条目由2017年版95条缩减至45条，在2018全国版负面清单的基础上，在种业、油气、矿产资源、增值电信、文化等重要领域提出了新的举措，试点进一步取消或放宽外资准入限制。

同时，为了在服务贸易领域开展制度创新，上海决定在自贸区进一步探索实施跨境服务贸易负面清单管理模式，上海市副市长吴清介绍说这是一次立足上海，服务全国，对标国际的制度创新，具有重大意义的，有利于中国积极应对国际经贸格局变化，进一步融入全球价值链的伟大探索。《中国（上海）自由贸易试验区跨境服务贸易特别管理措施（负面清单）（2018年）》从自贸区试验区深化改革开放的要求出发，以建设开放度最高的自由贸易试验区为目标，是全国第一张服务贸易领域负面清单。

3.3.1.2 三张负面清单简介

（1）全国版负面清单（2018 年）。

国家发改委和商务部 2018 年 6 月 28 日联合发布，2018 年 7 月 28 日实施的《外商投资准入特别管理措施（负面清单）》（2018 年）。

2018 年负面清单的主要变化有以下几点。

一是大幅扩大服务业开放。金融领域，取消银行业外资股比限制，将证券公司、基金管理公司、期货公司、寿险公司的外资股比放宽至 51%，2021 年取消金融领域所有外资股比限制。基础设施领域，取消铁路干线路网、电网外资限制。交通运输领域，取消铁路旅客运输公司、国际海上运输、国际船舶代理外资限制。商贸流通领域，取消加油站、粮食收购批发外资限制。文化领域，取消禁止投资互联网上网服务营业场所的规定。

二是基本放开制造业。汽车行业取消专用车、新能源汽车外资股比限制，2020 年取消商用车外资股比限制，2022 年取消乘用车外资股比限制以及合资企业不超过两家的限制。船舶行业取消外资限制，包括设计、制造、修理各环节。飞机行业取消外资限制，包括干线飞机、支线飞机、通用飞机、直升机、无人机、浮空器等各类型。

三是放宽农业和能源资源领域准入。农业领域，取消小麦、玉米之外农作物种子生产外资限制。能源领域，取消特殊稀缺煤类开采外资限制。资源领域，取消石墨开采、稀土冶炼分离、钨冶炼外资限制。

（2）自贸区版负面清单（2018 年）。

国家发改委和商务部 2018 年 6 月 30 日发布，2018 年 7 月 30 日实施《自由贸易试验区外商投资准入特别管理措施（负面清单）》（2018 年），相较于国家负面清单主要特色有：

一是精简负面清单内容。2018 年版自由贸易试验区负面清单仍沿用“说明 + 列表”的模式，条目由 2017 年版 95 条缩减至 45 条。在放宽市场准入方面，除与全国外资准入负面清单一致的开放措施外，自由贸易试验区外资准入负面清单在种业、油气、矿产资源、增值电信、文化等重要领域提出了新的举措，进行更高水平的对外开放。在负面清单口径方面，对标国际规则，主要列示股比要求和高管要求等外资准入方面的特别管理措施，实现与全国外资准入负面清单的可对比；对于非常规投资范畴的内容、内外资一致的管理措施、部分行业的审批要求等，原则上不单独列示，按照现行规定执行。同时，为保持延续性，

2018年版自由贸易试验区负面清单在部分条目后用括号标注了来自2017年版负面清单的资质条件、业绩要求等内容。

二是扩大开放继续先行先试。自由贸易试验区负面清单在全国开放措施的基础上，进一步提出更为开放的试点措施：将小麦、玉米新品种选育和种子生产外资股比由不超过49%放宽至不超过66%；取消石油、天然气勘探、开发限于合资、合作的限制；取消禁止外商投资放射性矿产冶炼、加工及核燃料生产的规定；取消演出经纪机构须由中方控股的限制；将设立文艺表演团体由禁止投资改为中方控股；将上海自由贸易试验区原有28.8平方千米区域试点的增值电信开放措施推广到所有自贸试验区，包括取消存储转发类业务、呼叫中心业务、国内多方通信服务业务、上网用户互联网接入服务业务外资股比限制，国内互联网虚拟专用网业务外资股比不超过50%。

（3）上海自贸区负面清单。

上海市人民政府2018年9月29日公布，2018年11月1日实施《中国上海自由贸易试验区跨境服务贸易特别管理措施（负面清单）》（2018年），其主要特色为："特别管理措施列表"本着与外商投资准入负面清单相衔接的原则，根据《国民经济行业分类》（GB/T4754–2017），以表格形式进行编写，共梳理出159项特别管理措施，涉及13个门类，31个行业大类。其中，金融业涉及31项；交通运输、仓储和邮政业，文化、体育和娱乐业各涉及30项；科学研究和技术服务业涉及13项，租赁和商务服务业涉及11项；信息传输、软件和信息技术服务业涉及9项；批发零售业涉及8项；水利、环境和公共设施管理业，教育各涉及6项；农、林、牧、渔业，居民服务、修理和其他服务业，建筑业，卫生和社会工作分别涉及4项、2项、1项、1项。此外，有关职业资格的限制措施有2项，涉及所有服务部门的水平措施有5项。

3.3.1.3 三张负面清单的比较

（1）全国版负面清单VS自贸区负面清单。

2018年的全国版负面清单与自贸区负面清单相比主要变化可以概括为：前6项为更加开放的措施，后13项提出了更加明确的准入要求，具体比较如表3–51所示。

表3–51　全国版负面清单VS自贸区负面清单（2018年版）

序号	2018 全国版负面清单	2018 自贸区负面清单	变化内容
1	小麦、玉米新品种选育和种子生产须由中方控股	小麦、玉米新品种选育和种子生产的中方股比不低于 34%	将小麦、玉米新品种选育和种子生产外资股比由不超过 49% 放宽至不超过 66%
2	石油、天然气(含煤层气，油页岩、油砂、页岩气等除外)的勘探、开发限于合资、合作	无	取消石油、天然气勘探、开发限于合资、合作的限制
3	禁止投资放射性矿产冶炼、加工，核燃料生产	无	取消禁止投资放射性矿产冶炼加工与核燃料生产的规定
4	演出经纪机构须由中方控股	无	取消演出经纪机构的外资股比限制
5	禁止投资文艺表演团体	文艺表演团体须由中方控股	将文艺表演团体由禁止投资放宽至中方控股
6	电信公司：限于中国入世承诺开放的电信业务，增值电信业务的外资股比不超过 50%（电子商务除外），基础电信业务须由中方控股	电信公司：限于中国入世承诺开放的电信业务，增值电信业务的外资股比不超过 50%（电子商务除外），基础电信业务须由中方控股（且经营者须为依法设立的专门从事基础电信业务的公司）。上海自贸试验区原有区域〔28.8 平方千米〕试点政策推广至所有自贸试验区执行	将上海自由贸易试验区原有 28.8 平方千米区域试点的增值电信开放措施推广到所有自由贸易试验区，包括取消存储转发类业务、呼叫中心业务、国内多方通信服务业务、上网用户互联网接入服务业务外资股比限制，国内互联网虚拟专用网业务外资股比不超过 50%

续表

序号	2018 全国版负面清单	2018 自贸区负面清单	变化内容
7	禁止投资稀土勘查、开采及选矿	禁止投资稀土勘查、开采及选矿（未经允许，禁止进入稀土矿区或取得矿山地质资料、矿石样品及生产工艺技术）	进一步明确准入要求
8	国内水上运输公司须由中方控股	国内水上运输公司须由中方控股（且不得经营或租用中国籍船舶或者舱位等方式变相经营国内水路运输业务及其辅助业务；水路运输经营者不得使用外国籍船舶经营国内水路运输业务，但经中国政府批准，在国内没有能够满足所申请运输要求的中国籍船舶，并且船舶停靠的港口或者水域为对外开放的港口或者水域的情况下，水路运输经营者可以在中国政府规定的期限或者航次内，临时使用外国籍船舶经营中国港口之间的海上运输和拖航）	进一步明确准入要求
9	公共航空运输公司须由中方控股，且一家外商及其关联企业投资比例不得超过 25%，法定代表人须由中国籍公民担任	公共航空运输公司须由中方控股，且一家外商及其关联企业投资比例不得超过 25%，法定代表人须由中国籍公民担任（只有中国公共航空运输企业才能经营国内航空服务，并作为中国指定承运人提供定期和不定期国际航空服务）	进一步明确准入要求
10	禁止投资邮政公司、信件的国内快递业务	禁止投资邮政公司（和经营邮政服务）、信件的国内快递业务	进一步明确经营邮政服务也在负面清单之列
11	禁止投资中国法律事务（提供有关中国法律环境影响的信息除外），不得成为国内律师事务所合伙人	禁止投资中国法律事务（提供有关中国法律环境影响的信息除外），不得成为国内律师事务所合伙人（外国律师事务所只能以代表机构的方式进入中国，且不得聘用中国执业律师，聘用的辅助人员不得为当事人提供法律服务；如在华设立代表机构、派驻代表，须经中国司法行政部门许可）	进一步明确外国律师事务所只能以代表机构的方式进入中国，而不能以法律咨询公司等名义或方式进入中国、以此方式规避司法行攻部门的许可

续表

序号	2018 全国版负面清单	2018 自贸区负面清单	变化内容
12	学前、普通高中和高等教育机构限于中外合作办学，须由中方主导（校长或者主要行政负责人应当具有中国国籍，理事会、董事会或者联合管理委员会的中方组成人员不得少于 1/2）	学前、普通高中和高等教育机构限于中外合作办学，须由中方主导［校长或者主要行政负责人应当具有中国国籍（且在中国境内定居），理事会、董事会或者联合管理委员会的中方组成人员不得少于 1/2］［外国教育机构、其他组织或者个人不得单独设立以中国公民为主要招生对象的学校及其他教育机构（不包括非学制类职业技能培训），但是外国教育机构可以同中国教育机构合作举办以中国公民为主要招生对象的教育机构］	进一步明确准入要求
13	禁止投资新闻机构（包括但不限于通讯社）	禁止投资新闻机构（包括但不限于通讯社）（外国新闻机构在中国境内设立常驻新闻机构、向中国派遣常驻记者，须经中国政府批准。外国通讯社在中国境内提供新闻的服务业务须由中国政府审批。中外新闻机构业务合作，须中方主导，且须经中国政府批准）	进一步明确准入要求
14	禁止投资图书、报纸、期刊、音像制品和电子出版物的编辑、出版、制作业务	禁止投资图书、报纸、期刊、音像制品和电子出版物的编辑、出版、制作业务（但经中国政府批准，在确保合作中方的经营主导权和内容终审权并遵守中国政府批复的其他条件下，中外出版单位可进行新闻出版中外合作出版项目。未经中国政府批准，禁止在中国境内提供金融信息服务）	进一步明确准入要求
15	禁止投资各级广播电台（站）、电视台（站）、广播电视频道（率）、广播电视传输覆盖网（发射台、转播台、广播电视卫星、卫星上行站、卫星收转站、微波站、监测台及有线广播电视传输覆盖网等），禁止从事广播电视视频点播业务和卫星电视广播地面接收设施安装服务	禁止投资各级广播电台（站）、电视台（站）、广播电视频道（率）、广播电视传输覆盖网（发射台、转播台、广播电视卫星、卫星上行站、卫星收转站、微波站、监测台及有线广播电视传输覆盖网等），禁止从事广播电视视频点播业务和卫星电视广播地面接收设施安装服务（对境外卫星频道落地实行审批制度）	进一步明确准入要求

续表

序号	2018 全国版负面清单	2018 自贸区负面清单	变化内容
16	禁止投资广播电视节目制作经营（含引进业务）公司	禁止投资广播电视节目制作经营（含引进业务）公司［引进境外影视剧和以卫星传送方式引进其他境外电视节目由国家新闻出版广电总局指定的单位申报。对中外合作制作电视剧（含电视动画片）实行许可制度］	进一步明确准入要求
17	电影院建设、经营须由中方控股	电影院建设、经营须由中方控股（放映电影片，应当符合中国政府规定的国产电影片与进口电影片放映的时间比例。放映单位年放映国产电影片的时间不得低于年放映电影片时间总和的2/3）	进一步明确准入要求
18	禁止投资电影制作公司、发行公司、院线公司以及电影引进业务	禁止投资电影制作公司、发行公司、院线公司以及电影引进业务（但经批准，允许中外企业合作摄制电影）	进一步明确准入要求
19	禁止投资文物拍卖的拍卖公司、文物商店和国有文物博物馆	禁止投资文物拍卖的拍卖公司、文物商店和国有文物博物馆（禁止不可移动文物及国家禁止出境的文物转让、抵押、出租给外国人。禁止设立与经营非物质文化遗产调查机构；境外组织或个人在中国境内进行非物质文化遗产调查和考古调查、勘探、发掘，应采取与中国合作的形式并经专门审批许可）	进一步明确准入要求

解读：2018 年全国版负面清单的主要开放措施集中在：服务业、制造业、农业和能源资源领域。而在 2018 年全国版负面清单的基础上，2018 年自贸区负面清单又进一步在种业、油气矿产资源、文化和增值电信四大领域采取更为优惠的开放措施，这无疑将对相关行业的未来发展产生重大影响。

（2）外商投资准入负面清单 VS 跨境服务贸易负面清单。

外商投资准入负面清单和跨境服务贸易负面清单都采用了负面清单的形式，涉及市场准入问题。两者的区别在于：适用范围不一样，作用不一样。前者是指外国人到中国国内开设公司或企业需要满足什么条件；后者是强调在什么条件下可以开展跨境服务贸易，可以不进入中国，是投资领域扩大开放的进一步深化。具体而言，外商投资准入负面清单主要是对投资准入方面的限制，也就是对商业存在的一些措施限制规定，其中还包括对服务业和服务提供者准入前的特别管理措施，所以也就是对服务贸易方面的商业存在也是有限制措施的。

上海市商务委副主任申卫华认为，跨境服务贸易负面清单与外商投资准入负面清单还有一个最大的差别是：外商投资准入负面清单属于准入前的特别管理措施加国民待遇，而服务贸易负面清单不仅有准入前的特别管理措施，还有对准入后的特别管理措施，也就是对国内管理的管理措施也进行了规定，涵盖了更多的行业经营过程中所涉及的与国民待遇不一致的措施。

跨境服务贸易负面清单可以看作是外商投资准入负面清单的二级清单，是对外商投资准入负面清单的细化深化。跨境服务贸易负面清单主要就跨境交付、境外消费、自然人流动的特别管理措施，通过外商投资准入的负面清单进行表述。所以从这方面看，“跨境服务贸易负面清单”与“外商投资准入负面清单”是互为补充相辅相成、互为补充，是整个自贸区在体制机制上又一次创新。

3.3.1.4 基于负面清单的启示

在国际贸易领域，服务贸易一般被划分为 4 种模式，跨境交付、境外消费、商业存在和自然人的流动。最近的在自贸试验区探索跨境贸易的负面清单模式着力于跨境交付、境外消费、自然人流动 3 种模式，目的是进一步推动自贸试验区不断地扩大改革和扩大开放，来对深化改革、扩大开放进行压力测试，进一步助力我们自贸区当好领跑者、树立新标杆。因此，积极争取国家自贸区试点扩大开放将是未来一项十分重要的工作。

从外商投资的角度来看，从最初的2013年的《中国（上海）自由贸易试验区外商投资准入特别管理措施（负面清单）》里面的190项，到今年2018年的自贸试验区外资准入负面清单减少到45项，负面清单大大缩短了，开放力度大大增强了。即我国对于商业存在方面逐步扩大开放了。

从服务贸易的其他3种提供模式来看，自贸区跨境服务贸易负面清单主要涉及对自然人流动和跨境交付的限制，对境外消费的限制最少。具体到各行业类别，在科学研究和技术服务业，租赁和商业服务业，信息传输、软件和信息服务业等领域都已经实现了较高的开放度，逐步融入了全球价值链的分工体系。

从外商投资准入负面清单2018全国版到自贸区外商投资准入负面清单2018版再到上海自贸区跨境服务贸易负面清单可以看出，我国在探索负面清单机制方面的努力钻研与诚心改进。这一次次的改进决不只出于对经济增长的考量，更是为了在理论与实践不断探索中重新凝聚改革开放的新动能，高质量持续扩大开放以在深化改革的路上一步一个脚印扎稳根基。

3.3.2 政策因素：基于知识产权全链条服务开放与发展的考察

本研究考察了四大及湖北自贸区知识产权创造、运用和保护全链条服务开放与发展的相关政策，详细分析见表3-52 ~表3-54。

3.3.3 社会因素：基于人才文化的解析

3.3.3.1 基于人才的解析

习近平指出：“人才是创新的根基，是创新的核心要素。创新驱动实质上是人才驱动。”人才是体制机制创新和科技创新的主体。而知识产权服务业的逐步发展和开放，更需要通过充分发挥知识产权人才的作用，才能达到目的。知识产权人才是从事知识产权工作，具有一定的知识产权专业知识和实践能力，能够推动知识产权事业发展并对激励创新、引领创新、保护创新和服务创新做出贡献的人。知识产权人才是发展知识产权事业、实现知识产权战略的最基本、最核心、最关键的要素。

（1）知识产权人才培养现状。

我国已初步形成包括本科、研究生、职业教育（大专）及非学历培训等不同层次的知识产权人才培养体系。知识产权学历教育中的人才培养现状如下。

表 3-52　四大及湖北自贸区知识产权创造服务开放与发展政策一览

地点	政策名	服务机构准入门槛	政策名	鼓励服务机构创设	政策名	知识产权申请
上海	《上海市工商行政管理局关于服务自贸试验区和科技创新中心建设的若干意见》	在经营范围上采取“非禁即入”的总原则。	中国（上海）自由贸易试验区条例（第 42 条）	自贸区条例中明确指出鼓励知识产权服务业在自贸区范围内开展业务	《关于加强知识产权运用和保护，支撑科技创新中心建设的实施意见》	完善知识产权扶持政策，注重知识产权质量和效益，重点鼓励申请发明专利、PCT 国际专利、商标马德里国际注册、工业品外观设计国际注册
	《中国（上海）自由贸易试验区中外律师事务所互派律师担任法律顾问的实施办法》《中国（上海）自由贸易试验区中外律师事务所联营的实施办法》	采取中外律师事务所联营与中外律师事务所互派律师担任法律顾问的双重特色制度。	《关于加强知识产权运用和保护 支撑科技创新中心建设的实施意见》	1. 鼓励外商投资知识产权服务业，支持国际知名知识产权服务机构依法开展知识产权服务业务； 2. 开展知识产权服务品牌机构建设，着力培育一批熟悉国际规则、具备实务操作能力和较强竞争力的高端知识产权服务机构		
福建	中国（福建）自由贸易试验区条例	1. 自贸试验区外商投资实行准入前国民待遇加负面清单的管理模式； 2. 负面清单之外的领域，按照内外资一致的原则，外商投资项目实行备案制，但国务院规定对国内投资项目保留核准的除外； 3. 负面清单之内的领域，按照特别管理措施的要求实行准入管理。外商投资企业的设立和变更实行备案管理	《中国（福建）自由贸易试验区厦门片区知识产权扶持与奖励办法》	鼓励国内外知名知识产权服务机构（经厦门片区管委会认定）和“全国知识产权服务品牌机构培育单位”入驻厦门片区设立机构或全资子公司	《中国（福建）自由贸易试验区厦门片区知识产权扶持与奖励办法》	在知识产权创造方面，对专利、商标、版权、集成电路布图设计、植物新品种、地理标志进行了奖励全覆盖，只要取得权利证书就可以申请奖励

续表

地点	政策名	服务机构准入门槛	政策名	鼓励服务机构创设	政策名	知识产权申请
广东	《积极发展法律服务业，推进中国（广东）自贸试验区建设的若干意见》	1. 大力推进粤港澳合伙联营律师事务所发展； 2. 扩大合伙联营律师事务所业务范围； 3. 允许合伙联营律师事务所使用其内地和港澳地区出资律师事务所的设立年限、工作业绩等资质对外开展业务	《积极发展法律服务业，推进中国（广东）自贸试验区建设的若干意见》	1.培育和发展专业化、国际化、规模化律师事务所； 2. 鼓励专长于国际贸易、国际金融、贸易物流、海事海商、知识产权、电子商务等领域的律师和律师事务所到广东自贸试验区执业或设立律师事务所分支机构； 3. 支持成立全球华语律师联盟； 4. 组建广东自贸试验区法律专家顾问团积极支持法律服务业对境外律师予以通关便利，给予合伙联营律师事务所财务、外汇便利。协调有关部门出台政策，方便合伙联营所律师出入港澳地区	《加强中国（广东）自由贸易试验区知识产权工作的指导意见》	创新公共服务方式，为广东自贸试验区办理专利申请、缴费及专利合同备案与认定登记等业务开通“绿色通道”，提高专利申请效率和质量

续表

地点	政策名	服务机构准入门槛	政策名	鼓励服务机构创设	政策名	知识产权申请
天津	《国务院关于印发进一步深化中国（天津）自由贸易试验区改革开放方案的通知》	允许外国律师事务所与中国律师事务所在自贸试验区内实行联营，允许在自贸试验区设立代表处的外国律师事务所与中国律师事务所通过协议方式互派律师担任法律顾问	《国务院关于印发进一步深化中国（天津）自由贸易试验区改革开放方案的通知》	1. 建设面向“一带一路”沿线国家和地区的“走出去”综合服务中心，依托港澳在金融服务、信息资讯、国际贸易网络、风险管理等方面的优势，为企业对外投资提供投资备案、跨境金融、会计审计、外国法律查明和律师服务、国别咨询等综合服务； 2. 积极参与中蒙俄经济走廊、中巴经济走廊建设。支持企业运用知识产权进行境外股权投资	《天津市专利促进与保护条例》	1. 企业事业单位及其他组织研究、开发专利技术及产品的投入费用，按照有关规定准予在企业所得税前扣除，享受相应税收优惠政策； 2. 企业购买专利所发生的费用，可以按照有关规定准予在企业所得税前扣除。被授予专利权的单位应当对职务发明创造的发明人或者设计人给予奖励； 3. 发明创造专利实施后，根据其推广应用的范围和取得的经济效益，对发明人或者设计人给予合理报酬

表 3-53　四大及湖北自贸区知识产权运用服务开放与发展政策

地点	政策名	平台建设
上海	《关于加强知识产权运用和保护支撑科技创新中心建设的实施意见》	1. 完善知识产权公共信息服务加强知识产权基础信息服务工作，推动专利、商标、版权等知识产权基础信息互联互通，整合知识产权信息资源，探索建立集专利、商标、版权等信息和服务于一体的公共服务平台； 2. 加强上海知识产权（专利信息）公共服务平台建设； 3. 支持企业建立专业数据库，鼓励社会机构对知识产权信息进行深加工，提供专业化、市场化的知识产权信息服务
福建	《关于促进福厦泉国家自主创新示范区中国（福建）自由贸易试验区知识产权工作创新发展的若干意见》	1. 构建知识产权服务“一带一路”的“海丝”开放新格局，要推进“海丝”沿线国家和地区知识产权信息服务平台建设，加强海外专利布局和预警，设立海外知识产权援助中心； 2. 建设具有产业特色的知识产权运营中心，要打造“互联网 +”特色产业知识产权运营平台，强化知识产权运营服务供给； 3. 鼓励台湾地区企业、高校、研究机构、行业协会在厦门片区发起或参与设立两岸知识产权运营机构、运营平台
广东	《积极发展法律服务业 推进中国（广东）自贸试验区建设的若干意见》	服务行政管理体制创新。搭建政府与律师交流平台，鼓励和支持律师通过担任广东自贸试验区管理机构法律顾问、举办高端法律论坛、审核各类规范性文件、参加专题调研和课题研究、接受专项工作委托等形式，为政府深化行政审批改革、探索“互联网 +”行政服务模式、推行行政咨询服务、制定制度政策等提供专业化法律服务
天津	《中共天津市委 天津市人民政府关于完善产权保护制度依法保护产权的实施意见》	搭建知识产权保护运用工作平台。以建设华北知识产权运营中心为抓手，推动京津冀乃至北方知识产权在中心交易，不断扩大交易数量，推进知识产权运营交易全过程电子化并纳入全市统一的公共资源交易平台，积极开展知识产权运营项目管理，推进转移转化。推广专利执行险、境外展会专利纠纷法律费用保险等知识产权保险。引导创业投资基金、股权投资基金加强对知识产权领域的投资。到 2020 年，培育形成有较强运营能力的运营机构，华北知识产权运营中心运行顺畅，知识产权交易量大幅提高

表 3-54　四大及湖北自贸区知识产权保护服务开放与发展政策一览

地点	政策名	企业涉外纠纷应对	政策名	特色保护制度
上海	《关于加强知识产权运用和保护支撑科技创新中心建设的实施意见》	1. 制定知识产权海外维权援助办法，及时收集发布主要贸易目的地和对外投资目的地知识产权相关信息，支持企业“走出去”开拓国际市场； 2. 鼓励企业建立知识产权海外维权联盟，支持知识产权服务机构提高海外知识产权事务处理能力； 3. 鼓励建立知识产权保护民间救济和行业自律机制，充分发挥各类行业协会、调解中心、中介服务机构作用，为当事人解决知识产权纠纷提供更多途径	落实《关于严格专利保护的若干意见》的工作方案	结合上海展会经济迅猛发展的势头，强化重点展会专利保护专项工作，以展会快速执法维权经验为基础，以点带面，落实展会专利执法监管职责，研究展会知识产权保护机制
福建	《中国（福建）自由贸易试验区厦门片区知识产权扶持与奖励办法》	1. 鼓励片区企业积极应对涉外知识产权纠纷； 2. 企业作为当事人参与对片区产业发展有重大影响的涉外知识产权纠纷维权，取得胜诉、部分胜诉或阶段性胜诉且不存在知识产权滥用情形的，对自厦门片区挂牌以来实际发生的合理服务费，包括调查取证费、司法鉴定费、公证费、诉讼费、律师费、仲裁费、调解费等，给予一次性补贴	《关于促进福厦泉国家自主创新示范区 中国（福建）自由贸易试验区知识产权工作创新发展的若干意见》	构建知识产权服务“一带一路”的“海丝”开放新格局，要推进“海丝”沿线国家和地区知识产权信息服务平台建设，加强海外专利布局和预警，设立海外知识产权援助中心
			《中国（福建）自由贸易试验区厦门片区知识产权扶持与奖励办法》	设立两岸知识产权运营基金，围绕重点产业建立知识产权（专利）联盟，设立知识产权创新研究机构，举办两岸知识产权高端培训和高级论坛，促进台湾地区知识产权在大陆转化的，经厦门片区管委会认证后可一次性给予补贴

续表

地点	政策名	企业涉外纠纷应对	政策名	特色保护制度
广东	《加强中国（广东）自由贸易试验区知识产权工作的指导意见》	1. 建立知识产权纠纷仲裁、调解等多元化争端解决机制，引入国际仲裁机制，推进国内外知识产权仲裁机构开展合作； 2. 设立广东自贸试验区知识产权综合调解中心，引入第三方调解机制，鼓励行业协会、专业服务机构参与知识产权调解工作，进一步推动知识产权纠纷解决，构建包含行政调解、社会组织调解在内的多元化知识产权争端解决与维权援助机制； 3. 建立广东自贸试验区重点产业知识产权纠纷快速处理机制。根据广东自贸试验区重点产业发展需求，适时向国家知识产权局申请设立广东自贸试验区重点产业知识产权快速维权中心，针对广东自贸试验区内专利密集型产业，探索建立跨行业的知识产权（专利）快速授权、快速确权、快速维权通道	《积极发展法律服务业 推进中国（广东）自贸试验区建设的若干意见》	1. 推进粤港澳律师事务所合作，着力发展和培育核心业务突出、服务定位清晰、接轨国际服务标准的法律服务机构； 2. 促进粤港澳法律服务人才交流与合作。允许在广东自贸试验区登记的内地律师事务所与港澳地区律师事务所开展申请律师执业人员到联营对方律师事务所实习，实习律师在港澳地区实习的经历予以承认； 3. 省市两级律师协会、公证办会设立跨境交流专项基金，每年支持一定数量符合条件的律师、公证员赴港澳学习或培训
	《积极发展法律服务业 推进中国（广东）自贸试验区建设的若干意见》	积极构建国际化的商事纠纷仲裁和调解机制		
天津	《中国（天津）自由贸易试验区条例》	天津市仲裁委成立自贸试验区国际仲裁中心和知识产权仲裁中心	《天津市知识产权“十三五”规划》进展顺利	着力构建“严保护、快保护、大保护、同保护”格局，提升知识产权保护能力和水平，加强行政保护与司法保护的紧密衔接，形成良好的知识产权法制环境，推动知识产权保护工作取得跨越式发展，知识产权保护社会满意度保持全国前列

①专科层次知识产权人才培养。专科层次的知识产权人才主要是部分专科院校高校开设的知识产权管理（专科）专业。以温州知识产权学院（浙江工贸职业技术学院的二级学院）知识产权管理专业为例，该校针对中、小、微型企业，致力于培养专科层次的应用型、实战型、操作型的企业知识产权经营管理人才，取得了很大成功。河南牧业经济学院等高校也曾开办过专科层次的知识产权专业教育，培养了部分知识产权人才。但因受办学条件、学制、生源等各方面的制约，加之专科层次的知识产权人才很难为用人单位接纳，专科层次知识产权人才培养的规模很小且往往难以持续。

②本科层次知识产权人才培养。知识产权专业本科阶段的培养主要分为4种模式：知识产权本科专业、知识产权法第二学士学位、辅修知识产权双学位和自学考试知识产权管理（本科）。

截至2018年7月，全国共有76所高校设置了知识产权本科专业。知识产权本科专业是由法学专业逐步分离出来的，教学仍主要建立在法学课程之上，设置知识产权总论、著作权法、专利法、商标法、竞争法、知识产权文献检索与应用等专业课程。为满足人才复合型特点，部分高校还增加了理工类和经管类选修课程，综合提升学生能力。在76所设置知识产权本科专业的院校中，有69所是2012年后开始招生的，目前培养的知识产权本科毕业生人数非常有限。

知识产权法第二学士学位是指大学毕业并获得本科学士学位者，经设有知识产权法方向第二学士学位的高校录取。在校两年期间，学生以知识产权法为主修方向，学习完规定课程并考核合格者，取得毕业证书，高校向其授予法学（知识产权法方向）第二学士学位。这种“4+2”模式的知识产权人才培养方式因学制过长，学成待遇不如学习年限差不多的法律硕士，缺乏吸引力，加之部分名校（如北京大学）认为培养第二学士学位层次太低。所以，至今多数高校已停止知识产权法第二学士学位的招生培养。这一类知识产权人才的数量也不多。

知识产权辅修专业主要面向非法学类专业的学生，在学有余力的情况下，通过本人申请，经开设知识产权辅修专业的院校选拔批准后辅修知识产权专业。在取得规定的学分后，学生可获得（知识产权辅修专业）法学学士学位。因大多数高校的知识产权本科专业才设置，而知识产权辅修专业的开设更晚，因此知识产权辅修专业仍处于初始阶段，培养的知识产权双学位学生数量更少。

受国家知识产权局委托，经国家高等教育自学考试指导委员会审批同意，在部分省市开设知识产权管理专业。该专业共设14门课程，70学分，经考试合格，累计达70学分后，即可获得自学考试知识产权管理（本科）专业学士学位。因自学考试难度大、吸引力低等原因，最终获得学位的该类知识产权人才数量很少。

③研究生层次知识产权人才培养。截至2018年，我国已有200多所高校在培养知识产权硕士研究生，已有40多所高校在培养知识产权博士研究生。研究生阶段的知识产权人才培养主要包括知识产权法方向的硕博士研究生、知识产权管理方向的硕博士研究生及知识产权法律硕士、知识产权MBA（IPMBA）研究生等模式。其中，主要是知识产权法方向硕博士研究生和知识产权法律硕士的培养模式。

传统知识产权研究生的培养，是在民商法、经济法学二级学科硕士点或博士点开设的知识产权法方向。近年来，西南政法大学、中国人民大学等高校设立了知识产权法二级学科学位授予点，毕业生授予法学（知识产权法）学位证。知识产权研究生发展的另一趋势是将知识产权纳入管理学学科，如厦门大学、同济大学、上海大学、华中科技大学等。此外，重庆理工大学、中原工学院等部分高校还通过MBA渠道培养知识产权人才，尝试培养具备扎实理论功底、多学科综合知识、较强实务操作能力的知识产权（工商）管理专业学位人才。从全国范围来看，知识产权MBA培养方式还处于探索发展阶段。

（2）知识产权人才培养主要问题。

虽然我国知识产权人才培养近年发展较快，取得了部分成绩。但作为知识产权专业人才主要来源的高校，在知识产权专业人才培养方面还存在着培养模式落后、人才实务能力不足、培养方案欠合理、师资队伍不强和教材建设滞后等问题。

①人才培养模式落后。知识产权是一门涵盖法律、管理、经济、科学技术等多领域的学科，但我国高校在知识产权人才培养时仍偏重法律人才，培养过程中理论有余而实践不足，培养模式落后，无法满足复合型、应用型、创新型培养目标的实现。

在现有知识产权本科教育培养模式下，人才培养侧重于理论教学，学生参与课外实习、实践的机会较少，对专利文书撰写、专利信息检索等实务性工作的操作技能不强；辅修知识产权第二学位、双学位作为知识产权人才培养的重要方面，学生参与知识产权课程学习的自主意识较薄弱，课程设置也较零散、实用性不强。

现行知识产权研究生教养模式也存在一些问题。其一，学生知识获取易受学科点限制，法学学科下的知识产权研究生培养往往固守法学学科特点，难以充分接受或容纳相关管理学课程；管理学学科下的知识产权管理研究生又难以充分接受或掌握法学课程，所培养研究生的知识体系总是因此出现短板，难以适应社会对复合型人才的需要。其二，知识产权方向法律硕士、工商管理硕士等专业硕士培养普遍因缺乏知识产权专业实验室及相应的实习实践条件，实践教学开展不够，所培养的知识产权人才实践能力较差。其三，不少知识产权研究生在择业、就业过程中对知识产权专业的自我认同度低，毕业后往往淡化自身的知识产权学科专业特色，转行从事法律工作或纯管理工作，与知识产权渐行渐远。

②人才培养数量和质量无法满足社会需求。根据 2017 年 9 月广东智诚知识产权研究院的知识产权人才需求分析报告。知识产权人才的学历要求以大专、本科为主，相较 17 年上半年整体的学历需求水平，学历要求为大专的职位数量同比减少了 2.44%，而要求为本科和硕士学历的职位分别增加了 5.74% 和 0.64%，市场导向证明知识产权人才的培养已经进入快速发展阶段，高素质的知识产权人才需求凸显（图 3–56）。

知识产权岗位对复合型专业背景的要求越来越明显，理工科专业在专利类岗位中的权重突出，管理类专业为综合管理性较强的法务岗所必须，知识产权 + 语言类专业的复合要求存在于知识产权翻译、律师、流程、代理人甚至客服岗，凸显知识产权岗位就业的灵活性和复合型专业背景要求（图 3–57）[①]。

国家知识产权局《知识产权人才“十三五”规划》规定的知识产权人才发展目标是全国知识产权专业人才十三五期间要达到 50 万人，增加 35 万人，全国知识产权从业人员超过 100 万人，增加 50 万人。比较而言，行政管理部门、司法机关对知识产权人才需求较小且相对固定，而大中型企业、知识产权中介

① 来源：《广东智诚知识产权研究院知识产权人才需求分析报告》，https：//www.sohu.com/a/200360154_518762.

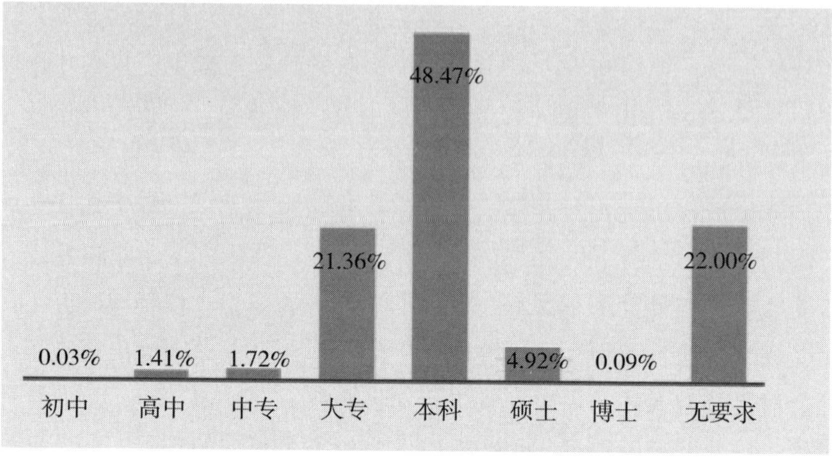

图 3-56　知识产权人才的学历要求

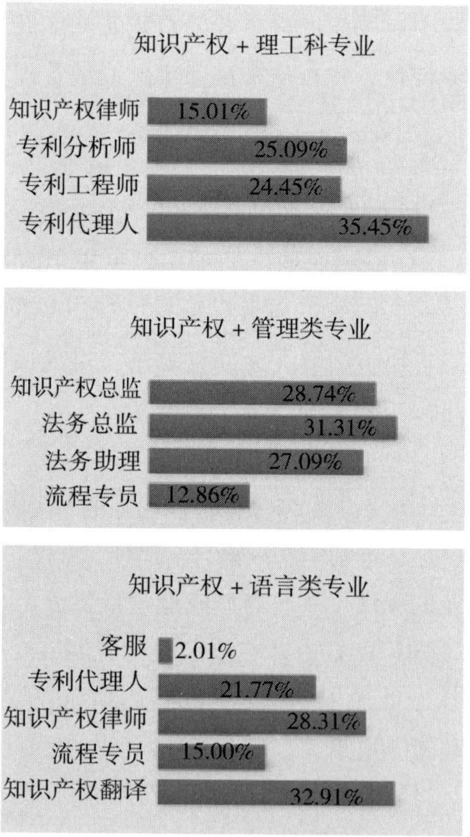

图 3-57　知识产权岗位要求

机构等对知识产权人才的需求量呈逐年递增趋势。在我国从知识产权大国向知识产权强国迈进的过程中，社会对知识产权人才综合素质和实践能力的要求将不断提升，对复合型知识产权高层次人才需求量大增。虽然近年我国知识产权人才队伍增长较快，但高层次人才数量严重不足。现有知识产权从业人员普遍缺乏专业理论知识，素质良莠不齐，提供的相应服务无法满足社会需要。因知识产权学科建设相对滞后，硕士以上知识产权专业人才培养数量严重不足，且大都偏重法学领域、难以培养出掌握复合型知识与技能，能够熟练从事知识产权检索与评估、策划、预警、国际化等方面的知识产权专业人才。如何推进高校知识产权人才培养模式改革与创新，培养出大量适应社会需求的知识产权人才意义重大。

③知识产权专业师资严重匮乏。拥有一支数量可观，专业水平高、实践经验丰富、创新型的知识产权师资队伍是做好知识产权人才培养工作的重要前提和基本保障。从某种意义上说，师资队伍规模和质量影响和决定了各级各类知识产权人才培养的数量和层次。知识产权属于新兴专业，从事知识产权领域教学研究的专业教师及权威学者相对短缺。目前，国内高校知识产权专业教师数量普遍不足，且教师大都出自法学专业，对培养企业知识产权专业人员所需的知识产权管理、经营、战略规划、信息检索等内容并不熟悉，难以胜任这些方面课程的教学需要。在实务型师资方面更显不足，现有师资普遍缺少知识产权实务工作经验，无法保证实务环节教学需要。专业师资短板严重影响知识产权人才培养质量。知识产权人才的复合型、创新型、应用型培养目标对师资队伍的素质具有更高的要求。但我国当前的知识产权师资队伍严重匮乏，在数量和质量上都无法满足人才培养需要。

（3）知识产权人才培养与引进政策。

四大自贸区知识产权人才培养与引进政策如表 3–55 所示。

3.3.3.2 知识产权文化建设的现状

（1）知识产权意识缺乏。

我国民众的知识产权意识依旧淡薄。有些人群和领域对知识产权了解甚少。如农村人群处于知识社会的边缘， 对于知识产权制度接触比较少，因此缺乏知识产权意识。某些行业领域的企业对知识产权保护亦缺乏意识，比如花卉培育行业，由于企业本身不注重知识产权保护，导致花卉名称权被国外公司抢先注册。

表 3–55　四大及湖北自贸区知识产权人才培养和引进政策一览

地点	政策名	人才培养和引进
上海	《关于加强知识产权运用和保护支撑科技创新中心建设的实施意见》	1. 加快知识产权人才培养。依托本市高校知识产权学院、研究中心集中的优势，组建上海国际知识产权学院，加快知识产权高端人才培养，集聚更多扎根中国、懂得国际法律和国际惯例的复合型人才。加强知识产权智库建设，充分发挥上海市知识产权专家咨询委员会作用，建设好知识产权人才库。 2. 加快推进上海亚太地区知识产权中心城市建设，强化与国家知识产权主管部门的合作机制，争取更多国家知识产权重大项目落沪。与世界知识产权组织合作办好上海知识产权国际论坛、知识产权学院等项目，促进双方在知识产权保护、运用、人才培养等方面的合作
	《浦东新区关于支持人才创新创业促进人才发展的若干意见》	率先推进人才引进落户新政。聚焦张江综合性国家科学中心建设，开通张江核心区域重点机构人才引进绿色通道
福建	《关于促进福厦泉国家自主创新示范区 中国（福建）自由贸易试验区知识产权工作创新发展的若干意见》	打造高端知识产权服务业集聚区，要培育和引进知识产权高端服务机构和人才，建设高端知识产权服务业集聚区
广东	《加强中国（广东）自由贸易试验区知识产权工作的指导意见》	加强知识产权专业人才培养力度，培养和培训一批具有国际视野，熟悉政策法规、知识产权法律法规和管理的人才。制定出台专业人才落户优惠政策，优先引进一批具有国际视野的高端知识产权管理服务人才
天津	《天津市知识产权“十三五”规划》	发展知识产权服务业，培养和引进专业化、高素质知识产权人才，培养一支适应天津经济发展需求的知识产权人才队伍。加强知识产权文化建设，营造良好的创新创业环境

（2）知识产权积极性不强。

部分人群对知识产权意识持有抵制的态度。抵触的理由往往是“文化排斥论”，认为知识产权文化完全或者主要是西方的地方性知识，是西方文化殖民，是文化霸权。知识产权制度本身是西方的制度， 不适合中国的国情。另外也有基于分享和传播的理由，认为知识产权制度对于著作权人保护过于严格，因此反对知识产权。

（3）自利性知识产权侵权心理普遍。

很多情形下，人们对知识产权采取短视的理解，认为只要是低风险的侵权，就不会给自己带来危害，也不会对作者造成多少侵害。因此侵权完全是可以接受的。再者，有些政府机关认为对知识产权侵权行为进行地方保护，是对本地纳税大户的利益保护，有助于刺激本地经济发展，从而采取放任态度。

民众的观念状态说明知识产权意识有待提高，知识产权文化建设有待加强。正如世界知识产权组织所说，知识产权制度的运作急需一种明达的知识产权文化作为基础。这就意味着一种知识产权文化氛围需要培植孕育。这就需要解释为什么需要知识产权文化以及如何培养知识产权文化。

第四章　经验借鉴：来自四大自贸区及国外知识产权服务业的启示

4.1 四大自贸区知识产权服务业开放与发展的先行先试

4.1.1 四大自贸区政府层面的制度创新先试

党的十九大及中央多个重要会议反复强调“要推动形成全面开放新格局”。我国自由贸易试验区建设经过近五年的探索，取得了一批丰富的改革成果。习近平总书记在2017年12月的中央经济工作会议上指出:“形成全面开放新格局，更好地以开放促改革，以开放促发展。要继续推进自由贸易试验区改革试点，发挥其先行先试的作用。”现在自由贸易试验区改革发展遇到一些阻滞，我们应该不忘初心，持续推进自由贸易试验区制度创新。

自由贸易试验区建设的初衷是制度创新。中央一直强调自由贸易试验区是制度创新高地，而不是政策洼地，我们需要加强发展改革建设，做好开放服务的奠基石，要坚持以制度创新为核心。其中在2018年4月，习近平总书记在庆祝海南建省办经济特区30周年大会上的讲话时指出，海南全岛建设自由贸易试验区，要以制度创新为核心，赋予更大改革自主权，支持海南大胆尝试、大胆闯、自主改，加快形成法治化、国际化、便利化的营商环境和公平、开放、统一、高效的市场环境，做好服务业开放的发展道路，为自贸区服务业开放奠定坚实的基础。

习近平总书记关于自由贸易试验区建设的讲话中，无一不强调坚持以制度创新为核心，自由贸易试验区的初衷就是制度创新。自由贸易试验区的实践者要走出“迷茫”的方向，必须坚守“制度创新”这个“初心”，扩大服务体系建设，加强服务业开放等。

4.1.1.1 上海自贸区政府层面的制度创新先试

（1）加快政府职能转变。

第一，推动权益保护制度创新。完善专利、商标、版权等知识产权行政管理和执法体制机制，完善司法保护、行政监管、仲裁、第三方调解等知识产权纠纷多元解决机制，完善知识产权工作社会参与机制。优化知识产权发展环境，集聚国际知识产权资源，推进上海亚太知识产权中心建设。进一步对接国际商事争议解决规则，优化自贸试验区仲裁规则，支持国际知名商事争议解决机构入驻，提高商事纠纷仲裁国际化程度。探索建立全国性的自贸试验区仲裁法律服务联盟和亚太仲裁机构交流合作机制，加快打造面向全球的亚太仲裁中心。

第二，深化科技创新体制机制改革。充分发挥自贸试验区和国家自主创新示范区政策叠加优势，全面推进知识产权、科研院所、高等教育、人才流动、国际合作等领域体制机制改革，建立积极灵活的创新人才发展制度，健全企业主体创新投入制度，建立健全财政资金支持形成的知识产权处置和收益机制，建立专利导航产业发展工作机制，构建市场导向的科技成果转移转化制度，完善符合创新规律的政府管理制度，推动形成创新要素自由流动的开放合作新局面，在投贷联动金融服务模式创新、技术类无形资产入股、发展新型产业技术研发组织等方面加大探索力度，加快建设具有全球影响力的科技创新中心。

（2）深化与扩大开放相适应的投资管理制度创新。

进一步扩大服务业和制造业等领域开放。探索实施自贸试验区外商投资负面清单制度，减少和取消对外商投资准入限制，提高开放度和透明度。自贸试验区已试点的对外开放措施适用于陆家嘴金融片区、金桥开发片区和张江高科技片区。根据国家对外开放战略要求，在服务业和先进制造业等领域进一步扩大开放。在严格遵照全国人民代表大会常务委员会授权的前提下，自贸试验区部分对外开放措施和事中事后监管措施辐射到整个浦东新区，涉及调整行政法规、国务院文件和经国务院批准的部门规章的部分规定的，按规定程序办理。

（3）积极推进贸易监管制度创新。

推动贸易转型升级。推进亚太示范电子口岸网络建设。加快推进大宗商品现货市场和资源配置平台建设，强化监管、创新制度、探索经验。深化贸易平台功能，依法合规开展文化版权交易、艺术品交易、印刷品对外加工等贸易，大力发展知识产权专业服务业。推动生物医药、软件信息等新兴服务贸易和技术贸易发展。按照公平竞争原则，开展跨境电子商务业务，促进上海跨境电子商务公共服务平台与境内外各类企业直接对接。统一内外资融资租赁企业准入标准、审批流程和事中事后监管制度。探索适合保理业务发展的境外融资管理新模式。稳妥推进外商投资典当行试点。

提高企业管理和运用知识产权能力。制定知识产权海外维权援助办法，及时收集发布主要贸易目的地和对外投资目的地知识产权相关信息，支持企业“走出去”开拓国际市场。鼓励企业建立知识产权海外维权联盟，支持知识产权服务机构提高海外知识产权事务处理能力。

鼓励建立知识产权保护民间救济和行业自律机制，充分发挥各类行业协会、调解中心、中介服务机构作用，为当事人解决知识产权纠纷提供更多途径。[1]

4.1.1.2 广州自贸区政府层面的制度创新先试

（1）建设国际化、市场化、法治化营商环境。

第一，优化法治环境。在扩大开放的制度建设上大胆探索、先行先试，加快形成高标准投资贸易规则体系。按照统一、公开、公平原则，试点开展对内对外开放的执法与司法建设，实现各类市场主体公平竞争。强化自贸试验区制度性和程序性法规规章建设，完善公众参与法规规章起草机制，探索委托第三方起草法规规章草案。对涉及自贸试验区投资贸易等商事案件，建立专业化审理机制。完善知识产权管理和执法体制，完善知识产权纠纷调解和维权援助机制，探索建立自贸试验区重点产业知识产权快速维权机制。发展国际仲裁、商事调解机制。

第二，创新行政管理体制。按照权责一致原则，建立行政权责清单制度，明确政府职能边界。深化行政审批制度改革，最大限度取消行政审批事项。推进行政审批标准化、信息化建设，探索全程电子化登记和电子营业执照管理，建立一口受理、同步审批的“一站式”高效服务模式，建设市场准入统一平台和国际贸易“单一窗口”，实现多部门信息共享和协同管理。深化投资管理体制改革，对实行备案制的企业投资项目，探索备案文件自动获准制。建立集中统一的综合行政执法体系，相对集中执法权，建设网上执法办案系统，建设联勤联动指挥平台。提高知识产权行政执法与海关保护的协调性和便捷性。探索设立法定机构，将专业性、技术性或社会参与性较强的公共管理和服务职能交由法定机构承担。建立行政咨询体系，成立由粤港澳专业人士组成的专业咨询委员会，为自贸试验区发展提供咨询。推进建立一体化的廉政监督新机制。

第三，推进贸易发展方式转变。粤港澳共同加强与21世纪海上丝绸之路沿线国家和地区的贸易往来，开拓国际市场。鼓励企业在自贸试验区设立总部，建立整合物流、贸易、结算等功能的营运中心。探索自贸试验区与港澳联动发展离岸贸易。加强粤港澳会展业合作，在严格执行货物进出口税收政策前提下，允许在海关特殊监管区域内设立保税展示交易平台。支持开展汽车平行进口试点，平行进口汽车应符合国家质量安全标准，进口商应承担售后服务、召回、“三包”等责任，并向消费者警示消费风险。鼓励融资租赁业创新发展，对注册在自贸试验区海关特殊监管区域内的融资租赁企业进出口飞机、船舶和海洋工程结构物等大型设备涉及跨关区的，在确保有效监管和执行现行相关税收政策前提下，按物流实际需要，实行海关异地委托监管。支持在海关特殊监管区域内开展期货保税交割、仓单质押融资等业务。创新粤港澳电子商务互动发展模式。按照公平竞争原则，积极发展跨境电子商务，完善相应的海关监管、检验检疫、退税、跨境支付、物流等支撑系统，加快推进跨境贸易电子商务配套平台建设。拓展服务贸易新领域，搭建服务贸易公共服务平台。建立华南地区知识产权运营中心，探索开展知识产权处置和收益管理改革试点。积极承接服务外包，推进软件研发、工业设计、信息管理等业务发展。加强粤港澳产品检验检测技术和标准研究合作，逐步推进第三方结果采信，逐步扩大粤港澳三方计量服务互认范畴。改革和加强原产地证签证管理，便利证书申领，强化事中事后监管。

（2）深化金融领域开放创新。

推动适应粤港澳服务贸易自由化的金融创新。完善金融业负面清单准入模式，简化金融机构准入方式，推动自贸试验区金融服务业对港澳地区进一步开放。允许符合条件的外国金融机构设立外商独资银行，符合条件的外国金融机构与中国公司、企业出资共同设立中外合资银行。在条件具备时，适时在自贸试验区内试点设立有限牌照银行。降低港澳资保险公司进入自贸试验区的门槛，支持符合条件的港澳保险公司在自贸试验区设立分支机构，对进入自贸试验区的港澳保险公司分支机构视同内地保险机构，适用相同或相近的监管法规。支持符合条件的港澳保险中介机构进入自贸试验区，适用与内地保险中介机构相同或相近的准入标准和监管法规。在自贸试验区建立与粤港澳商贸、旅游、物流、信息等服务贸易自由化相适应的金融服务体系。积极推动个人本外币兑换特许机构、外汇代兑点发展和银行卡使用，便利港元、澳门元在自贸试验区兑换使用。在完善相关管理办法、加强有效监管前提下，支持商业银行在自贸试验区内设立机构开展外币离岸业务，允许自贸试验区内符合条件的中资银行试点开办外币离岸业务。允许外资股权投资管理机构、外资创业投资管理机构在自贸试验区发起管理人民币股权投资和创业投资基金。建立健全全口径外债宏观审慎管理框架，探索外债管理新模式。推动自贸试验区公共服务领域的支付服务向粤港澳三地银行业开放，允许自贸试验区内注册设立的、拟从事支付服务的港澳资非金融机构，在符合支付服务市场发展政策导向以及《非金融机构支付服务管理办法》规定资质条件的前提下，依法从事第三方支付业务。

支持符合条件的内地和港澳地区机构在自贸试验区设立金融租赁公司、融资租赁公司，开展飞机、船舶和海洋工程设备等融资租赁业务。统一内外资融资租赁企业准入标准、审批流程和事中事后监管，允许注册在自贸试验区内由广东省商务主管部门准入的内资融资租赁企业享受与现行内资融资租赁试点企业同等待遇。支持商业保理业务发展，探索适合商业保理发展的外汇管理模式。稳妥推进外商投资典当行试点。创新知识产权投融资及保险、风险投资、信托等金融服务，推动建立知识产权质物处置机制。发展与港澳地区保险服务贸易，探索与港澳地区保险产品互认、资金互通、市场互联的机制。支持自贸试验区内符合互认条件的基金产品参与内地与香港基金产品互认。允许自贸试验区在符合国家规定前提下开展贵金属（除黄金外）跨境现货交易。允许境内期货交易所在自贸试验区内的海关特殊监管区域设立大宗商品期货保税交割仓库，支持港澳地区企业参与商品期货交易。

（3）增强自贸试验区辐射带动功能。

引领珠三角地区加工贸易转型升级。发挥自贸试验区高端要素集聚优势，搭建服务于加工贸易转型升级的技术研发、工业设计、知识产权等公共服务平台。支持在自贸试验区发展加工贸易结算业务、建设结算中心。支持设立符合内销规定的加工贸易产品内销平台，建设加工贸易产品内销后续服务基地。推进企业依托海关特殊监管区域开展面向国内外市场的高技术、高附加值的检测维修等保税服务业务。允许外商开展机电产品及零部件维修与再制造业务。建立专利导航产业发展工作机制。支持企业依托自贸试验区开展自主营销，拓展境内外营销网络。

（4）促进法律服务人才交流与合作。

促进粤港澳法律服务人才交流与合作。允许在广东自贸试验区登记的内地律师事务所与港澳地区律师事务所开展申请律师执业人员到联营对方律师事务所实习，实习律师在港澳地区实习的经历予以承认。省市两级律师协会、公证协会设立跨境交流专项基金，每年支持一定数量符合条件的律师、公证员赴港澳学习或培训。

推进粤港澳律师事务所合作，着力发展和培育核心业务突出、服务定位清晰、接轨国际服务标准的法律服务机构。

4.1.1.3 福建自贸区政府层面的制度创新先试

（1）切实转变政府职能。

深化行政管理体制改革。按照国际化、市场化、法治化要求，加快推进政府管理模式创新，福建省能够下放的经济社会管理权限，全部下放给自贸试验区。依法公开管理权限和流程。加快行政审批制度改革，促进审批标准化、规范化。建立健全行政审批目录制度，实行“一口受理”服务模式。完善知识产权管理和执法体制以及纠纷调解、援助、仲裁等服务机制。健全社会服务体系，将原由政府部门承担的资产评估、鉴定、咨询、认证、检验检测等职能逐步交由法律、会计、信用、检验检测认证等专业服务机构承担。

（2）率先推进与台湾地区投资贸易自由。

扩大对台服务贸易开放。推进服务贸易对台更深度开放，促进闽台服务要素自由流动。进一步扩大通信、运输、旅游、医疗等行业对台开放。支持自贸试验区在框架协议下，先行试点，加快实施。对符合条件的台商，投资自贸试验区内服务行业的资质、门槛要求比照大陆企业。允许持台湾地区身份证明文件的自然人到自贸试验区注册个体工商户，无须经过外资备案（不包括特许经营，具体营业范围由工商总局会同福建省发布）。探索在自贸试验区内推动两岸社会保险等方面对接，将台胞证号管理纳入公民统一社会信用代码管理范畴，方便台胞办理社会保险、理财业务等。探索台湾专业人才在自贸试验区内行政企事业单位、科研院所等机构任职。深入落实《海峡两岸共同打击犯罪及司法互助协议》，创新合作形式，加强两岸司法合作。发展知识产权服务业，扩大对台知识产权服务，开展两岸知识产权经济发展试点。

（3）推进金融领域开放创新。

推进利率市场化，允许符合条件的金融机构试点发行企业和个人大额可转让存单。研究探索自贸试验区内金融机构（含准金融机构）向境外转让人民币资产、销售人民币理财产品，多渠道探索跨境资金流动。推动开展跨境人民币业务创新，推进自贸试验区内企业和个人跨境贸易与投资人民币结算业务。在完善相关管理办法、加强有效监管前提下，允许自贸试验区内符合条件的中资银行试点开办外币离岸业务。支持自贸试验区内法人银行按有关规定开展资产证券化业务。创新知识产权投融资及保险、风险投资、信托等金融服务，推动建立知识产权质物处置机制。经相关部门许可，拓展自贸试验区内融资租赁业务经营范围、融资渠道，简化涉外业务办理流程。统一内外资融资租赁企业准入标准、设立审批和事中事后监管，允许注册在自贸试验区内由福建省有关主管部门准入的内资融资租赁企业享受与现行内资试点企业同等待遇。支持自贸试验区内设立多币种的产业投资基金，研究设立多币种的土地信托基金等。支持符合条件的自贸试验区内机构按照规定双向投资于境内外证券期货市场。在合法合规、风险可控前提下，逐步开展商品场外衍生品交易。支持厦门两岸区域性金融服务中心建设。支持境内期货交易所根据需要在平潭设立期货交割仓库。

（4）建立自贸试验区内企业信用信息采集共享和失信联动惩戒机制。

完善企业信用信息公示系统，实施企业年度报告公示、经营异常名录和严重违法企业名单制度，建立相应的激励、警示、惩戒制度。建立常态化监测预警、总结评估机制，落实企业社会责任，对自贸试验区内各项业务实施有效监控。加强监管信息共享和综合执法。构筑以商务诚信为核心，覆盖源头溯源、检验检疫、监管、执法、处罚、先行赔付等方面的全流程市场监管体系。建立各部门监管数据和信息归集、交换、共享机制，切实加强事中事后动态监管。整合执法主体，形成权责统一、权威高效的综合执法体制。提高知识产权行政执法与海关保护的协调性与便捷性，建立知识产权执法协作调度中心和专利导航产业发展工作机制。开展使用第三方信用服务机构的信用评级报告试点。

（5）构建知识产权服务“一带一路”的“海丝”开放新格局。

要推进“海丝”沿线国家和地区知识产权信息服务平台建设，加强海外专利布局和预警，设立海外知识产权援助中心。

（6）加强闽台知识产权服务业合作。

高校、研究机构、行业协会在厦门片区发起或参与设立两岸知识产权运营机构、运营平台，设立两岸知识产权运营基金，围绕重点产业建立知识产权（专利）联盟，设立知识产权创新研究机构，举办两岸知识产权高端培训和高级论坛，促进台湾地区知识产权在大陆转化的，经厦门片区管委会认证后可一次性给予补贴。

4.1.1.4 天津自贸区政府层面的制度创新先试

（1）加快政府职能转变。

创新行政管理方式，提升行政管理水平，建设适应国际化、市场化、法治化要求和贸易投资便利化需求的服务体系。

深化行政体制改革。加快行政审批制度改革，实行审管职能分离，建立综合统一的行政审批机构，实施“一颗印章管审批”。推进政府管理由注重事前审批向注重事中事后监管转变，完善信息网络平台，提高行政透明度，实现部门协同管理。健全社会信用体系；建立行业信息跟踪、监管和归集的综合性评估机制，加强对企业的管理、监督和服务，健全企业及从业人员信用信息记录和披露制度，完善企业信用约束机制；完善企业信用信息公示系统，实施企业年度报告公示、经营异常名录和严重违法企业名单制度；探索建立市场主体信用评级标准，实施分类管理。提高执法效能，建立集中统一的综合执法机构，整合执法力量，实行“一支队伍管执法”，鼓励社会力量参与市场监督，加大对违法行为打击力度。构建反垄断审查机制。加强知识产权保护和服务，完善知识产权管理和执法体制以及纠纷调解、援助、仲裁等服务机制。发挥专业化社会机构力量，提高知识产权保护成效。将原由政府部门承担的资产评估、鉴定、咨询、认证、检验检测等职能逐步交由法律、会计、信用、检验检测认证等专业服务机构承担。

（2）推动贸易转型升级。

积极培育新型贸易方式，打造以技术、品牌、质量、服务为核心的外贸竞争新优势，探索形成具有国际竞争力的航运业发展环境。

完善国际贸易服务功能。积极探索服务贸易发展的新途径和新模式，搭建服务贸易公共服务平台、服务贸易促进平台，推动现有融资平台依法合规为中小服务贸易企业提供融资服务。按照公平竞争原则，积极发展跨境电子商务，并完善与之相适应的海关监管、检验检疫、退税、跨境支付、物流等支撑系统。发展服务外包业务，建设文化服务贸易基地。建设亚太经济合作组织绿色供应链合作网络天津示范中心，探索建立绿色供应链管理体系，鼓励开展绿色贸易。探索开展财政资金支持形成的知识产权处置和收益管理改革试点，建立华北地区知识产权运营中心，发展知识产权服务业。开展知识产权跨境交易，创新知识产权投融资及保险、风险投资、信托等金融服务，推动建立知识产权质物处置机制。

（3）创新通关监管服务模式。

自贸试验区内的海关特殊监管区域比照中国（上海）自由贸易试验区内的海关特殊监管区域有关监管模式，实施“一线放开”“二线安全高效管住”的通关监管服务模式，积极推动实施海关特殊监管区域整合优化改革措施。可根据自贸试验区发展需求，按现行管理规定向国家申请扩大海关特殊监管区域面积。自贸试验区内的非海关特殊监管区域，仍按照现行模式实施监管。

（4）不断探索口岸监管制度创新。

强化监管协作。加强电子口岸建设，推动实现海关、检验检疫等口岸监管部门信息共享。推进企业运营信息与监管系统对接。逐步实现基于企业诚信评价的货物抽验制度。除废物原料、危险化学品及其包装、散装货物外，检验检疫在一线实行“进境检疫，适当放宽进出口检验”模式，创新监管技术和方法；在二线简化检验检疫流程，推行“方便进出，严密防范质量安全风险”的检验检疫监管模式。提高知识产权行政执法与海关保护的协调性和便捷性，建立知识产权执法协作调度中心。

（5）推动实施京津冀协同发展战略。

构筑服务区域发展的科技创新和人才高地。充分发挥自贸试验区和国家自主创新示范区政策叠加优势，将自贸试验区打造成具有创新示范和带动作用的区域性创新平台，增强科技进步对经济增长的贡献度。坚持需求导向和产业化方向，推动科研机构、高校、企业协同创新。积极发展科技金融。依法合规开展知识产权转让，建立专利导航产业发展协同工作机制。根据区域特点和发展需求，针对区域创新发展中面临的突出问题，在自贸试验区内开展有针对性的政策试点。支持京津冀三地政府按规定共同出资，与国家新兴产业创业投资引导基金、国家科技成果转化引导基金形成合作机制。联合国内外知名股权投资机构共同成立创投基金，在自贸试验区先行先试。建立健全科技成果转化交易市场。推动教育部、天津市共建教育国际化综合改革试验区，支持引进境外优质教育资源，开展合作办学。按照国际通行做法探索人才评价方法，实施更加积极的创新人才引进政策，强化激励，吸引领军科学家、企业家、归国创业人员等高端人才，建设国际化人才特区。为符合条件的外国籍高层次人才提供入境及居留便利，进一步简化签证等相关审批程序。

4.1.1.5 四大自贸区政府层面的制度创新先试的经验启示

梳理国务院公布的四大自贸区总体方案，在主要的改革内容和举措方面，四大自贸区总共有 71 项改革创新任务，其中上海 25 项，天津和福建各 16 项，广东 14 项。除了加快政府职能转变、扩大投资领域开放和创新、推进金融领域开放创新和推进贸易监管制度创新等共同之处外，上海、广东、天津和福建四大自贸区在战略定位上各有侧重。上海自贸区重在金融创新和科技创新以及推动长三角乃至长江经济带协同发展，注重推进投资贸易便利化、货币兑换自由、市场准入、商事制度改革和海关通关便利化改革；广东自贸区以制度创新为核心，促进内地与港澳经济深度融合，注重优化市场化、法治化营商环境、推进粤港澳服务贸易自由化增强自贸试验区辐射带动功能等；天津自贸区承担着贯彻落实京津冀协同发展国家战略的重任，推动京津冀地区外向型经济发展，构建全方位、多层次、宽领域的区域开放型经济新格局；福建自贸区以“对台湾开放”和“全面合作”为方向，进一步深化两岸经济合作，突出率先推进与台湾地区投资贸易自由，更加注重两岸人员往来和经贸关系。

政府职能转变的制度创新成效显著，可以从“放管服”3 个方面来看。首先是行政审批改革取得进展，审批流程优化、权力下放和审批减少；其次是事中事后监管开始加强，社会信用体系开始建设，综合行政执法开始试行；最后是政府服务能力得到提升，“互联网 + 政府服务”建设取得成效等。

4.1.2 四大自贸区主体层面的经营实践先行

4.1.2.1 引入外资知识产权服务机构的典型案例

德国华孙专利事务所、美国华盛顿知识产权公司北京代表处、美国马迪斯知识产群有限公司 3 家国外知识产权服务机构已进入中国市场开拓了相关的服务业务，以下将对这 3 家公司的经营展开分析。

（1）HUASUN（德国华孙专利律师事务所）。

机构简介：华孙事务所主要办公场所位于有“德国、欧洲专利首都”之称的慕尼黑，于2011年初由第一位中国国籍的德国专利律师成立。为方便和加强与中国客户的联系，2015年1月和2018年6月北京办公室和武汉办公室也相继设立。核心业务为欧洲和德国知识产权（发明专利、实用新型、外观设计、商标等）领域的各类法律服务。我们能够为中国客户全程使用中文准确、迅速地提供优质高效的法律服务，为中国企业在激烈的欧盟市场竞争中——尤其在薄弱的知识产权这一领域——保驾护航。

核心团队：德国专利律师。（Patentanwältin/Patentanwalt）德国专利律师（图4–1）

图4–1　德国华孙专利律师事务所的核心团队框架

实际上是“德国知识产权律师”，因为其权限包括为客户代理专利商标局和德国联邦专利法院的一切程序，主要包括和德国发明专利、德国实用新型、德国外观设计和德国商标相关的申请、异议、无效程序。德国专利律师绝大多数都具备理工科研究生学历并在工业界有至少一年的实践技术经验。德国专利律师的整个培训包括在专利律师事务所26个月的专利代理工作经历、在德国专利律师协会指定的远程大学两年的法律学习以及在德国专利商标局2个月和在德国联邦专利法院6个月的实习和培训经历，最后需要通过德国专利律师考试。

欧洲商标和外观设计（European Trademark & Design Attorney）德国专利律师的培训内容已经包括欧盟商标和欧盟外观设计事宜。一般来说，德国专利律师在向欧盟内部市场协调局（OHIM）提出申请被批准后就可以成为欧洲商标和外观设计律师（European Trademark & Design Attorney），可以为客户代理欧盟内部市场协调局的欧盟商标和欧盟外观设计事宜。

欧洲专利律师（European Patent Attorney）。欧洲专利律师的权限为替客户代理欧洲专利局的一切程序。这其中包括欧洲发明专利的申请程序和授权之后的异议、限制程序以及上诉委员会前的上诉程序。欧洲专利律师均须具备理工科的背景，需要具有至少 3 年的专利代理工作经历，并需要通过非常严格的欧洲专利律师考试（EQE）。需要注意的是，欧洲专利授权以后，如果想对其德国部分在德国联邦专利法院提起无效诉讼，应该由德国专利律师或德国律师代理。

德国律师（Rechtsanwältin/Rechtsanwalt）。德国律师可以代理所有上述知识产权事宜。由于德国律师通常没有理工科背景，所以在发明专利侵权诉讼中通常与专利律师合作（例如由德国专利律师提起无效诉讼）。根据《联邦德国律师法》第四条的规定，只有取得法官资格的人才可以成为德国律师。若要取得法官任职资格，一名德国律师要经历大学系统学习民法、刑法和公法，参加并通过第一次国家考试，两年法院见习期，参加并通过第二次国家考试才有资格宣誓成为律师。只有获得州司法行政机关的律师许可证的人才有资格在德国被称为律师。

该事务所主要业务范围如图 4-2 所示：

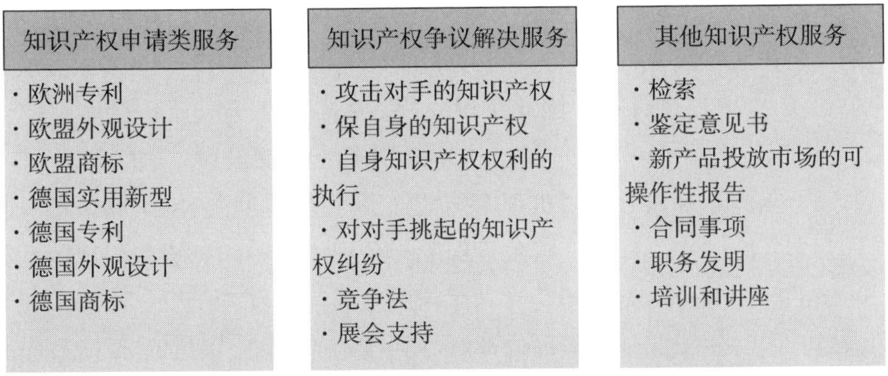

图 4-2　德国华孙专利律师事务所的主要业务范围

（2）美国华盛顿知识产权公司北京代表处。

机构简介：美国华盛顿知识产权公司北京代表处是经国家工商总局及北京市工商局审批的首家美国专利代理公司驻京代表处，设立于2008年（工商登记证注册号：110000400196908），这也是北京市至今唯一一家在中国工商局登记备案的美国知识产权代理机构驻京代表处，客户可以直接以中文的形式进行沟通。自设立伊始，美国华盛顿知识产权公司北京代表处就以为中国客户提供更高效、便捷的服务为宗旨，主要从事中国向美国的专利、商标申请等知识相关事务。

美国华盛顿知识产权公司总部坐落在美国最繁华的城市华盛顿和洛杉矶，是具有合法资质和多年代理经验的综合性知识产权代理公司。公司拥有多名资深的美国专利代理人和专利律师。公司主要的客户来自世界各地，包括美国、中国、日本、印度、欧洲等国家或地区，主要涉及的行业有包括化工、医药、电脑、电子、机械、金融、交通、运动器械、运输和服务等行业。

主要业务范围及优势：

第一、专利申请包干价格。传统的从中国向美国、欧洲国家申请专利，都是采取预付款的方式，客户预先支付一定费用，外方专利律师根据案件难易程度，按小时向中国申请人收取费用，实行多退少补，一般情况下，一个发明专利最终的费用在5万～10万元人民币，这种费用的不确定性给国内代理机构带来很多问题，而且还极大打击了中国专利申请人向国外申请专利的积极性。基于以上原因，公司采取包干价形式，律师不以小时收费，创全球范围内最优惠价格，希望可以最大程度上让利于国内的合作伙伴。申请人可事先确定费用，避免了多退少补带来的不确定性，并且公司开始接受人民币付款的方式。

第二、在北京设立代表处。随着国际业务的发展和需求，美国华盛顿知识产权公司于2008年7月在中国北京设立代表处，大大方便了中国客户向美国申请专利、商标，不但节约了成本，同时，沟通起来更及时、顺畅。

第三、美国总部设有专门负责中国地区事务的部门。美国华盛顿知识产权公司具有多年的中－美知识产权代理经验，公司设有专门负责中国地区事务的部门，该部门大部分由美籍华裔专利律师所组成。不仅方便了与中国专利申请人的沟通，同时便于深刻、准确的理解专利技术，消除了因语言习惯造成的沟通理解障碍。

第四、代理人具有较高的专业水准和丰富的代理经验。美国华盛顿知识产权公司开展中国业务已有5个年头了，向中国客人提供最“善解人意”的服务，同时在长期的工作积累中，获得了更丰富的经验。团队成员包括美国本土或华裔资深专利商标代理人、律师、工程师等，都将为申请人提供包括化工、医药、电脑、电子、机械、金融、交通、运动器械、运输和服务等行业的知识产权服务。

第五、提供知识产权相关领域的一条龙服务。公司提供任何和美国发明、外观专利、商标等有关的知识产权服务。专利服务包括：直接申请美国专利、PCT进入美国阶段、巴黎公约进入美国、专利查新或侵权检索以及其他的相关服务。商标服务：包括申请注册美国商标；商标调查；商标监测，异议，答辩，上诉等。

（3）美国马迪斯知识产群有限公司。

机构简介：马迪斯知识产权有限公司（Matthiasscholl Inc）是一家总部设在美国马萨诸塞州的知识产权专业机构，拥有多名美国专利商标局注册的专利律师和专利代理人，主要从事知识产权的申请、注册、诉讼、许可经营等业务，以及提供与知识产权有关的法律咨询服务：如商标、专利、版权、商业秘密、域名、知识产权出售、知识产权商业战略性的法律报告和连锁经营许可等。

马迪斯公司的客户来自全世界各个行业，主要客户来自美国、中国、德国、澳大利亚、日本、波兰、意大利等国家，主要涉及的行业有：化工、医药、电子、机械、金融、交通、运动器械、运输和服务等行业。

业务范围及优势（图4–3）：

先进的自动化案件管理。案件全部流程均由Time Matters软件系统自动管理，该软件系统是根据本公司案件流程管理特点与需要专门设计的。量身定做的管理系统软件极大地提高了案件管理的效率，避免时间延误及错误的发生。在记录案件信息资料的同时有效地跟进案件进程，适时自动提醒，从而避免因人员变动所造成的信息不畅、案件延误等弊端。全程追踪案件进度并及时反馈，客户可随时掌握案件进程，更放心。

优良的答辩能力及专业技术的掌控能力。海外知识产权代理机构背景，熟悉当地专利法和熟练运用当地语言，专业的服务和丰富的经验增加了一次性审查通过的机会。力求对每个案件进行深入了解，并在此基础建立应对策略。所有申请案及答辩案的内容均是美国律师准备，并直接与美国审查官以及相关部门官员沟通，能有效地掌控及解决各种问题，使案件进度得到有效控制。尤其能以优良的答辩能力及专业法律技巧，充分协助中国客户掌握审查要点，并给出专业的解决方案。

专利	商业秘密	商标	版权	域名
·专利可行性查询 ·专利申请 ·法律意见报告 ·上诉 ·许可和技术转让 ·纠纷调解 ·侵权诉讼 ·专利资产评估和管理 ·资信背景调查	·国际保护 ·诉讼 ·商业许可	·商标检索 ·商标申请 ·法律意见报告 ·续展和监控 ·上诉 ·反对、撤销 ·许可 ·纠纷调解 ·专利资产评估 ·管理资信背景调查	·版权登记 ·法律意见报告 ·上诉 ·纠纷调解 ·侵权诉讼 ·资信背景调查	·注册 ·纠纷

图 4–3　美国马迪斯知识产群有限公司业务范围

节省时间和费用。与客户直接沟通，免除中间环节，更及时、准确。整个申请过程价格清晰透明，客户预算有保障。美国和其他海外国家的律师收费大多采取小时费率，直接和客户沟通能够准确了解关键点，并有效节省专利申请的时间和费用。

联合世界各国优秀事务所。与世界各国优秀事务所都拥有稳固的合作关系，在选择美国、欧洲以外其他国家合作的专利事务所时，均以其是否具有良好的专业团队阵容、稳定的经营与管理能力、专业案件处理能力为标准，并通过网络管理系统有效掌控分发的每一个案件。

4.1.2.2　自贸区培育壮大本土服务机构的典型案例

（1）横琴知识产权服务中心。

简介：横琴国际知识产权交易中心有限公司（亦称横琴知交所）于 2014 年 12 月经广东省人民政府批准成立，由珠海金融投资控股集团有限公司组建而成，注册资本 1 亿元人民币。同时，财政部、国家知识产权局在珠海横琴自贸区首设国家知识产权运营公共服务平台金融创新（横琴）试点平台（以下简称七弦琴国家平台），该平台是国家“1+2+20+ N ”的知识产权运营体系的重要组成部分，由华发集团控股的横琴国际知识产权交易中心负责建设运行。

横琴国际知识产权交易中心落户横琴原因。横琴作为自贸区，有各种利于知识产权交易中心开展各种创新业务的优惠产业政策。同时，横琴地处粤港澳大湾区的核心地带，能够推动知识产权的国际化运营。以期打造为立足华南地区、辐射全国、面向全球的知识产权交易中心。

横琴国际知识产权交易中心运营理念。充分发挥人才优势，调动资本的力量，运用互联网思维和工具，借助政策资源，着力打造一个集聚创新人才、创新资源、创新要素的生态系统，提供以知识产权金融创新、知识产权跨境交易为特色的全方位、一站式、高品质的知识产权资产交易和服务交易服务。

横琴国际知识产权交易中心运营模式创新。横琴知交所认识到知识产权是创新驱动的核心支柱，而当前知识产权全行业存在小众、小市场；低频、非刚需；非标、流动差；复杂、测不准；唯一、匹配难等十大发展难题。为撬动隐藏而市场巨大的知识产权交易需求、形成活跃的知识产权全产业链生态系统，七弦琴国家平台以金融创新为推手，搭建了一个对接需求方和供方的一个平台。该平台利用资本的力量、运用互联网思维和工具，以七弦琴国家知识产权交易网与七弦琴 APP 客户端为载体，精心打造出集社交、IP 电商、IP 金融、大数据四大功能于一体，并在语言、支付等实操环节支持国际业务的全新知识产权交易体系。初步形成了以知识产权金融创新、知识产权跨境交易为特色的知识产权线上交易系统。平台存在的核心价值是促进知识产权的流通，通过互联网简化了知识产权流通的烦琐环节。

在挖掘行业痛点基础上，七弦琴国家平台设计完成的交易体系具备即时通信、社区分享、电商交易、人脉管理等功能，设计亮点包括多角色账号体系；全程利益引导；分层分类人脉管理；阅后即焚即时聊天等。通过促进圈子社交、扩展交易品类、探索金融创新、开发知识产权衍生产品、对知识产权分级认证等手段将行业痛点加以解决。

横琴国际知识产权交易中心服务内容创新。横琴知交所“人，资，网，政，产，知，研”为战略方针，以“加速知识产权资产和服务的交易与配置、为中国实体经济插上知识产权的翅膀”为第一个战略发展期的使命。充分发挥人才优势，调动资本的力量，运用互联网思维和工具，借助政策资源，全面打通产业界、知识产权界、研发界、着力打造一个聚集创新人才、创新资源、创新要素的生态系统，提供以知识产权金融创新、知识产权跨境交易为特色的全方面、一站式、高品质的知识产权资产交易和服务交易服务，旗下拥有“七弦琴”知识产权资产与服务交易网、“七弦琴”知识产权高端服务、“七弦琴”专利投资，“七弦琴”专利、商标、外观设计、版权交易、“七弦琴·智财通宝”知识产权融资及股权众筹、“七弦琴”与全球高品质知识产权服务机构的联营服务等产品日系。

横琴知交所已经初步形成了一个专业化、国际化、年轻化、多元化的团队。公司下设机械专利服务运营及国际部，电学专利服务运营及试验部，化学专利服务运营及维权部，商标，外观设计及版权服务运营部，知识产权管理咨询与市场部，知识产权金融创新及研究部，流程管理与用户体验部，平台部，综合管理部门等九个部门。

横琴国际知识产权交易中心立足本土提升服务能力。在打造知识产权线上运营交易平台的同时，七弦琴国家平台立足于本地，引入了国家知识产权局专利检索咨询中心、国专公司、中知认证公司等知识产权“国家队”，开办了七弦琴代办处服务珠江西岸企业及创新主体。建设横琴自贸片区知识产权快速维权援助中心、七弦琴国家平台高新区办事处便利服务经济功能区知识产权需求。同时，还参与组织推动打造知识产权质押贷款珠海模式；借助华发集团金融板块、产业投资板块的协同支持，募集 1 亿元的知识产权运营投资基金；落地实施海关知识产权“易保护”，以金融创新手段孵化知识产权中小企业、便利企业维权。七弦琴国家平台还推出了“七弦琴·珠江西岸”线下知识产权高端服务，以全面提升珠海及珠江西岸、粤西地区的知识产权服务水平。下一阶段，七弦琴国家平台还将启动全国布局计划，在全国推行“线上线下联动、线上管两端、线下管中间”的知识产权运营交易模式，在全国设立的第一个分支机构七弦琴河北公司已于近日揭牌运行。

（2）广州技术产权交易中心。

作为广东省内经国务院部级联席会议批准设立从事技术与知识产权交易的两家机构之一，广州技术产权交易中心经过多年市场实践，在技术转移、知识产权运营等业务上不断探索，逐步形成“广交所模式”的特色交易服务机制，为该省内知识产权交易服务积累了许多宝贵经验。

中心简介：广州技术产权交易中心（以下简称中心）是广交所集团于 2013 年 12 月成立的广州产权交易所内设非法人机构，独立开展技术与知识交易、科技金融、科技服务、技术转移、知识产权运营等业务。中心是省内经国务院部级联席会议批准设立从事技术与知识产权交易的两家机构之一，同时还是国家技术转移示范机构、国家专利技术展示交易中心广州分中心、广东省知识产权运营培育试点机构、广东省四维技术与知识产权综合交易服务平台建设机构，具备国家科技部、国家知识产权局、省科技厅、省知识产权局认可的多项业务资质。

“广交所模式”的技术产权交易服务机制。中心按照“信息共享、数据驱动、模块服务、多层互联”的思路，立足科技成果商品化、项目化、产业化，知识产权金融化、资本化、证券化，以“线上 + 线下”的途径提供咨询策划、信息发布、资格认定、公开挂牌、专业定价、组织交易、结算保证、见证交割等，开发建设区域性、网络式、多层次技术与知识产权交易市场，逐渐形成了具有“广交所”特色的科技成果转化机制和技术产权交易与服务模式。这种模式采取会员制，成果供需双方以协议、电子竞价、招投标、拍卖等方式进行交易，交易过程可实现展示、公示、定价、撮合、保证、融资、见证、结算、清算等功能，通过撮合交易、促进交易、加速交易，实现各类产权的合理流动、快速流动，优化配置。

为成果转化搭建知识产权“掘金”平台。2017 年，全省专利申请量和授权量分别为 627 819 件和 332 648 件，同比分别增长 36% 和 28.4%。珠三角各市的专利申请量更是在全国名列前茅。知识产权总量的增长，也带动了知识产权交易量的增长。据统计，今年第一季度，广州的知识产权服务机构完成全国范围的知识产权交易额 431 653 万元，涉及知识产权 42 549 件，其中涉及广州的交易额 65 783 万元，知识产权 3754 件。与此同时，知识产权交易均价也一直处于上涨态势。广州技术产权交易中心总经理刘伟告诉记者，近年，在广州市场实现的知识产权交易，2015 年约为 300 万元 / 单，2016 年涨到 500 万元 / 单。据了解，该中心通过充分挖掘自身平台优势资源，运用互联网思维，利用数学、金融学、信息学等技术与工具，把可流程化的服务标准化，把可系统化的服务模块化，已经面向市场推出了一系列服务知识产权价值分析和交易的新工具、新系统。已建设的应用系统包括“企业产权综合交易系统”“产权交易电子竞价系统”“知识产权价值分析认定系统”“知识产权分类分级挖掘系统”等。下一步，中心还将结合行业和专业领域需求，合作开发植物新品种权定价系统、知识产权区块链保护系统、科技成果门径评估管理系统等工具，并在此基础上进一步陆续开发科技成果作价入股和知识产权出资平台系统、知识产权质押融资服务系统、知识产权托管系统、知识产权维权应急响应系统等，尽快形成模块化服务系统集群，以更好地服务于全省的科技创新服务体系建设大局。

广州知识产权服务案例列举如下。

案例 1：分析知识产权价值，实现知识产权质押融资。江门市某公司将一项发明专利委托该中心进行知识产权价值分析，旨在对该标的出质融资。在经过系统性分析测算后，中心认定 1914.68 万元作为参考价格，并通过平台推介给多家金融机构，该项专利最终获得了建设银行 1000 万元知识产权质押贷款。

案例 2：挖掘知识产权价值，实现知识产权吸引资本。广州市某汽车服务有限公司自主研发了一种非水洗式洗车精华素及其制备方法。利用自主开发的知识产权价值分析认定系统，中心认定 10 873.23 万元作为参考价格。某信托公司依据中心出具的报告，拟出资 3210 万元获得该公司 29.99% 的股权。

案例 3：利用知识产权价值，实现知识产权作价入股。武汉市某生物科技有限责任公司通过招商引资计划落户广州经济技术开发区，拟用有自主知识产权的专利包作价后作为注册资本金。中心受托对该批专利进行价值分析，认定 8798.82 万元作为出资依据。

案例 4：运用电子竞价系统，实现技术产权转让。广州市某制药厂 8 个剂型共 28 项药品生产专有技术，委托中心公开市场挂牌转让。该批技术采用网络竞价方式，历时 4 小时 13 分钟，经过 373 轮报价，最终以 3435 万元成交，增值 2919.16 万元，增值率高达 565.9%。这是广州技术产权交易市场以药品生产专有技术为标的实现的最大笔交易额，也是中心积极探索专业化、平台化手段实现知识产权价值最大化的又一宗范例。

案例 5：通过并购重组，实现技术产权价值再发现。韶关市某机械制造公司具有完备的智能车库生产资质和专有技术，被广东省某国资集团公司作为拟并购对象。鉴于该公司存量资产较小，无形资产计价偏低，整体估值未能反映企业并购价值，中心受托对其拥有的专利技术价值重新进行技术认定，认定价值额为 5181.02 万元，使其企业整体价值通过并购，实现了再发现。

案例 6：通过专利池运营，实现知识产权类证券化。国内某电网公司拥有 1 万多项专利权，同时围绕这些专利每年采购配套产品金额高达 500 多亿元，急需有效的专利权运营解决方案。中心受托后提出了构建专利池，采取对拟批准设备供应商强制许可专利池内技术生产供应设备，并收取专利许可费的类证券化方式，形成知识产权运营的实操方案。据初步估算，该方案若有效实施，每年将为该公司节省采购成本 50 多亿元。

4.2 国外知识产权服务业发展的经验及启示

4.2.1 政府层面的引导推动

4.2.1.1 在宏观制度构建方面的经验

（1）以推动知识产权服务业与产业创新协同为转变经济增长方式的重要举措。

国内外相关研究表明发展知识产权服务业对转变经济增长方式和调整产业结构具有积极的作用。发达国家深谙知识产权服务业对知识产权战略的重要支撑作用，在推进各行业知识产权战略实施的同时，着重发展各行业知识产权服务业。美国、欧盟依托产业集聚发展知识产权服务业集聚，使得产业创新与知识产权形成协同互动，从而推动了产业创新和经济增长。

（2）以“市场主体、政府引导，公共服务与中介服务相结合”为推动知识产权服务业的发展的主导原则。

发达国家政府以业务外包或者政府采购方式，培育和鼓励知识产权服务机构发展，例如日本和韩国均实行专利商标检索外包制度，由社会服务机构完成。发达国家的部分商业化服务机构来提供中小企业的知识产权服务，而专业化服务机构来承担知识产权服务系统开发与维护。“双轨制”是发达国家知识产权服务业普遍的管理与运行机制。例如日本的“公共直接服务和民营商社服务”，美国的“公共间接服务和咨询机构”，以及欧洲的“公共直接及间接服务和技术中介机构”等，各国知识产权服务机构承担的功能根据其政策和产业侧重不同而有所差异。其中许多商业化服务机构如美国的 DIALOG、ORBIT，日本的 PATIOLIS 等都是在政府前期投入、后期转制后发展起来。

美国的知识产权公共服务机构主要包括国家技术信息中心、大学一产业合作研究中心、高科技园区与孵化器、国家技术转移网络和国家实验室技术转移联合体等组织。1992 年，美国成立了国家技术转移中心（NTTC）。国家技术转移中心通过全国 6 个区域性技术转移中心（RTTE）提供技术评估、市场调查及技术中介等服务。韩国知识产权局 KIPO 的主要政策工作在于知识产权的运用和为知识产权的创立提供强大的基础设施。韩国通过知识产权信息的系统使用形成高效的研发能力。目前，韩国有 69 家受到批准成立的技术转让中介机构，其中 32 个是公立的，37 个是私立的。在 2010 年 56.5% 的专利是通过企业进行交易，30.3% 的专利是通过高等院校和公立研究机构进行交易。

（3）强化顶层制度设计为健全知识产权服务法律保障体系的重要抓手。

发达国家构建了完整的知识产权法律体系，同时制定专门法律来规范知识产权服务市场。日本制定和实施了“知识产权立国”战略，为了促进研究机构与产业之间的技术交流与转化，鼓励基础研究服务产业发展，日本制定了《知识产权基本法案》，把创造、保护、运用知识产权确立为国家知识产权战略目标，其出台的系列知识产权法律规范包含为促进和规范知识产权服务业发展的专门文件。美国颁布和实施了《技术转移商业化法案》《小企业创新发展法》《史蒂文森一威德勒技术创新法》《联邦技术转移法》等法律。这些法律保障了企业科技计划的实施、技术转移和运用以及知识产权的保护等活动。韩国制定和实施了《研发促进法》《科技创新特殊措施法》《发明促进法案》《工业、教育产学联盟促进法》《技术转让促进法》等法案，其立法目的在于激励企业和高校等科研机构的创新活动，促进技术的实施和转化。

4.2.1.2 *在优化知识产权服务业发展生态环境方面的经验*

（1）整合创新资源以引导知识产权服务业向“高端化、规模化、国际化”发展。

发达国家将“高端化、规模化和国际化”作为知识产权服务业未来发展的趋势，并整合创新资源加以引导。例如日本知识产权商用化服务机构提供专业化的增值服务，对数据进行深度加工，企业可根据自身需求，利用基础信息资源，建设内部数据库和管理分析系统。此外，日本知识产权商用化服务实行产、学、官合作，大学设立相应技术转让部门和知识产权管理部门，国立大学用开发的专利入股从而获得经济利益。同时日本在全国设立 50 多个知识产权中心和知识产权数据图书馆，提供知识产权服务，普及知识产权教育。

（2）建立产业战略联盟以实现知识产权服务业与其他战略的融合发展。

美国采用知识产权战略与产业发展相结合的模式，鼓励和引导建立产业战略联盟，通过产业战略联盟推动知识产权战略与其他战略的有效融合。例如硅谷将重点产业（集群）构筑运营专利池，同时计划实施重点产业（集群）专利联盟，将知识产权共享和共同维权作为纽带，推进有效的利益协调机制和发展策略。欧洲加强不同业态产业知识产权联盟，促进不同企业等优势互补，有效整合不同企业间的资源，保障企业国际化发展，增强企业创新能力。

4.2.1.3 在提高知识产权服务水平和效率的经验

（1）深度介入产业全流程。

发达国家知识产权服务则更具系统性和全面性，即从产品规划、研发、采购、生产、销售和对外贸易各阶段均伴随有知识产权服务机构的介入。例如，美国高智公司以投资、许可、转让和诉讼为核心商业模式的机构，Dennemeyer、ClearViewIP 等以提供专业知识产权管理咨询服务为核心商业模式的机构。

（2）运用互联网搭建协同创新平台。

充分利用互联网创立政府与民营机构之间的协同创新平台，是未来知识产权服务业发展的大方向，相应的运行机制也需要不断地创新及完善。研究发现，大力发展高技术服务业，需要以共享网络、专业化劳动力市场、基础设施、品牌化运作服务作为保障基础。建立城市网络、区域性网络和国际化网络为载体的虚拟的知识产权服务体系也是现今重要的发展趋势。例如为了加强企业创新的服务环境，美国俄亥俄州政府的“托马斯 – 爱迪生工程”采用州政府、工业界和大学合作，建立完备的企业技术网络。覆盖全欧洲的创业和创新中心网，包括 68 个中心，通过互联网方式互通信息、互相支持，现已成为欧洲最成功的知识产权服务网络。此外采用网络服务方式，搭建政府、研究院所和高效、企业之间的知识产权商用化平台，建设公共及民间研究机构间有效的知识产权转移体系，搞活知识产权贸易，提高产业竞争力。

4.2.2 企业层面的积极主动

4.2.2.1 Dennemeyer①

机构简介：Dennemeyer 最早建立于卢森堡，自 1962 年以来一直致力于开发先进的方法来保护知识产权并享有较高的声誉。其合并了全球知识产权律师事务所 Dennemeyer & Associates，知识产权管理服务提供商 Dennemeyer IP Solutions 以及 Dennemeyer Consulting，拥有最先进的 IP 管理软 DIAMS iQ 技术，是全球知识产权管理市场独占鳌头的“全方位服务提供商”。Dennemeye 在 55

① 资料来源：https：//www.dennemeyer.com/.

年的发展历程中，业务范围已经扩大到全球各大洲并建立了 20 多家办事处。

近 10 年发展历程：Dennemeyer & Associates 于 2009 年在布拉索夫（罗马尼亚）成立，2010 年在慕尼黑（德国）成立，合资企业 PAN Asia IP Services Ltd. 于 2010 年在北京（中国）成立，新的 Dennemeyer & Associates 驻芝加哥（美国）办事处 2010 年，东京（日本）和华沙（波兰）于 2011 年，2012 年在墨尔本（澳大利亚），2013 年在萨格勒布（克罗地亚），迪拜（阿联酋）于 2014 年和里约热内卢（巴西）于 2015 年。

2011 年，DIAMS iQ 的第一个版本发布，使无数人的工作活动减轻了压力。同年，Dennemeyer 获得了 ISO 9001 质量管理认证。自 2018 年以来，该机构信息安全管理系统符合相关安全标准，程序和指南中定义的国际公认的最佳实践，遵循 ISO 27001 和 BSI IT 安全基准。

2013 年，法兰克福专利律师事务所 Köllner & Partner 成为 Dennemeyer & Associates 的附属公司。

2017 年 1 月，Dennemeyer IP Solutions 在新加坡开设了新办事处，两周后又在莫斯科新的 Dennemeyer & Associates 办事处开设。仅仅几个月后，Dennemeyer & Associates 在约翰内斯堡的办公室开业。

2018 年 1 月，Dennemeyer & Associates 通过在巴黎的新办事处扩大其全球业务。

核心工作人员：核心团队 76 人（图 4–4）。

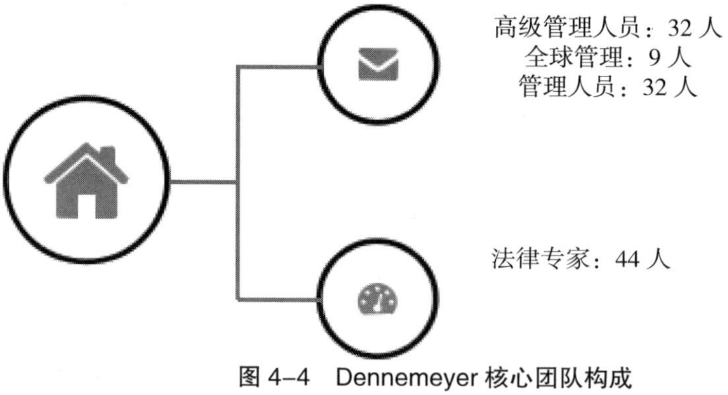

图 4–4　Dennemeyer 核心团队构成

主要业务范围如图 4–5 所示。

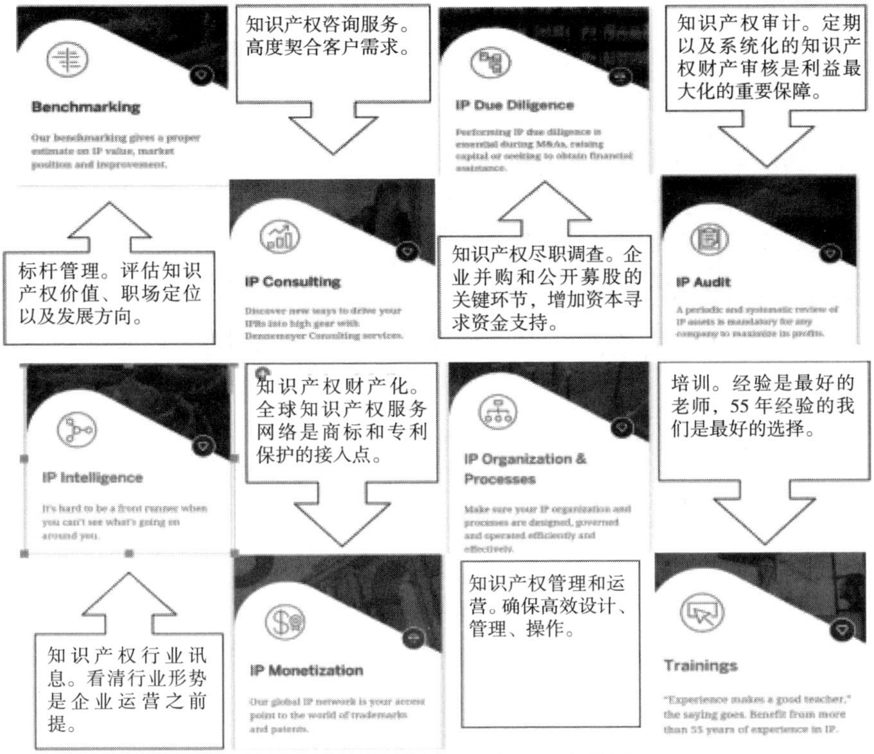

图 4-5　Dennemeyer 主要业务范围

核心技术 DIAMS IQ：DIAMS iQ 是 Dennemeyer 最先进的 IP 管理。

软件。这个支持 Web 的知识产权资产管理系统结合了客户端 - 服务器解决方案和基于 Web 的应用程序的最有价值的功能。 凭借集成的文档和工作流管理功能，DIAMS iQ 支持您的所有电子记录保存需求。 结合专利年金或专利审查等其他专利相关服务，DIAMS iQ 涵盖了您的 IP 产品组合的整个范围。

集成化。IP 管理软件既可以作为完全成熟的文档管理系统（DMS），也可以作为记录更新的自动数据审计功能。

安全性。客户可以将最有价值和最保密的资源移动到互联网云中。或委托给 Dennemeyer，其在卢森堡的数据中心为客户提供最高安全标准。

灵活性。DIAMS iQ 的模块化设计根据每个客户的要求量身定制，可满足各种规模企业以及全球知识产权律师事务所的需求。

精确的数据计算。DIAMS iQ 将根据 Dennemeyer 列出的每个国家或根据客户规定的规则自动计算到期日。

4.2.2.2 Clearviewip[①]

机构简介：ClearViewIP 是全球领先的知识产权咨询和经纪公司。ClearViewIP 成立于 2007 年，总部位于欧洲。有和各个行业合作的经验，包括 IT，医疗保健和电信。其十年间累积的从业经验，加上全球公认专业的咨询师以及分析师和董事团队，为企业带来了极具竞争力的业绩记录。其致力于帮助客户实施有效的知识产权流程，建立和加强其知识产权组合，以及更好地评估和货币化知识产权，并促进创新。

核心人员组成（图 4–6）。

业务范围及核心优势：

新兴企业知识产权战略规划。协助新兴公司挖掘并最大化其无形资产的价值。通过建立有价值的知识产权组合增强公司竞争力，是公司创新能力和市场价值最好的证明。

知识产权组合管理。通过专利组合管理，可以更好地了解投资组合的深度以及可以利用创新的地方，从而充分利用公司的发明创造。

并购中的知识产权尽职调查。为客户提供全面的分析，了解所获得的知识产权权益与所涉及的业务的一致性，以及为并购后的企业提供规划。

知识产权审计。ClearViewIP 可以通过企业所拥有、使用和已经取得知识产权项目来为企业制作一份完整的清单列表，并协助对这些无形资产的评估工作。

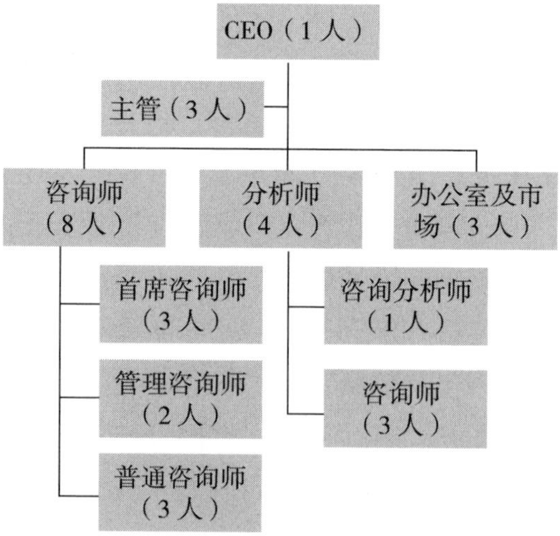

图 4–6 ClearViewIP 核心人员组成

① 参考资料来源：http：//www.clearviewip.com/.

专利经纪。通过专利销售来支付企业在研发、申请、维护专利过程中所支付的费用，增加企业资金流通。

知识产权研究与分析。服务机构中的资深分析师和顾问团队利用专有的分析技术，通过深入报告提供有价值的见解，并为客户提供详细的战略。

知识产权战略与运营计划。一个没有知识产权战略的技术型企业就没有企业规划。ClearViewIP 通过评估知识产权风险，竞争对手行为和客户当前的发展规模和状况提供全面的知识产权战略提供信息，从而实现卓越的业务成果。

投资组合评估和优化。确定客户的知识产权组合在所在行业中的定位，以及客户在保持核心竞争力所需要做的工作。

知识产权评估 - 交易和货币化。知识产权评估是对客户的知识产权价值的估算，有益于客户寻求资金支持。

竞争情报服务。通过从技术和知识产权的角度评估客户的业务，审查客户现有的投资组合以及竞争对手的投资组合。

4.2.2.3 高智发明[①]

公司简介：高智发明（Intellectual Ventures）是美国一家以知识产权开发和许可为中心的私营公司。截至 2011 年，它是美国前五大专利公司之一。高智发明业务模式侧重于购买专利并将其集成到一个大型专利组合中，并将这些专利授权给第三方。2009 年，高智发明推出一个吸引媒体争议的原型设计和研究实验室—知识风险实验室。公司还通过全球良好计划合作开展人道主义项目。2000 年，微软 Nathan Myhrvold 和 Edward Jung 成立一家私人合伙公司。后来，英特尔联合创始人 Peter Detkin 和 Perkins Coie 的 Gregory Gorder 加入高智发明。公司股东包括：Nathan Myhrvold（40%），Peter Detkin（20%），Gregory Gorder（20%）和 Edward Jung（20%）。

高智发明经营 3 个主要投资基金（图 4–7）：

主要业务范围及技术优势（图 4–8）：

IP–for–Defense（用于防御功能的知识产权）高科技公司参与专利侵权诉讼的频率和捍卫此类诉讼的成本正在增加。高智的专利可以作为被控侵权者的反诉，使更有效的谈判能够减少责任并实现有利的许可条款。

① 资料来源：http：//www.intellectualventures.com/.

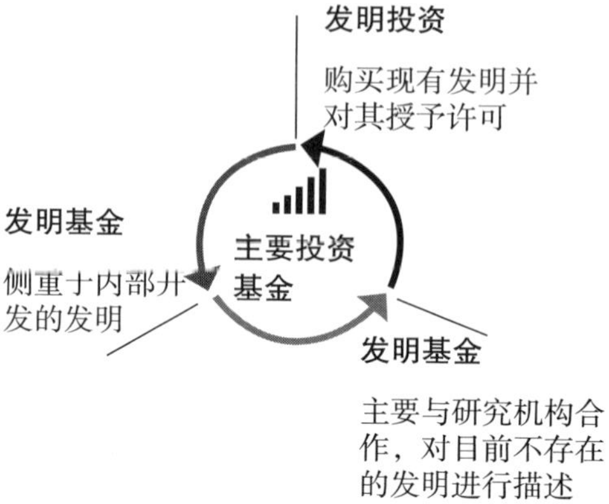

图 4-7　高智发明经营的投资基金

IP Monetization（知识产权资产化）公司持有大量专利组合的成本可能会影响宝贵的财务资源并破坏管理重点。高智发明帮助公司识别其投资组合中未充分利用的资产，并利用其专业知识和有效的许可渠道，以各种方式帮助这些资产货币化。

Litigation Clearance（诉讼清关）对于公司而言，法律、和解和损害赔偿成本是比较高的，无论每个诉讼面临的结果是积极的、待决的还是一种面临诉讼未来的可能性。高智发明与技术公司合作，通过在诉讼中采购并获得专利许可来弥补发明差距，有效清算数十亿美元产品收入。

Strategic Buying（战略购买）在具有高重要性和价值的目标技术领域内识别和获取专利权有助于公司减少其发明差距。但是，在公开市场上购买专利权对于单个公司而言可能成本过高。通过战略购买流程，高智发明汇集资源以获取这些目标资产并将其许可给我们的客户。

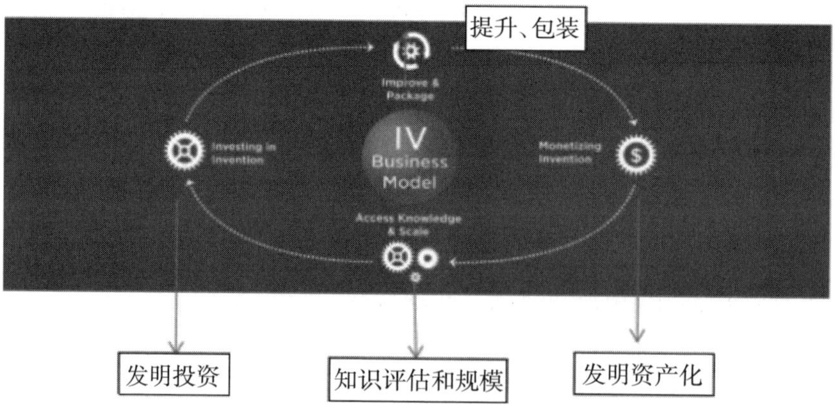

图 4-8　高智发明的主要业务范围

4.2.2.4 尼康公司知识产权计划 ①

目的：保护尼康公司在研发与设计领域的行业领先技术，维护其品牌核心价值。

基本政策：尼康公司一直致力于提升研发部门、知识产权部门、运营部门的联动机制（图 4–9）。因此，尼康公司正在逐步形成从知识产权战略意识，用以提升现行的运营方式并创造出新的商业模式。该公司的知识产权计划（IP initiatives）与这种战略是相一致的。

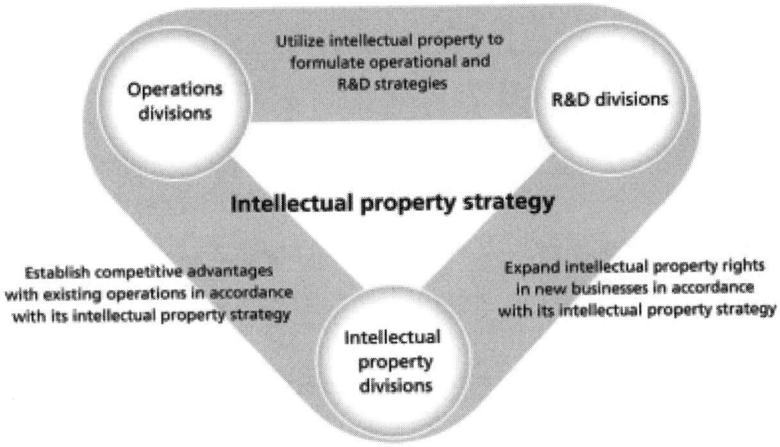

图 4–9　尼康的知识产权政策

多年来，尼康一直致力于保护其知识产权。这些累积的努力成为推动公司以持久和稳定的方式继续经营的能力的动力，并帮助其创造了客户信赖的尼康品牌的价值。公司过去的知识产权计划一直是当前业务和当前运营的支撑，而目前所采取的措施也为未来奠定了基础。通过这些知识产权举措，尼康累积了丰富的知识产权成果，并利用它们来提升公司长期的业绩。

主要活动详情：知识产权部门领导公司的知识产权计划，保护知识产权。例如尼康研部门所创造的技术、产品、设计和商标相关的专利。着眼未来，它还与运营部门和研发部门合作，共同创造和获取知识产权，以便为尼康在市场中建立竞争优势（图 4–10）。

① 来源：https：//www.nikon.com/about/corporate/ip/.

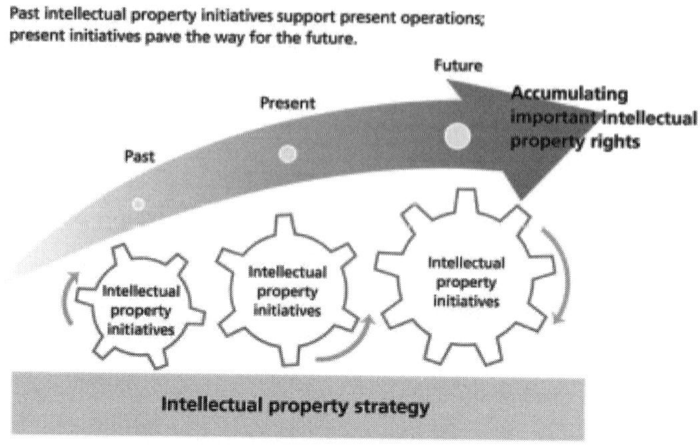

图 4-10　尼康的知识产权战略

专利：在产品开发过程中，知识产权部门参与寻找新业务，并开展“发明创造活动”，这些活动产生的发明将成为新业务的竞争力源泉。发明生成活动分为几个阶段，从确定主题到建立专利组合。知识产权总部根据公司的知识产权战略积极参与这些活动的每个阶段（图 4-11）。

“主题确定”阶段：从构思新产品的那一刻开始，作为发明创造的关键主题，尼康公司就决定了能够带来商业价值的新功能以及实现这些功能的必要技术。

“识别发明潜力”阶段：通过从包括技术和商业的在内的各个方面分析关键主题，尼康公司大量生产了采用新技术的发明并提高了这些产品的商业价值。

“应用”阶段：尼康申请综合发明的战略专利。在“专利组合建设”阶段，公司建立了广泛的专利组合，以建立竞争优势，同时考虑到客户需求的趋势和竞争对手的发展趋势。

通过这些发明创造活动，尼康获得了许多重要专利，并通过利用这些专利，不断提高公司的长期业绩，为社会创造出新的价值。

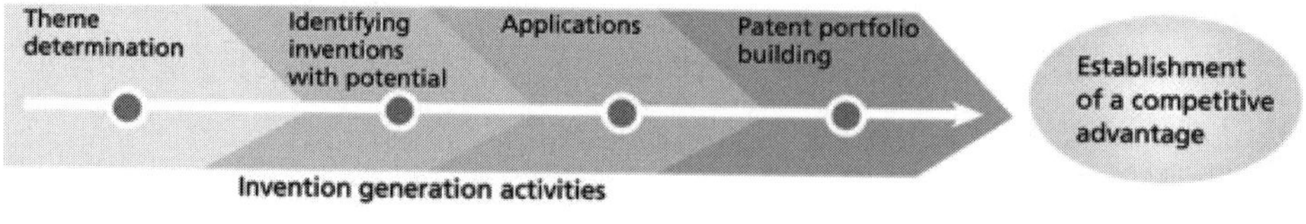

图 4-11　尼康的发明创造活动

设计：尼康一直致力于创造具有独创性的产品，并坚决抵制仿冒。尼康为全球（包括新兴国家）设计应用程序，用于尼康创建的设计以及由此衍生的所有相关设计，从而构建广泛的设计组合。从可操作性和功能性的角度来看，尼康设计的产品具有高度的可用性，并通过设计权保护这些设计，使其产品更具竞争力。

尼康特别加强了对电子商务网站的监控，以阻止其设计的仿制和打击假冒产品的销售，以便顾客可以安心购物而不必担心他们购买到假冒商品。尼康旨在通过设计权战略提高全球保护和品牌价值。

2015 年，尼康获得了日本专利委员会颁发的知识产权成就奖，作为一项利用优秀公司的设计，以表彰其产品设计创作在行业内的领先水平以及强大的反仿冒举措。

商标：尼康在全球范围内保护其具有高度信誉商标和标志，包括发展历程中所累积的，并实施战略措施以提高这些商标和标志的价值。

尼康已在约 200 个国家 / 地区申请商标注册（包括发展中国家），以加强对尼康品牌的保护。

为了保护其品牌的知名度，尼康正在推广商标注册申请效益体系，例如防御性商标注册以及获得驰名商标认证。在中国，“Nikon”和“尼康”在 2009 年被有关部门作为“驰名商标”进行保护。此外，日本、土耳其、俄罗斯菲律宾已经获得了驰名商标认证。

尼康还通过打击电子商务网站上的侵权产品销售，并与海关当局合作实施边境管制措施和检测，以便客户可以安心购物而不用担心购买到假货。

尼康旨在通过这些商标战略提高全球保护和品牌价值。

第五章 路径探寻：湖北自贸区知识产权服务业开放与发展新路径

5.1 境外机构引进来："市场准入 + 负面清单"管理模式新探索

5.1.1 湖北自贸区负面清单创制的意义及制度背景

5.1.1.1 扩大武汉自贸区开放增加制度供给的理论依据

扩大开放会导致制度变迁的环境变化，将增加可供借鉴模仿的国外领先制度安排机会，从而增加制度安排的可供选择范围，从而形成可供周边地区乃至全国借鉴的"制度试验池"，增强中国经济转型的制度供给动力。

5.1.1.2 由于武汉扩大开放而引发的制度变迁环境变化

变化一：扩大开放会引起从事制度创新的微观经济主体变化。扩大开放意味着微观经济主体（比如企业）会进入或者退出经营业务。企业具有双重身份：它既是制度创新主体也是市场竞争主体，表现为参与重新制定市场经济的竞争规则以及在市场规则约束之下展开竞争。随着企业进入市场，将产生两方面的影响：一是由于市场竞争主体增加导致市场准入壁垒降低及差异化产品增多，从而改变市场竞争格局；二是将摊薄由于制度变迁产生的成本（或收益）。

变化二：扩大开放，会引起制度创新的参照标杆变化。扩大开放，增加学习和借鉴国际贸易投资最新通行规则制度安排的机会，并产生 3 个方面影响：一是可以弥补原本制度供给的不足；二是降低制度创新设计与研发成本；三是降低制度创新的试错成本以及新制度安排的失败风险。

变化三：扩大开放，会引起制度创新的收益变化。扩大开放，将通过以下两个方面来改变制度创新的收益变化获取潜在利润：一是开放促进技术和知识在国际间交流从而降低制度安排的交易费用，并增加制度创新收益；二是开放促进要素与产品在国际间自由流动，并降低要素或产品的相对价格，从而获取制度创新的潜在收益。

5.1.1.3 通过制度学习机制增加制度安排选择集合，形成可借鉴“制度试验池”

扩大开放，将促使与国外之间的市场壁垒减弱，促进资源要素自由流动，并从增强制度创新的学习动力、提高制度创新的学习频率、聚焦制度创新的学习要点等 3 个方面强化制度学习机制，使制度安排选择集合扩大，形成可供周边地区乃至全国借鉴的“制度试验池”。

机制一：通过增强制度创新的学习动力机制。扩大开放，使得制度创新主体（政府与企业）直接接触发达国家的经济生产与制度安排，更真实感知到自身与发达国家或地区之间在经济生产效率方面存在的巨大差距，并给予自身更大的制度创新压力和动力。通常来说，二者在经济生产效率方面差距越大，对于欠发达国家地区的制度学习压力越大，而制度创新的学习动力亦更强劲，由此增加制度安排可选择集合。

机制二：通过提高制度创新的学习频率机制。扩大开放，将促进人员跨国自由流动，国际间学习交流也更加频繁，主要表现为跨国商业活动增加、国际学术会议增加、出国商务考察增加等，因而提高了制度创新的学习频率，由此增加制度安排选择集合。

机制三：通过聚焦制度创新的学习重点机制。扩大开放，提高制度创新学习的针对性：聚焦于对标多边贸易谈判中的新一代高规格的全球贸易和服务规则制度安排，从而建立一套与国际通行规则标准相适应的制度框架体系，以顺应全球化的竞争发展要求，获取更丰厚的全球化分工合作的制度红利，形成可供周边地区乃至全国借鉴的“制度试验池”。

5.1.2 三张负面清单中知识产权服务业的分析

为了服务于湖北自贸区知识产权服务业创新发展的研究，本部分将国务院外商投资准入负面清单、自贸区外商投资准入负面清单以及上海自贸区跨境服务贸易负面清单中有关于知识产权服务业方面的条例分拨出来，并按照知识产权服务的 5 个服务类型对其进行解读。

5.1.2.1 三张负面清单就知识产权服务业内容的解读

从表 5-1 我们可以看出，在代理服务方面，最新出炉的上海跨境服务贸易负面清单去除了国务院版与自贸区版的明令禁止投资项目，新增了对于不可做的事项的清晰描述，乍一看是增加了条例，实则是扩大了开放范围；在法律服务方面，上海跨境服务贸易负面清单也去掉了明令禁止事项，完全实现了开放；在运营服务方面，最新的上海负面清单取消金融行业外商投资的股比限制，而只是对于经营范围、网络渠道、经营人员手续做了一个基本的规定，大大放开了对于外商投资公司运营方面的管控；在咨询服务方面，也是放开了明令禁止，实现了完全对外开放；最后在培训服务方面，自始至终我国都对这一方面服务不设置壁垒限制，所以这一方面服务的好好运用发展是我们需要着重关注与突破的。

表 5–1　三张负面清单关于知识产权服务业的内容解读

负面清单 服务类型	全国版外商投资准入负面清单	自贸区版外商投资准入负面清单	上海自贸区跨境服务贸易负面清单
代理服务	禁止投资互联网新闻信息服务、网络出版服务、网络视听节目服务、互联网文化经营（音乐除外）、互联网公众发布信息服务（上述服务中，中国入世承诺中已开放的内容除外）	禁止投资互联网新闻信息服务、网络出版服务、网络视听节目服务、互联网文化经营（音乐除外）、互联网公众发布信息服务（上述服务中，中国入世承诺中已开放的内容除外）	在中国没有经常居所或者营业所的外国人、外国企业或者外国其他组织在中国申请布图设计登记和办理其他与布图设计有关的事务，须委托知识产权主管部门指定的专利代理机构办理
			外国人或者外国企业在中国申请商标注册和办理其他商标事宜的，须委托中国商标代理机构办理；在中国没有经常居所或者营业所的外国人、外国企业或者外国其他组织在中国申请专利，须依照其所属国同中国签订的协议或者共同参加的国际条约，或依照互惠原则，委托中国专利代理机构办理。 申请以下职业资格应为中华人民共和国公民：专利代理人等

续表

<table>
<tr><th>负面清单
服务类型</th><th>全国版外商投资准入负面清单</th><th>自贸区版外商投资准入负面清单</th><th>上海自贸区跨境服务贸易负面清单</th></tr>
<tr><td>法律服务</td><td>禁止投资中国法律事务（提供有关中国法律环境影响的信息除外），不得成为国内律师事务所合伙人</td><td>禁止投资中国法律事务（提供有关中国法律环境影响的信息除外），不得成为国内律师事务所合伙人（外国律师事务所只能以代表机构的方式进入中国，且不得聘用中国执业律师，聘用的辅助人员不得为当事人提供法律服务；如在华设立代表机构、派驻代表，须经中国司法行政部门许可）</td><td>无</td></tr>
<tr><td rowspan="7">运营服务</td><td>证券公司的外资股比不超过 51%，证券投资基金管理公司的外资股比不超过 51%（2021 年取消外资股比限制）</td><td>证券公司的外资股比不超过 51%，证券投资基金管理公司的外资股比不超过 51%（2021 年取消外资股比限制）</td><td rowspan="2">关键信息基础设施的运营者应当在中国境内存储在运营中收集和产生的个人信息和重要数据；因业务需要，确需向境外提供，须依法进行安全评估；在中国境内收集的个人金融信息的储存、处理和分析须在中国境内进行</td></tr>
<tr><td>期货公司的外资股比不超过 51%（2021 年取消外资股比限制）</td><td>期货公司的外资股比不超过 51%（2021 年取消外资股比限制）</td></tr>
<tr><td rowspan="5">寿险公司的外资股比不超过 51%（2021 年取消外资股比限制）</td><td rowspan="5">寿险公司的外资股比不超过 51%（2021 年取消外资股比限制）</td><td>外国企业、非企业经济组织在中国设立常驻代表机构的，须经批准，并办理登记手续</td></tr>
<tr><td>个人、法人和其他组织使用的计算机或者计算机信息网络，须通过接入网络进行国际联网</td></tr>
<tr><td>登记为个体工商户的须为中国公民</td></tr>
<tr><td>外国人入境，除特殊规定，须申请办理签证，所持签证需办理居留证件的，须申请办理外国人居留证件</td></tr>
<tr><td>外国人入境后，须办理住宿登记</td></tr>
</table>

续表

负面清单 / 服务类型	全国版外商投资准入负面清单	自贸区版外商投资准入负面清单	上海自贸区跨境服务贸易负面清单
咨询服务	市场调查限于合资、合作，其中广播电视收听、收视调查须由中方控股	市场调查限于合资、合作，其中广播电视收听、收视调查须由中方控股	无
	禁止投资社会调查	禁止投资社会调查	
培训服务	无	无	无

5.1.2.2 三张负面清单就知识产权服务业内容的解读

1）关于服务贸易壁垒。

服务贸易壁垒是指一国政府对外国服务生产者或提供者的服务提供或销售所设置的有障碍作用的政策措施，即凡是直接或间接地使外国服务生产者或提供者增加生产或销售成本的政策措施，都有可能被认为是服务贸易壁垒 。

服务贸易的 4 种分类。《服务贸易总协定》（GATS）规定国际服务贸易具体分为 4 种提供模式：

①跨境交付（Cross-border supply）。指服务提供者从一成员的境内向另一成员境内的消费者提供服务。这种服务贸易方式强调服务提供者和消费者在地理上的界限，跨越国境和边界的只是服务本身，它与一般的货物贸易方式非常相似。如在美国的律师为在中国的客户提供法律咨询服务。这种形式仅是服务本身跨越国界，没有人员，物质的流动。

②境外消费（Consumption abroad）。指服务的提供者在一成员境内向来自另一成员的消费者提供服务，即服务消费者移动到提供者境内享用服务。如中国公民到美国旅游或求学。

③商业存在（Commercial Presence）。指一成员的服务提供者在另一成员境内设立商业机构，为其境内的消费者提供服务，商业机构包括法人和非法人的分支机构或代表处。商业存在实际上就是一国服务提供者到东道国去设立外商投资企业，进行就地生产就地销售服务。商业存在可以由东道国人员组成，也可由外国人参与，但这些外国人应以自然人流动方式提供服务。例如，一成员的银行或保险公司到另一成员境内开设分行或保险公司，提供金融、保险服务。

④自然人流动（Presence of natural persons）。指一成员的服务提供者以自

然人身份进入另一成员境内提供服务。与商业存在不同的是，它不涉及投资行为，如境外劳务服务等。

2）根据服务贸易壁垒的限制程度划分。

OECD（2001b）分别对《服务贸易总协定》规定的四种服务贸易的提供方式，根据各种措施对服务和服务提供者的限制程度，将服务贸易壁垒分为：影响很小或没有、限制和禁止或高度限制。但该种分类仅仅是不同服务贸易措施对市场开放影响的相对比较。依据实际当中具体的使用情况和适用的具体部门，这些措施可能会具有不同的限制程度。如，建筑服务中的合作要求，对于会涉及本地特定因素的项目而言，本地合资方的知识可能起到帮助，此时，该要求的限制作用并不大。但是，对于其他项目而言，该要求可能就会限制外国投资者（服务提供者）的自由经营。

（1）跨境交付。

a. 没有或很小的限制作用：服务提供或 / 和营销的当地注册要求；雇用当地代理和维持当地专业地址。

b. 有限制作用：对营销和提供服务的授权、许可和允许要求；要求使用垄断和特定说明的网络渠道；资本、支付的跨境转移和 / 或为此类交易使用信用卡须经授权许可。

c. 禁止或高度限制作用：完全商业存在要求，要求商业存在但仅授予特定“品名”的实体，为维持当地提供者的服务提供优势而设立的当地合作要求；禁止资本、支付的跨境转移和 / 或为此类交易使用信用卡。

（2）境外消费。

a. 没有或很小的限制作用：以透明、无歧视、易获得的方式要求营销服务的离岸服务提供者当地注册。

b. 有限制作用：仅有通过指定的当地合作者才能被许可；消费者仅能使用垄断或特定说明的网络渠道；资本、支付的跨境转移和 / 或为此类交易使用信用卡须经授权许可。

c. 禁止或高度限制作用：仅允许通过在本国具有商业存在的公司或特定“品名”实体；禁止资本、支付的跨境转移和 / 或为此类交易使用信用卡。

（3）商业存在。

①投资许可。

a. 没有或很小的限制作用：不要求外国投资事前通知、甄别、授权或注册；

对外国和本国投资者统一的通知要求；通知或报告投资意图后自动同意外国投资；出于国家安全和国家利益要求对外国投资的自动甄别；需经基于政策指导原则和整体国家利益考虑的同意，但无须经过经济需求测试或当地参与要求；在某价值标准之下自动同意，但在固定价值标准之上须经审查和同意。

b.有限制作用：经营范围受到限制，且小于当地公司；基于经济需求测试和净国家利益的考虑，外国投资须经审批同包括对外国公司有关当地就业、技术转移、持续投资等一般或特定、指示性或强制要求；外国完全或控股所用权须经审批同意。

c.禁止或高度限制作用：个案审批同意，外国投资最高额随部门不同或在部门内部变化，且缺少透明和持续的应用审核标准；不允许外商控股；不允许收购现有企业全部或部分股份，限制建立新的业务；经营许可数量配额存在垄断或排他性服务提供者以致不允许外国投资建立竞争性公司；仅有公民或永久居民涉及某些部门或业务，收购国有企业或负责政府合同。

②外国公司法律形式。

a.没有或很小的限制作用：允许设立子公司、分公司或代表处。

b.有限制作用：允许设立公司、私人有限公司和子公司，但不允许直接设立外国公司的分公司；对设立分公司存在数量配额和/或地理位置要求；仅允许独资或合伙经营。

c.止或高度限制作用：仅允许设立合资企业或代表处；仅允许设立合资有限公司；仅允许设立出于促销或为总部从事研究工作的目的而设立的代表处；仅允许设立一种法律形式的企业。

③国籍/居留权要求。

a.没有或很小的限制作用：指定为外国公司当地代理的自然人必须为永久居民。

b.有限制作用：要求首席执行官为东道国公民或居民；要求超过50%的董事为东道国国民或居民。

c.禁止或高度限制作用：要求所有董事为东道国居民；要求申领经营许可前需拥有居留权，但没有许可不允许居留。

（4）自然人流动。

a.有限制作用：仅有通过当地验证，才能被视为专业人员或专家，但外国人参加验证受到限制；仅有完成或参加在东道国的进一步培训才能被视为专业人员或专家；公司内部的人员调动的审批同意需经通常的经济需求测试；需通过专业人员或专家经验或资格的当地认证，但这些标准模糊，不透明，或任意使用带有歧视性；要求一定比例的外国雇员需配有当地替工以培训或技能转移；满足一定业绩要求才能公司内部人员调动；外国公民在高级职位的数量限制或/和东道国国民相对外国公民在每种职位上的特定数量要求。

b. 禁止或高度限制作用：仅允许公司内部人员调动，且一次运作仅能有两位调动者，义务培训当地员工。

3）3 个负面清单的贸易壁垒程度分析。

服务业开放实际上建立了国内服务业企业和国外服务业企业之间的通道，国外服务业企业的先进技术、管理理念和创意等核心竞争要素能够通过特定的渠道传输至中国企业，产生技术溢出效应。

首先，在跨境支付模式下，国外服务业公司与国内服务业公司必须通过一定的信息通道实现业务对接，才能够为消费者提供服务。为此，国内公司和国外公司可能在业务类型、管理方案以及信息共享等方面开展深度合作，这为国内公司向国外公司学习先进技术提供了有利条件。国务院负面清单以及自贸区外商准入负面清单中均对外商投资社会调查做出了限制，一方面是为了维护国家安全和商业秘密，另一方面不利于使外国投资者切实了解中方行业现状，会对其他投资产生一定的影响，但总体来说影响不大。因为国内社会调研活动丰富数据翔实，已经能够为外国投资者提供值得信赖具有参考价值的材料。

其次，在境外消费模式下，尤其是以学生出国留学或者国内学者开展访学活动为代表的境外消费，本土服务工作者能够在国外现实环境下学习和交流，对于推动本国的科技进步产生积极的作用。在表 5-2 中所列的负面清单中都没有对境外消费做出规定，应当鼓励知识产权服务业走出国门，进入知识产权高度发达的知识产权国家进行学习，可以和海外具有代表性的知识产权服务业展开交流协作，学习先进的科学管理经验及运营模式。

再次，在商业存在模式下，进驻中国的国外服务业跨国公司直接缩短了与中国本土企业和本土消费者的空间距离，国外服务业公司通常会与本土服务业公司开展行业内的合作或者竞争，这为本土服务业公司提供了获得技术溢出的便捷。表 5-2 中所列负面清单对商业存在均做出了较多的限制和规定，对中国和海外投资者合作投资建设知识产权服务业造成了较大的障碍和影响。

最后，在自然人流动模式下，境外的学者、医生和艺术工作者等自然人能够与本土的人群近距离地开展交流与合作，或者通过特定的项目提供技术指导，这无疑有助于本土服务业企业获得核心技术。上海自贸区负面清单对自然人流动做出了较多规定，会增加企业引入海外服务机构工作人员成本和风险。

5.2 境内机构走出去："高端化、品牌化、国际化"培育体系新模式

5.2.1 四大自贸区知识产权服务机构品牌化、国际化培育路径

5.2.1.1 上海自贸区知识产权服务机构品牌化、国际化培育路径

上海自贸区知识产权服务机构品牌化、国际化培养路径如表 5-3 所示。

5.2.1.2 广东自贸区知识产权服务机构品牌化、国际化培育路径

（1）完善知识产权服务业法律政策体系和体制机制。

根据发达国家服务业的发展经验，完善的法律规范是产业发展最基本的保障机制。当前，立法滞后仍然是知识产权服务业发展的主要瓶颈之一。因此，广东省相继出台了《进一步深化中国（广东）自由贸易试验区改革开放方案》《广东省进一步扩大对外开放积极利用外资若干政策措施》《广东省实施创新驱动发展战略年度工作要点》《广东省经营性领域技术入股改革实施方案》《广东省知识产权专利研究人员专业技术资格条件（试行）》《广东省重大经济和科技活动知识产权分析评议暂行办法》和知识产权"美玉 10 条"等一系列政策。为了进一步深化知识产权领域改革，广东省还开展《广东省专利条例》《广东省专利奖励办法》修订工作。

（2）积极推动知识产权资源的集聚。

当前国内知识产权服务业存在不同程度的人才短缺，尤以高端技术人才和复合型人才短缺现象严重，成为该产业发展的又一瓶颈，为此迫切需要加快行业人才建设。在广东知识产权事业迅猛发展的进程中，知识产权专业人才供需矛盾日益突出，特别是适应产业国家化发展的高层次、复合型知识产权人才紧缺。"广州知识产权人才基地"的建立，正是在这种背景下应运而生，将为我省缓解知识产权专业人才供给发挥重要作用。①

① 相关信息详见 http：//home.gdipo.gov.cn/gdipo/gdipodt/201804/e56bbc04f2a847468c5015fd79fc6446.shtml.

表 5-2　三个负面清单的贸易壁垒程度分析

<table>
<tr><th colspan="2">跨境交付贸易壁垒</th><th>境外消费贸易壁垒</th><th>商业存在贸易壁垒</th><th>自然人流动贸易壁垒</th></tr>
<tr><td rowspan="4">国务院外商投资准入负面清单</td><td>市场调查限于合资、合作，其中广播电视收听、收视调查须由中方控股
【等级：禁止或高度限制】</td><td rowspan="4">无</td><td>禁止投资互联网新闻信息服务、网络出版服务、网络视听节目服务、互联网文化经营（音乐除外）、互联网公众发布信息服务（上述服务中，中国入世承诺中已开放的内容除外）
【等级：禁止或高度限制】</td><td rowspan="4">无</td></tr>
<tr><td rowspan="3">禁止投资社会调查
【等级：禁止或高度限制】</td><td>禁止投资中国法律事务（提供有关中国法律环境影响的信息除外），不得成为国内律师事务所合伙人
【等级：禁止或高度限制】</td></tr>
<tr><td>（1）证券公司的外资股比不超过 51%，证券投资基金管理公司的外资股比不超过 51%。（2021 年取消外资股比限制），（2）期货公司的外资股比不超过 51%。（2021 年取消外资股比限制）
【等级：有限制作用】</td></tr>
<tr><td>寿险公司的外资股比不超过 51%。（2021 年取消外资股比限制）
【等级：有限制作用】</td></tr>
<tr><td>自贸区外商投资准入负面清单</td><td>市场调查限于合资、合作，其中广播电视收听、收视调查须由中方控股
【等级：禁止或高度限制】</td><td>无</td><td>禁止投资中国法律事务（提供有关中国法律环境影响的信息除外），不得成为国内律师事务所合伙人。（外国律师事务所只能以代表机构的方式进入中国，且不得聘用中国执业律师，聘用的辅助人员不得为当事人提供法律服务；如在华设立代表机构、派驻代表，须经中国司法行政部门许可）【等级：禁止或高度限制】</td><td>无</td></tr>
</table>

续表

跨境交付贸易壁垒		境外消费贸易壁垒	商业存在贸易壁垒	自然人流动贸易壁垒
自贸区外商投资准入负面清单	禁止投资社会调查【等级：禁止或高度限制】	无	1. 证券公司的外资股比不超过 51%，证券投资基金管理公司的外资股比不超过 51%（2021 年取消外资股比限制）； 2. 期货公司的外资股比不超过 51%（2021 年取消外资股比限制） 【等级：有限制作用】	
自贸区外商投资准入负面清单	禁止投资社会调查【等级：禁止或高度限制】	无	寿险公司的外资股比不超过 51%（2021 年取消外资股比限制） 【等级：有限制作用】	
上海自贸区跨境服务贸易负面清单	无	在中国没有经常居所或者营业所的外国人、外国企业或者外国其他组织在中国申请布图设计登记和办理其他与布图设计有关的事务，须委托知识产权主管部门指定的专利代理机构办理。 【等级：影响很小或没有】	外国企业、非企业经济组织在中国设立常驻代表机构的，须经批准，并办理登记手续 【等级：有限制作用】	申请以下职业资格应为中华人民共和国公民：专利代理人等。【等级：有限制作用】
上海自贸区跨境服务贸易负面清单	无	外国人或者外国企业在中国申请商标注册和办理其他商标事宜的，须委托中国商标代理机构办理；在中国没有经常居所或者营业所的外国人、外国企业或者外国其他组织在中国申请专利，须依照其所属国同中国签订的协议或者共同参加的国际条约，或依照互惠原则，委托中国专利代理机构办理。 【等级：影响很小或没有】	外国企业、非企业经济组织在中国设立常驻代表机构的，须经批准，并办理登记手续 【等级：有限制作用】	申请以下职业资格应为中华人民共和国公民：专利代理人等。【等级：有限制作用】

表 5–3　上海自贸区知识产权服务机构品牌化、国际化培养路径

企业涉外纠纷应对措施	《关于加强知识产权运用和保护支撑科技创新中心建设的实施意见》（上海市委市政府 2016 年 2 月 23）	1. 提高企业管理和运用知识产权能力。制定知识产权海外维权援助办法，及时收集发布主要贸易目的地和对外投资目的地知识产权相关信息，支持企业“走出去”开拓国际市场。鼓励企业建立知识产权海外维权联盟，支持知识产权服务机构提高海外知识产权事务处理能力； 2. 鼓励建立知识产权保护民间救济和行业自律机制，充分发挥各类行业协会、调解中心、中介服务机构作用，为当事人解决知识产权纠纷提供更多途径
放开服务机构准入门槛	《上海市工商行政管理局关于服务自贸试验区和科技创新中心建设的若干意见》（沪工商注〔2017〕111 号）	1. 在经营范围上采取“非禁即入”的总原则； 2. 加快商标知识产权发展，落实创新驱动战略。推进国家商标审查协作上海中心在沪设立工作。设立马德里商标国际注册受理窗口，促进商标资源进一步集聚，促进专业化商标服务机构进一步集群。设立若干个商标品牌服务指导站，聚集重点地区、重点产业，指导市场主体实施商标品牌战略，提升商标品牌运用能力，打造一批具有示范效应的商标品牌创业创新基地。加大知识产权商标保护力度，严厉打击商标假冒侵权行为，进一步净化市场环境。按照统一市场监管要求，进行知识产权综合改革试点工作
	《中国（上海）自由贸易试验区中外律师事务所互派律师担任法律顾问的实施办法》《中国（上海）自由贸易试验区中外律师事务所联营的实施办法》	采取中外律师事务所联营与中外律师事务所互派律师担任法律顾问的双重特色制度
鼓励创设服务机构	《关于加强知识产权运用和保护 支撑科技创新中心建设的实施意见》（上海市委市政府 2016 年 2 月 23）	鼓励外商投资知识产权服务业，支持国际知名知识产权服务机构依法开展知识产权服务业务。开展知识产权服务品牌机构建设，着力培育一批熟悉国际规则、具备实务操作能力和较强竞争力的高端知识产权服务机构
知识产权申请	《关于加强知识产权运用和保护，支撑科技创新中心建设的实施意见》（上海市委市政府 2016 年 2 月 23）	完善知识产权扶持政策，注重知识产权质量和效益，重点鼓励申请发明专利、PCT 国际专利、商标马德里国际注册、工业品外观设计国际注册

续表

人才引进	《关于加强知识产权运用和保护 支撑科技创新中心建设的实施意见》（上海市委市政府 2016 年 2 月 23）	加快知识产权人才培养依托本市高校知识产权学院、研究中心集中的优势，组建上海国际知识产权学院，加快知识产权高端人才培养，集聚更多扎根中国、懂得国际法律和国际惯例的复合型人才。加强知识产权智库建设，充分发挥上海市知识产权专家咨询委员会作用，建设好知识产权人才库。 加快推进上海亚太地区知识产权中心城市建设，强化与国家知识产权主管部门的合作机制，争取更多国家知识产权重大项目落沪。与世界知识产权组织合作办好上海知识产权国际论坛、知识产权学院等项目，促进双方在知识产权保护、运用、人才培养等方面的合作
平台建设	《关于加强知识产权运用和保护 支撑科技创新中心建设的实施意见》（上海市委市政府 2016 年 2 月 23）	完善知识产权公共信息服务加强知识产权基础信息服务工作，推动专利、商标、版权等知识产权基础信息互联互通，整合知识产权信息资源，探索建立集专利、商标、版权等信息和服务于一体的公共服务平台。加强上海知识产权（专利信息）公共服务平台建设。支持企业建立专业数据库，鼓励社会机构对知识产权信息进行深加工，提供专业化、市场化的知识产权信息服务

同时，广东大力推进知识产权服务业集聚发展，目前分别拥有国家级、省级知识产权服务业集聚发展区 3 个和 5 个，现在有省市两级知识产权保护重点企业 1246 家。“广州开发区国家知识产权服务业集聚发展试验区”在黄埔区、广州开发区知识产权服务业推进大会上正式揭牌，这是全国第 14 个、广州首个国家知识产权服务业集聚发展试验区。紧密结合‘一带一路’倡议等国家战略，积极发挥区位优势，围绕产业链、价值链，打造创新链、服务链，在条件允许的地区建立知识产权服务业集聚发展试验区，推动优质服务资源与创新主体深度对接，从而带动该地区知识产权服务业的发展，发挥知识产权服务对区域经济产业发展的杠杆撬动作用和倍增放大效应。在条件允许的地区建立知识产权服务业集聚发展试验区，从而带动区域知识产权服务业的发展。

（3）加强知识产权领域的国际交流合作，建立健全知识产权维权、预警和争端解决机制。

在自贸区内的知识产权服务业要充分发挥自贸区在承接国际服务业转移方面的比较优势，以多种形式引进国外先进经营方式和管理模式，提高专业服务水平，推进高端服务业务，培育知名服务品牌。形成面向全国的现代知识产权服务业。加强与入驻在自贸区的国际知识产权服务业的交流与合作，建立健全知识产权维权、预警和争端解决机制，鼓励发展知识产权价值评估服务和投融资服务。支持金融投资机构对知识产权实施和产业化的投资，推进专利创业，促进知识产权的交易、许可和转化。鼓励企业结成知识产权联盟，保护自主创新成果。加紧搭建中外在知识产权领域对话、合作的平台，积极参与同美国、法国、日本、韩国、新加坡等国和我国香港和澳门等地区关于知识产权服务业的交流与合作。

（4）成立知识产权服务业联合会支持企业创新创业。

知识产权服务业联合会的成立，将更好地整合全区知识产权服务资源，发挥集群优势，以独具特色的知识产权服务链条，与企业创新发展需求相匹配，全面助力企业的创新创业和经济的转型升级，充分发挥知识产权服务实体经济、支撑科技创新、引领产业转型的作用。

（5）打造粤港澳知识产权湾区①。

围绕粤港澳大湾区建设，广东将运用知识产权提升湾区核心竞争力。积极争取国家知识产权局支持，探索开展“一国两制”框架下知识产权政策协调试点。在粤港、粤澳合作的基础上，探索建立粤港澳大湾区知识产权合作新机制。发挥三地区位和功能优势，联合建设知识产权服务体系，推动湾区内知识产权信息和服务资源共建共享。同时，还将强化三地知识产权海外协作，探索推动粤港澳大湾区以知识产权进出口为特征的国际贸易发展。

（6）实施高质量专利培育工程。

广东将实施高质量专利培育工程，组建产学研高价值专利育成中心，支持各类创新中心创造高质量专利，促进产学研知协同创新和核心技术专利布局。研究制定促进知识产权高质量发展政策。建立专利申请资助政策备案制度，强化质量导向。

为了进一步强化广东企业掌握核心专利能力，广东将实施主体贯标工程，大力推进企业、高校、科研院所贯彻“知识产权管理规范”，提升掌握核心专利能力。推动国家知识产权示范、优势企业创建，培育一批知识产权强企、强校、强所，建设一批重点产业知识产权联盟。

① 相关信息详见 http：//home.gdipo.gov.cn/gdipo/gdipodt/201804/49225904222d49c0b90d0a7f9bbe4559.shtml.

实施园区知识产权能力提升工程，支持园区健全知识产权管理体系和服务平台，提升园区知识产权全链条综合服务能力。研究制定加强全省园区知识产权工作政策措施，推动一批园区开展国家知识产权试点、示范创建工作。

（7）推进知识产权保护中心建设。

在强化知识产权保护方面，广东加大力度严格专利行政执法，查处重大和典型专利违法案件。加快构建知识产权保护体系，实施保护体系构建工程，加快推进中国（广东）、中国（佛山）知识产权保护中心建设，支持深圳、珠海、中山、东莞等地知识产权保护中心申报建设工作。在全省再布局一批国家级知识产权快速维权中心，加快省级维权援助中心建设布点。加强知识产权维权援助、快速维权、快速协同保护工作统筹。支持知识产权纠纷调解机制和机构建设。

广东还推动知识产权海外护航。实施海外护航工程，逐步建立海外知识产权维权援助和涉外应对机制，建设海外知识产权维权援助平台。实施知识产权海外维权专项，支持重点产业、企业、行业协会开展知识产权涉外应对。

（8）打造“永不落幕的知交会”。

继2017年成功举办首届广东知识产权交易博览会（简称知交会）之后，广东2018年实施交易中心打造工程，提升知交会档次，搭建网上平台，打造“永不落幕的知交会”。出台促进全省知识产权运营工作指导意见。实施专利运营交易扶持计划，培育专业化市场化运营机构。加快中国（南方）知识产权运营中心、广州知识产权交易中心、横琴国际知识产权交易中心建设。

广东将实施知识产权金融创新工程，加快完善知识产权质押融资扶持及风险补偿机制，实现全省设立知识产权质押融资补偿机制的地市覆盖率达到70%。推广各类知识产权保险试点经验，实现全年专利保险风险保障金额正增长。稳步推动知识产权证券化试点。

（9）培育知产全链条服务业态。

广东着力培育知识产权全链条服务业态，加快知识产权服务业集聚中心等重大项目建设。拓展和优化专利代办服务功能，在有条件的产业聚集区建立专利代办服务站。大力发展知识产权代理、信息、咨询、转化运营等服务，培育创建一批国家知识产权服务品牌机构。引导知识产权社会组织、中介机构与企业对接。

广东积极争取世界知识产权组织技术创新支持中心落户广东，申报创建国家知识产权国际合作基地。聚焦“一带一路”倡议，加强与欧美、东南亚等地区知识产权国际合作。打造“走出去”巡回研讨品牌活动，建设一批行业性知识产权国际交流合作平台。加强粤台知识产权交流。深化泛珠三角、粤琼、粤喀、粤川等区域知识产权合作。

（10）广东搭建服务于加工贸易转型升级的知识产权公共服务平台。

2014 年 12 月，财政部、国家知识产权局在珠海横琴自贸区首设国家知识产权运营公共服务平台金融创新（横琴）试点平台（以下简称七弦琴国家平台），该平台是国家“1+2+20+ *N* ”的知识产权运营体系的重要组成部分，由华发集团控股的横琴国际知识产权交易中心负责建设运行。该平台集合了社交、IP 电商、IP 金融、大数据功能，以七弦琴国家知识产权交易网与七弦琴 APP 客户端为载体，初步形成了以知识产权金融创新、知识产权跨境交易为特色的知识产权线上交易系统。

2017 年 6 月 19 日，国家知识产权局与广东省人民政府第三轮知识产权合作会商 2017 年工作会议在广州举行。会上，首个金融创新知识产权运营交易国家平台——国家知识产权运营公共服务平台金融创新（横琴）试点平台（网址为 www.7ipr.com）正式上线发布。

5.2.1.3 福建自贸区知识产权服务机构品牌化、国际化培育路径

福建自贸区知识产权服务机构品牌化、国际化培育路径如表 5–4 所示。

5.2.1.4 天津自贸区知识产权服务机构品牌化、国际化培育路径

天津自贸区知识产权服务机构品牌化、国际化培育路径如表 5–5 所示。

表 5–4　福建自贸区知识产权服务机构品牌化、国际化培育路径

第一，探索建立知识产权管理新体制	厦门片区探索建立了专利、商标、版权统一管理和执法的知识产权管理体制
第二，健全知识产权保护机制	福建出台《关于建立福建自贸试验区知识产权行政执法与海关保护协作机制的意见》，就建立联席会议制度、共享执法信息、建立案件会商制度及执法协作等达成协作意见
第三，加强知识产权服务业	厦门出台《开展两岸知识产权经济发展试点工作方案（2015—2020 年）》，扩大对台知识产权服务，开展两岸知识产权经济发展试点

续表

第四，2017年8月14日，福建省知识产权局发布《关于印发中国（福建）自由贸易试验区知识产权工作可复制可推广创新经验的通知》，在福州、厦门、平潭三个片区复制推广16项创新经验，打造知识产权友好型自贸试验区，力争在各片区先行先试的基础上在全省逐步推开	1. 建立知识产权中专利、商标和版权“三合一”综合管理模式。 2. “存证云”服务有效衔接公力保护与私力救济。 3. “互联网 + 知识产权”创新知识产权公共服务。 4. “全覆盖”扶持奖励政策服务企业“走出去”。 5. 网格化管理提升知识产权管理效率。 6. 快维中心提供“一站式”知识产权保护。 7. 协作机制构建知识产权大保护格局。 8. 关区联动促进知识产权保护协同创新。 9. 巡回法庭健全知识产权保护链条。 10. “执法协作互助中心”实现知识产权保护多元化。 11. 涉自贸区商事纠纷调解平台提供知识产权纠纷非诉途径。 12. 专利保险保障专利价值实现。 13. 专利导航助力产业创新驱动发展。 14. 知识产权智库搭建两岸交流合作平台。 15. 加快人才引进形成两岸知识产权服务业聚集区。 16. 涉台知识产权调解中心保障台商合法权益

表 5-5　天津自贸区知识产权服务机构品牌化、国际化培育路径

关键	具体做法
深化天津自由贸易试验区知识产权制度创新	1. 贯彻落实天津自由贸易试验区总体方案中知识产权保护工作要求，建立与国际知识产权通行规则相衔接的知识产权保护制度； 2. 探索实施专利、商标、版权等知识产权管理机构“三合一”改革； 3. 探索建立统一的自由贸易试验区知识产权执法机制，实现行政保护、司法保护、商事知识产权仲裁和民间调解“四位一体”知识产权纠纷协调解决机制； 4. 建立“一站式”知识产权服务机制，提供知识产权咨询、检索、法律、评估、培训等方面的便捷服务； 5. 加强与上海、广东、福建等省市自由贸易试验区的交流与合作，加快知识产权制度创新
统筹区域知识产权协调发展	1. 加快创建滨海新区国家知识产权示范城区，推动知识产权体制机制先行先试，成为知识产权改革示范先行区； 2. 鼓励国家自主创新示范区聚集引进一大批以知识产权为支撑的骨干企业、研发中心、大院大所等落户，鼓励高层次创新创业人才携带可转化的自主知识产权成果创办企业，形成国内外自主创新成果转化的聚集地； 3. 支持滨海高新区围绕主导产业建设专利导航实验区，建设知识产权高地。印发知识产权强区指导意见，围绕各区重点园区和特色产业，建成一批布局合理、特色明显的知识产权强区； 4. 开展园区知识产权试点示范工作，培育一批核心知识产权密集、知识产权服务聚集的国家级、市级知识产权试点园区

续表

关键	具体做法
大力发展知识产权密集型产业	1. 建立专利导航产业创新发展工作机制，在航空航天、生物医药、新能源、高端装备制造等领域实施一批产业规划类和企业运营类专利导航项目，开展产业知识产权全球战略布局，引导产业创新发展； 2. 在国家自主创新示范区、自由贸易试验区、知识产权试点示范园区等重点区域，推动建立专利导航产业发展工作机制
加强知识产权专业人才队伍建设	1. 深入推进“333”（30 名高层次人才、300 名骨干人才、3000 名实务人才）知识产权人才培育工作，加快全市知识产权人才队伍建设； 2. 鼓励用人单位从国内外一流知识产权机构、跨国公司及知名事务所引进或聘用知识产权高端专业人才； 3. 支持重点高校加强知识产权学科建设，开展知识产权专业学位教育
加大知识产权宣传普及力度	1. 利用世界知识产权日、世界图书和版权日、中国国际商标品牌节、科技活动周、全国法制宣传日等，广泛开展多层次知识产权宣传活动； 2. 发布天津市知识产权发展状况白皮书、知识产权保护状况白皮书、商标发展报告、版权产业报告，评选天津市十大知识产权典型案件等； 3. 加强知识产权相关法律法规、典型案例的宣传，广泛宣传天津市良好的知识产权保护环境； 4. 举办各类发明展、发明大赛，为中小企业、青年学生等提供展示创新、创意、创造成果的平台
严格知识产权保护，着力服务创新驱动发展	1. 充分发挥 12330、88908890 等维权援助热线、网上举报投诉和维权援助平台的作用，提高知识产权维权援助水平； 2. 推动企业及行业协会开展知识产权保护工作，建立专利预警机制，增强防范风险能力； 3. 快推进各区和功能区知识产权快速维权中心建设。支持成立知识产权人民调解委员会，依法规范知识产权纠纷调解工作，开展知识产权纠纷诉讼与调解对接工作
培育和引进优秀知识产权服务机构	1. 出台相关鼓励政策，吸引北京及其他省市优秀知识产权服务机构落户本市或在本市设立分支机构； 2. 推动相关区县出台知识产权服务机构集聚发展的优惠政策，形成市区级联动，增大知识产权服务业招商引资的吸引力； 3. 充分发挥知识产权服务品牌机构的带头作用和示范效应
推动知识产权服务业机构自发成立协会或联盟	推动成立知识产权服务业协会联盟、涵盖包括代理、信息、法律、商用化、评估和培训等知识产权服务领域，加强知识产权服务业产业链上中下游的联系，更好地发挥产业集成效应

5.2.2 湖北自贸区境内机构高端化、品牌化、国际化培育体系新模式

5.2.2.1 完善知识产权服务政策体系

（1）理顺政府的角色和位置，理性退位，适时补位。

政府介入市场要适度，在促进知识产权服务业发展中政府和市场行为边界

合理。政府的主要职责是营造公平竞争的市场环境，形成创新资源优化配置的制度保障机制，具体措施：打造有利于知识产权服务业发展的生态环境（如构建知识产权数据库和发布相关的法律条文），培育有效的市场需求（如政府采购），有效的扶持（如引进高端国际化人才）。知识产权服务机构的主要职责是维持市场运营，扩宽服务领域，提高服务质量。同时应倾向于非营利性机构和营利性机构并存，进而向以市场机制为主、以营利性机构为主的服务主导结构优化发展。

（2）做好知识产权服务业发展顶层设计。

出台《推动湖北自贸区知识产权服务行业发展的实施意见》，出台有利于湖北自贸区知识产权服务业发展的优惠政策，为培育和发展壮大湖北自贸区知识产权服务机构和人才队伍，规范知识产权服务市场，做强做大知识产权服务行业提供政府层面的政策支持。健全自律规则体系，出台湖北自贸区知识产权服务业行业自律管理办法。

（3）加快知识产权服务业集聚发展。

积极支持国家知识产权服务业集聚发展区建设，采取本土培育和高端引进相结合的模式，争取各类服务资源向集聚区内延伸，增强全方位知识产权服务功能。鼓励服务机构在集聚区内协同发展，在科学评估的基础上先试先行，通过负面清单管理，合理有度引进国际一流知识产权服务机构。建设湖北自贸区知识产权要素集聚大楼，支持入驻集聚区的高端服务机构享受房屋补贴、参与高端人才培养等扶持政策。

（4）加强知识产权服务与产业、科技、金融等政策衔接。

适时开展湖北自贸区知识产权服务业统计调查，摸清区内知识产权服务业发展现状，客观科学评估知识产权服务业支撑产业发展成效。聚焦湖北自贸区现代产业体系重点项目：平台产业（光电子信息产业）、战略新兴产业（生物健康、智能制造、环保节能和现代服务业）、未来产业（燃料电池、储氢产业、智能网联汽车等），重点骨干企业发展，挖掘其对知识产权服务业真实需求，围绕产业、企业需求，组织供求对接，发挥知识产权服务业对科技创新、产业发展的支撑作用，形成知识产权服务主体与创新主体的良性互动和共同发展。

（5）完善支持知识产权服务业发展的配套政策。

完善湖北自贸区专利相关资助政策，支持服务机构提高专利质量，支持各类知识产权服务机构加强分析评议、导航、贯标等能力建设。大力开展知识产权信息利用服务，支持行业协会、服务机构为政府决策和企业发展提供专业的知识产权服务；鼓励行业协会、服务机构为企业提供应对海外知识产权纠纷、争端的服务。

5.2.2.2 加强行业协会自治自律建设

（1）完善知识产权行业协会组织体系。

成立东湖新技术开发区知识产权服务业协会，完善协会内部管理制度，积极吸纳服务业协会会员。加强行业协会的自治自律管理、业务指导、行业维权、执业培训等工作，强化行业协会的各项职能，逐步建设专业委员会，加强对会员的专业化支持和服务，积极树立良好的行业形象，扩大行业社会影响力。指导行业协会开展知识产权服务机构考评工作，鼓励服务机构做优做强。协会打造会员交流与服务平台，推动知识产权服务行业发展。

（2）出台知识产权行业自律规范。

开展湖北自贸区知识产权标准化体系工作：按照国家知识产权服务标准化的指导意见，结合实际，执行本行业质量规范、技术规程、服务标准等国家标准和地方标准以及行业自律规范；建立标准化执行管理监督体系推动武汉东湖新技术开发区知识产权服务业健康发展。开展湖北自贸区知识产权服务业评价体系建设：加强区域知识产权服务业诚信和行业自律评价、服务质量评价、评估规范和技术、服务标准管理评价等体系建设；开展行业机构及从业人员评价评定及品牌机构的培育工作。在知识产权服务机构的国家分级分类管理的基础上开展行业信用体系建设，建立诚信自律管理制度、准入与退出诚信审核制度以及表彰和惩戒制度等， 培育和推介基础较好、能力较强、业绩显著、信誉优良的知识产权服务机构及优秀知识产权服务从业人员，提高服务质量和效率、提升服务能力和水平。

5.2.2.3 开展知识产权服务基础性规范化建设

（1）开展区域知识产权综合服务现状调研工作。

围绕专利、商标、版权及其他各类知识产权“获权—用权—维权”工作职能，开展全方位全区域的综合性调研，为打通知识产权创造、运用、保护、管理、服务全链条，建立“三合一”的知识产权综合管理体系提供可供参考的信息、数据及分析意见。并提出整合优化执法资源，统筹推进知识产权综合行政执法，整合知识产权公共服务资源，优化知识产权公共服务供给，实现知识产权信息等各类服务的便利化、集约化、高效化的改革探索和试验建议。

（2）编制知识产权服务行业发展蓝皮书。

开展“东湖区知识产权服务行业发展蓝皮书”年度编制工作，记录和展示年度知识产权服务业发展的脉络和轨迹，为武汉东湖国家知识产权服务集聚发展试验区建设及本市知识产权服务业发展提供数据支撑和决策参考。

（3）建立区域知识产权专家库和服务机构及从业人员信息档案库。

建立专利代理机构等级评定和专利代理人执业评价专家库，建立区域知识产权专家分类体系和管理运用档案工作，推进知识产权人才培育向体系化、专业化、高端化发展。建立区域知识产权服务行业机构、从业人员队伍及运营情况信息库。

（4）编制自贸区知识产权服务业开放与负面清单。

争取湖北自贸区武汉片区管委会的支持，开展自贸区知识产权服务业开放与负面清单管理研究，为引进国际高层次知识产权服务机构提供智力支持。

（5）开展区域专利代理服务成本核算调研及发布工作。

开展全区域专利代理机构的专利申请代理业务成本调研与核算，对区域内专利代理业务的时间成本、人力成本及其价格调研分析，定期公布专利代理服务成本价，促进专利代理服务价格合理化，引导知识产权服务市场规范化发展，做强做大知识产权服务行业。

（6）建立湖北自贸区知识产权综合服务现状调研统计和监测制度。

明确统计范围和统计对象，设计统计指标，规范统计内容，统一统计口径，完善涉及知识产权代理、法律、信息、商用化、咨询和培训等服务内容的知识产权服务业统计体系，建立健全东湖新技术开发区知识产权服务业发展的监测和信息发布机制。

5.2.2.4 提高知识产权服务的国际化水平

（1）开展知识产权服务对外合作与交流。

制定知识产权服务对外合作与发展计划，支持知识产权服务机构不断拓展涉外知识产权服务，参与国际合作与竞争。争取与更多国家和地区的知识产权服务机构及相关行业组织建立友好协作关系，扩大知识产权服务业在知识产权国际事务中的影响力。

（2）推动知识产权服务机构的国际化进程。

通过定期组织业务论坛、境外学习等活动，学习和借鉴发达国家成功经验，特别是先进管理经验和专业化运作模式，使东湖高新区优质知识产权服务机构的服务水平逐步与国际接轨。支持资质好、信誉高、运作规范的机构积极开拓国际业务，到海外设立分支机构。支持国际知名服务机构在东湖高新区设立分支机构，鼓励海外留学人才回国创办知识产权中介服务机构。

5.3 本土机构扎根基："融合力、服务力、竞争力"综合提升新举措

5.3.1 实施知识产权服务品牌机构培育计划

遴选基础条件好、资信度高、辐射范围广、业务能力强、具有示范带头效应的知识产权服务机构，开展品牌机构培育工作。通过分级分类评定，在每个重点服务领域选取一定比例的机构进行重点培育，引导知识产权服务机构不断完善服务功能，在代理服务、法律服务、信息服务、商用化服务、咨询服务和培训服务等方面实现重大突破，通过品牌培育带动知识产权服务业快速发展。

5.3.2 培育知识产权分析评议服务示范机构

遴选知识产权分析评议能力较强、有一定服务经验、发展潜力好、具有引领带动作用的知识产权服务机构，开展分析评议示范培育工作。建立专利分析评议工作体系，明确专利分析评议工作规范，形成分析评议项目的统筹协调和成果共享交流机制，合理配置数据信息资源，加强专利分析成果的推广应用。建立高质量的专利分析评议专家库，培养专业化的分析评议人才队伍，形成引领知识产权分析评议服务发展的骨干力量。

5.3.3 强化知识产权保护服务

促进政府部门、司法机关、知识产权法律服务机构、行业协会等协同发展的知识产权保护服务机制。依托东湖高新区区知识产权服务协会，开展专业化、公益性的知识产权保护服务，指导行业或企业建立知识产权防御体系，提升纠纷处理能力。

依托协会和服务机构，推动高新区知识产权纠纷多元调解机制的构建，多渠道化解各类知识产权矛盾纠纷。鼓励服务机构提供知识产权维权援助服务。

支持服务机构为企业提供知识产权法律服务，形成对专利、商标、著作权、商业秘密等各类知识产权的保护服务体系，全方位保护市场主体创新成果。

5.3.4 引导服务机构与各类创新主体对接

组织知识产权服务机构为创新型中小企业提供点对点知识产权专业服务，通过建立重点企业知识产权联络员制度，使知识产权服务机构能够及时掌握服务需求，为企业提供优质高效的知识产权服务。通过建立企业与服务机构间的沟通桥梁，鼓励企业加大知识产权维权投入，增强维权信心，利用服务机构的优质服务，提升企业的品牌价值和市场竞争力。引导知识产权服务机构与科研单位和高等院校联合、协作，使服务机构能够充分利用科研单位和高等院校的专业知识、人才优势及技术开发、检测和中试设施，为智力成果权利化、产业化更好地提供服务。

5.3.5 搭建知识产权服务业创新平台

5.3.5.1 完善知识产权保护公共服务平台

积极参与构建湖北自贸区便民利民的知识产权公共服务体系，搭建知识产权综合服务平台。支持服务机构开展包括知识产权代理、法律援助、信息服务、管理咨询、商用化、培训等业务类型的综合服务，根据市场主体的立体需求，为不同行业、不同区域和不同企业提供知识产权一站式服务，提升服务机构的知识产权综合服务能力。依托中国（武汉）知识产权保护中心，充分发挥武汉保护知识产权举报投诉语音电话系统和案件流转系统的作用，依托部门协作机制，畅通举报投诉与维权渠道。强化湖北自贸区知识产权保护公共服务平台建设，拓展公共服务功能，提供重点产业、重点区域和重点领域的知识产权保护专业化服务，为行政执法和司法部门提供有力支撑。

5.3.5.2 推进知识产权商用化服务平台建设

积极推动武汉市作为国家知识产权运营服务体系重点城市建设。依托武汉知识产权交易所，提高武汉专利交易的可信度和公信力，利用协会资源现有的专利信息资源对专利的技术价值和潜在风险进行鉴别分析，促进知识产权转化，重点支持知识产权成果在本区的运营。搭建集商标展示、商标事务咨询、商标融资、商标交易和闲置商标转让等功能于一体的商标服务平台，推动商标资产的合理流动与优化配置，进一步推动商标服务的市场化进程。搭建集版权交易、评估、投融资和信息交流为一体的版权服务平台，实现版权产业化、市场化运作。

5.3.5.3 推动和加强知识产权服务集聚发展工作

进一步调研和推动区域知识产权服务集聚发展工作，研究区域知识产权综合服务应用技术、典型园区知识产权服务资源池、知识产权服务示范机构创建、知识产权服务机构品牌建设、知识产权大数据自动采集、智能标引技术和知识产权公共信息资源的开放共享技术、知识产权信息资源共享平台、基于互联网的知识产权运营服务等试点示范项目建设发展途径，提出相应政策建议。

5.3.3.4 推动“知识产权服务协同创新联盟”成立与运行

落实国家、省、市和开发区知识产权战略，整合知识产权服务及创新人才资源，发挥知识产权服务集群和协同创新优势，成立区域知识产权服务协同创新联盟，打造知识产权服务力量集聚平台，建立完善知识产权服务创新综合体系，全面推动服务区域创新体系、区域经济社会发展平台建设及武汉湖北自贸区的协同创新高地建设，引领武汉地区知识产权服务业的全面发展，推动武汉地区知识产权事业的深度发展。

湖北自贸区成立知识产权综合服务协会组织，吸收园区相关企业、知识产权服务中介机构、政府管理部门以及大学研究机构为会员，以共同促进创新为目标，建立服务机构、政府及研究机构之间网络化合作机制，信息共享，相互配合，以协会为枢纽为企业创新提供“一站式”知识产权服务。协会开发互联网综合信息交流服务平台，举办创新主题研讨会，邀请 WIPO 及国际知识产权服务组织机构及企业介绍全球创新经验。针对企业类型提供知识产权专项培训教育，为企业管理层开展知识产权管理培训，为中小企业创新提供全程跟踪式辅导。

5.3.6 加强知识产权服务人才培养与文化建设

5.3.6.1 大力开展知识产权培训工作

成立“知识产权培训中心”，组织知识产权顶尖师资力量，主要承接政府委托培训工作，开展本地知识产权专业人才（知识产权从业人员、企业知识产权管理人员）的专业能力培训，同时面向社会提供系统规范、层次各异、优质高效的知识产权专业培训，开展知识产权普及宣传的公益培训；全面开展东湖新技术开发区企业知识产权贯标政策解读推广工作。积极与企业以及知识产权服务机构合作，深入园区和企业，开展有重点、针对性强的知识产权专项培训工作。组织各类论坛和沙龙等活动。年度计划开展各类培训共计 10 至 20 场；论坛沙龙及其他活动 5 ~ 8 场。

5.3.6.2 开展知识产权学位教育及课程教育

充分发挥武汉教育资源丰富的优势，鼓励高校开设知识产权本科学位教育，并形成本、硕、博立体的知识产权人才培养层次。采用“4+2”模式培养具有其他专业基础尤其是理工科知识背景的应用型研究生层次的知识产权人才。在高校理工科专业中大力推行知识产权管理、知识产权法双学位教育。推进知识产权继续教育，对已工作的具有理工科专业背景的员工鼓励参与知识产权法律和实务方面的脱产、轮岗等培训，提升人才层次。

5.3.6.3 壮大知识产权服务人才队伍

扩大知识产权服务人才队伍规模，发展知识产权管理、咨询、运营、评估、保险和信息分析人才队伍。鼓励知识产权服务机构多形式多渠道引进高端人才，引进高学历人才和海外留学人才，引进能够胜任知识产权战略研究、诉讼服务和涉外服务的高层次人才。鼓励参加专利代理、资产评估资格考试，取得相应资质。

5.3.6.4 营造知识产权服务文化氛围

广泛开展知识产权服务的宣传教育，支持各类知识产权服务机构开展行业宣传，树立专业化的知识产权服务理念，鼓励知识产权服务人才加入志愿者队伍，普及知识产权知识，提升社会各界对知识产权服务的认识，营造有利于知识产权服务业发展的社会氛围。

附录 1：落户于四大自贸区及湖北自贸区的知识产权涉外服务机构名单

城市	片区	代理机构名称	服务内容
上海（28 家）	浦东新区（包括外高桥保税区、外高桥保税物流园区、洋山保税港区和上海浦东机场综合保税区、金桥出口加工区、张江高科技园区和陆家嘴金融贸易区）	上海贝斯特知识产权代理有限公司	知识产权代理（专利代理除外）
		上海爱才知识产权管理有限公司	知识产权代理
		约旦阿布 – 格扎拉知识产权 TMP 代理公司上海代表处	从事与隶属外国（地区）企业有关的非营利性业务活动
		上海英碁商业管理有限公司	知识产权代理（专利代理除外）
		华特迪士尼（中国）有限公司	在消费品领域以及信息产业领域取得、利用和授权许可知识产权（包括商标和著作权）并提供相关咨询服务；著作权及商标代理（著作权集体管理除外）
		香港恒旭国际商务安全顾问有限公司上海代表处	从事有关市场商务调查、研究、策划、知识产权咨询、商品信息咨询的业务联络
		上海国仟科技服务有限公司	知识产权代理（专利代理除外）
		上海艺述派信息科技有限公司	知识产权代理
		码恪御标信息科技（上海）有限公司	知识产权代理（专利代理除外）
		上海澳溢教育科技有限公司	知识产权代理（专利代理除外）
		兰卡（上海）文化交流有限公司	知识产权代理（专利代理除外）
		上海思家童文化发展有限公司	知识产权代理（专利代理除外）

续表

城市	片区	代理机构名称	服务内容
上海（28家）	浦东新区（包括外高桥保税区、外高桥保税物流园区、洋山保税港区和上海浦东机场综合保税区、金桥出口加工区、张江高科技园区和陆家嘴金融贸易区）	上海上午河文化艺术咨询有限责任公司	知识产权代理
		上海师董海翼教育科技有限公司	知识产权代理（专利代理除外）
		上海馥邑企业管理有限公司	知识产权代理（专利代理除外）
		上海盛君网络科技有限公司	知识产权代理（专利代理除外）
		富美实（中国）投资有限公司	从事技术进出口（涉及许可证的凭许可证经营）；知识产权和技术的转让与许可，以及与之相关的技术咨询、服务和支持
		上海森气贸易有限公司	知识产权代理（专利代理除外）
		上海鼓智网络科技有限公司	知识产权代理（专利代理除外）
		华态商务咨询（上海）有限公司	知识产权代理（专利代理除外）
		上海鸿芯纪元电子科技有限公司	知识产权代理
		霖暄（上海）文化传播有限公司	知识产权代理
		木雅文化传播（上海）有限公司	知识产权代理
		上海扬沃商务咨询有限公司	知识产权代理服务
		西蒙盛启文化传媒（上海）有限公司	知识产权代理（专利代理除外）
		矫世励俗信息科技（上海）有限公司	知识产权代理（专利代理除外）
		上海碧科清洁能源技术有限公司	知识产权管理咨询及服务
		斯凯达（上海）商贸有限公司	知识产权代理（专利代理除外）
湖北（2家）	武汉、宜昌、襄阳片区	湖北自贸区（宜昌）片区高空科技服务有限公司	知识产权服务
		语联网（武汉）信息技术有限公司	知识产权代理

续表

城市	片区	代理机构名称	服务内容
福建（6 家）	厦门片区	美质高知识产权服务（厦门）有限公司	知识产权服务（含专利事务）
		厦门双祺投资管理有限公司	知识产权服务（不含专利事务）
		玛文（厦门）电气设备进出口有限公司	知识产权服务（不含专利事务）
		温德山庄（厦门）贸易有限公司	知识产权服务（不含专利事务）
		厦门爱克士科技有限公司	知识产权服务（不含专利事务）
		厦门华在新能源科技有限公司	知识产权服务（不含专利事务）
	福州片区	—	—
	平潭片区	—	—
天津（3 家）	滨海新区中心商务区	中信楷岚教育科技有限公司	知识产权代理
		天津左瀛动漫设计有限公司	知识产权代理服务（专利代理除外）
	天津港片区	朵睿发（天津）文化传播有限公司	知识产权代理服务
	天津机场片区	—	—
广东（6 家）	南沙新区	—	—
	前海蛇口片区	—	—
	珠海横琴新区	珠海伯曼企业管理合伙企业（有限合伙）	知识产权服务
		珠海奥衡企业管理合伙企业（有限合伙）	知识产权服务
		珠海奥衡企业管理合伙企业（有限合伙）	知识产权服务
		珠海奇奥天尊文化发展有限公司	知识产权咨询服务
		珠海新未企业管理合伙企业（有限合伙）	知识产权服务
		珠海奥西企业管理合伙企业（有限合伙）	知识产权服务

附录 2：四大自贸区涉外知识产权活动

序号	开展时间	活动名称	活动内容	看展目的及意义
1	2018 年 11 月 5—11 日	中国国际进口博览会	包括展会和论坛两个部分。展会即国家贸易投资综合展和企业商业展，论坛即虹桥国际经贸论坛。国家展是本届中国国际进口博览会的重要内容，共有 82 个国家、3 个国际组织设立 71 个展台，展览面积约 3 万平方米，各参展国将展示国家形象、经贸发展成就和特色优势产品。国家展中，印度尼西亚、越南、巴基斯坦、南非、埃及、俄罗斯、英国、匈牙利、德国、加拿大、巴西、墨西哥等 12 个主宾国均设立了独具特色的展馆	世界上首个以进口为主题的大型国家级展会，旨在坚定支持贸易自由化和经济全球化、主动向世界开放市场。吸引了 58 个“一带一路”沿线国家的超过 1000 家企业参展，将成为共建“一带一路”的又一个重要支撑
2	2018 年 10 月 23 日	“知识产权保护护航首届中国国际进口博览会”主题论坛	论坛分别就中国知识产权保护形势、上海知识产权司法保护情况、首届“进博会”知识产权保护的重要意义和主要特点、企业完善知识产权保护体系应对纷争等内容进行了讨论	旨在促进首届“进博会”知识产权保护工作，引导全社会关注、支持和参与“进博会”知识产权保护工作，宣传涉“进博会”知识产权保护的相关机制措施和路径渠道，努力为参展商、采购商营造良好的市场环境、交易环境和服务环境，为首届“进博会”的成功举办提供有力支撑，并推动上海加快建设“开放共享、内外联动的高标准知识产权保护高地”

续表

序号	开展时间	活动名称	活动内容	看展目的及意义
3	2018年7月20日	上海市知识产权服务行业协会成立大会	协会覆盖知识产权信息服务、培训、申请、转移转化、维权、金融服等服务领域，未来将聚焦创新主体和服务机构需求	强化行业自律自治机制，加强跨区域业内合作交流，努力为服务支撑上海“五个中心”和“四大品牌”建设做出积极贡献
5	2017年6月22日	世界知识产权组织（WIPO）仲裁与调解中心研讨会	来自WIPO、德国、新加坡和国内的专家围绕WIPO调解与仲裁程序规则和案例实践等内容进行了研讨交流	此次研讨会是落实上海市政府与世界知识产权组织签署的合作谅解备忘录的具体举措。希望通过研讨会的交流与学习，能够让中国企业和服务机构深入了解WIPO仲裁与调解程序，并期待与世界知识产权组织能在知识产权纠纷解决领域有更多的合作
6	2016年3月25日		立足本市、服务全国、面向世界的国际化综合性的知识产权交易市场平台，是集知识产权领域的专利权、版权、著作权、商标权等权益交易服务于一体的专业化权益性资本市场服务平台	是上海建设具有全球影响力的科创中心的重要配套措施，也是促进科创中心建设的知识产权“十二条”的重要内容

来源：上海市知识产权局 http: //www. sipa. gov. cn/zscqj/index. html1 中国（上海）自由贸易试验区 http: //www. china- shftz. gov. cn/Homepage. aspx

天津知识产权涉外活动

序号	开展时间	活动名称	活动内容	开展目的及意义
1	2018年10月16日	中国（滨海新区）知识产权保护中心落户滨海－中关村科技园	面向滨海新区的高端装备制造、生物医药产业等企业打造集知识产权申报、保护、运用、管理等于一体的全链条服务支撑	是国家知识产权局、天津市知识产权局及滨海新区政府推动滨海新区知识产权保护工作的重要举措，对推动新区经济高质量发展、为新区重点产业发展保驾护航、助力新区经济转型升级和提质增效都具有重要意义
2	2018年9月26日	重点领域知识产权分析评议报告发布会（天津站）成功举办	发布会围绕天津市重点发展的现代交通技术与装备产业及先进生物产业，发布产业知识产权分析评议成果，并针对“一带一路”与知识产权护航策略及侵权风险防范、中国医药知识产权保护政策法规以及药品专利连接制度等方面问题展开深入讨论	加强了知识产权分析评议成果在产业经济科技活动中的应用推广，充分发挥了知识产权在重点产业发展中创新激励与保驾护航的作用，有力推动了重点产业的转型升级和提质增效
3	2018年9月13日	市知识产权局组织完成2018年国外授权发明专利资助工作	全市共18家单位通过审核，资助资金共计270余万元	对服务企业加快实施“走出去”战略、强化海外专利保护起到了良好的推动作用
4	2018年8月29日	京津冀知识产权协同发展高层论坛在京成功举办	以“大数据和知识产权的深度融合”为主题，聚焦大数据和知识产权的相互促进发展、融合	发挥了充分调动京津冀优质知识产权服务资源，帮助企业布局全球知识产权战略，提升京津冀三地企业在国内外市场的核心竞争力的作用
5	2018年5月21日	举办“护航走出去”国际知识产权专项培训	围绕欧洲单一专利、单一法庭制度下的专利申请以及WIPO全球IP服务体系等主题进行授课	进一步加强对天津市重点企业创新支持力度，培育高价值专利，推动专利试点工作和国家知识产权优势示范企业培育工作，提升企业核心竞争力

来源：天津市知识产权 http://zscq. tj. gov.cn/ 中国（天津）自由贸易试验区 http://www. china-tjftz. gov. cu/html/cntjzymyqn/portal/index/index. htm

福建知识产权涉外活动

序号	开展时间	活动名称	活动内容	开展目的及意义
1	2018 年 6 月 19 日	福建省“一带一路”知识产权国际交流合作暨福建制造 2025 知识产权成果对接专题展及相关论坛	通过实物互动、展板展示、宣传片播放、专家现场咨询等多种方式，集中展示了一大批央企研究机构、企业服务“一带一路”建设和促进“一带一路”经贸合作的核心专利项目以及俄罗斯、乌克兰等“一带一路”沿线国家的最新知识产权和科技项目，共计 170 多项，其中优秀实物展品 20 余项。展区还设立“一带一路”沿线国家高层次人才展示区，展示来自俄罗斯、乌克兰等国在科研领域具有突出带头作用，并拥有丰硕科研成果的高层次权威专家信息，力争拓展国际人才合作新渠道	以本次系列活动的举办为契机，福建省知识产权局将以“知创中国”“知创福建”线上线下双平台为支撑，为对接成功的项目提供动态的跟踪服务，并借助平台集聚的各类高端服务和创新资源，持续深化福建省与“一带一路”沿线国家在知识产权领域的交流合作，打开我省知识产权服务“一带一路”建设、助力福建制造 2025 发展新局面
2	2018 年 7 月 26 日	厦门大学国际大学生知识产权夏令营“走进龙岩”活动	龙岩市知识产权局开展了“理解中国”主题集体活动	进一步增进中外知识产权学术交流
3	2018 年 8 月 31 日	2018 年中国国际专利技术与产品交易会	展示了包括厦门知识产权投资公司、“一带一路”知识产权云画报、厦门知识产权特色支行、厦门“一带一路”知识产权运营基金等厦门知识产权运营体系建设成果和相关优秀专利技术项目	以“专利引领产业高质量发展”为主题，秉承开放创新、节能环保文化民生、和谐发展的展会理念，除展览展示外，期间还将举办对接洽谈、项目推介和知识产权交流互动等活动
4	2016 年 3 月 31 日	全国首个“知识产权易保护”模式落地横琴	“便捷担保”“快速维权”“风险预警”等属于“易保护”的核心创新内容	通过知识产权保护便捷担保机制，相关企业可以委托横琴国际知识产权交易中心向海关办理提交符合法律规定的担保等手续，有效解决了异地企业两地奔波的不便，进一步节省了企业的资金、人力、物力，实现了企业维权便利、快捷
5	2015 年 9 月 30 日	台湾专家“智力”加盟，厦门片区成立知识产权智库	对各类市场主体在开展经济活动中涉及知识产权的事务提供综合评议分析、评估，帮助企业运用知识产权评议手段研判产业技术发展趋势与方向，预测产业市场与创新空间	有效地促进经济活动中的创新质量和防控风险的能力

来源：福建省知识产权局 http://www.fjipo.gov.cn 中国（福建）自由贸易试验区 http://www.china-fjftz.gov.cn

广东知识产权涉外活动

序号	开展时间	活动名称	活动内容	开展目的及意义
1	2018年11月7—8日	广东知识产权交易博览会（简称知交会）	主论坛围绕“知识产权支撑粤港澳大湾区创新发展”主题。分论坛会有粤港澳大湾区及“一带一路”发展知识产权论坛、知识产权运营论坛、知识产权运用与保护综合改革试验高峰论坛（知识产权保护与营商环境论坛）、知识产权产业领袖高峰论坛、知识产权军民融合发展论坛、高校专利技术转移转化论坛	打造“广东知交会”品牌展会，是推动将广东省建设成为全国知识产权交易中心的重要举措，也会促使广东在改革开放和经济社会发展中继续占据领先优势地
2	2018年9月18日	粤港澳大湾区知识产权合作暨知识产权运用和保护综合改革试验推进工作会议	粤港澳大湾区知识产权工作及广州开发区知识产权运用和保护综合改革试验推进	开启黄埔区广州开发区深化粤港澳大湾区知识产权合作发展新篇章，为提升全区创新驱动发展水平、参与全球竞争提供有力支撑
3	2018年7月26日	广东省知识产权服务“地市行”珠三角站暨知识产权金融对接活动	知识产权服务“地市行”是广东省知识产权局知识产权服务下基层的一个品牌活动	目的是为珠三角地区搭建一个集知识产权信息、金融、法律等综合服务为一体的交流对接平台
4	2018年4月26日	横琴成立国际知识产权保护联盟	创新横琴商标品牌发展战略，建立知识产权争议国际仲裁机制、知识产权快速维权机制、商标品牌国际注册维权援助体系，推进异地企业知识产权边境保护便利化，建立知识产权维权援助中心，开展企业知识产权战略培训服务。推动严厉打击知识产权侵权行为等	通过逐步吸纳国内外知识产权保护机构和企业成为会员，凝聚国际知识产权保护资源，整合联盟成员的优势资源，打造成为“一带一路”和“中国一拉美”知识产权保护新平台，更好服务“创新驱动发展战略”
5	2018年1月16日	日本经济产业省及国际知识产权保护论坛官民代表团研讨活动	双方重点探讨知识产权行政执法、案件信息公开、网络交易、打击制售假冒产品、侵权假冒的再犯及处罚等主题问题	有利于强化知识产权保护，提高双方经贸来往将有十分积极的作用。对广东与日本在知识产权领域建立更加紧密的合作机制，加强交流、增进友谊，推动广东与日本知识产权的发展再上新台阶有较为重大的影响

来源：广东省知识产权局 http: /www. gdipo. gov. cn 中国（广东）自由贸易试验区 http: /www. china-gdf-z gov. cn

附录3：四大自贸区及湖北自贸区整体部署政策

一、条例

《中国（上海）自由贸易试验区条例》
《中国（广州）自由贸易试验区条例》
《中国（福建）自由贸易试验区条例》
《中国（天津）自由贸易试验区条例》
《中国（湖北）自由贸易试验区条例》

二、总体方案

《国务院关于印发中国（上海）自由贸易试验区总体方案的通知》
《国务院关于印发中国（广东）自由贸易试验区总体方案的通知》
《国务院关于印发中国（福建）自由贸易试验区总体方案的通知》
《国务院关于印发中国（天津）自由贸易试验区总体方案的通知》
《国务院关于印发中国（湖北）自由贸易试验区总体方案的通知》

三、自贸区深化改革开放方案

《国务院关于印发进一步深化中国（上海）自由贸易试验区改革开放方案的通知》

《全面深化中国（上海）自由贸易试验区改革开放方案》

《国务院关于印发进一步深化中国（广东）自由贸易试验区改革开放方案的通知》

《国务院关于印发进一步深化中国（福建）自由贸易试验区改革开放方案的通知》

《国务院关于印发进一步深化中国（天津）自由贸易试验区改革开放方案的通知》

附录 4：四大自贸区及湖北自贸区知识产权相关政策

一、上海自贸区知识产权相关政策

《上海市工商行政管理局关于服务自贸试验区和科技创新中心建设的若干意见》

《关于加强知识产权运用和保护支撑科技创新中心建设的实施意见》

《上海市知识产权试点和示范园区评定与管理办法》

《上海市企事业专利工作试点和示范单位认定和管理办法（试行）》

《上海市版权公开交易管理办法》

《上海市高新技术成果转化项目认定程序（修订稿）》

《上海市知识产权质押评估实施办法（试行）》

《上海市知识产权质押评估技术规范（试行）》

《关于加强本市服务外包产业知识产权工作的若干意见》

《上海市知识产权优势企业认定办法》

《关于促进本市与贸易有关的知识产权工作的若干意见》

《上海市商业系统开展“销售真牌真品，保护知识产权”承诺活动工作办法（试行）》上海市知识产权援助办法（试行）

《长三角地区知识产权局系统专利行政执法协作协议》

《上海市工商行政管理局关于服务自贸试验区和科技创新中心建设的若干意见》

《关于加快上海知识产权服务业发展的意见》

二、广东自贸区知识产权相关政策

《加强中国（广东）自由贸易试验区知识产权工作的指导意见》

《广东省知识产权专利研究人员专业技术资格条件（试行）》

《广东省重大经济和科技活动知识产权分析评议暂行办法》

知识产权“美玉 10 条”

《广东省专利奖励办法》

《广州市人民政府办公厅关于加快发展高端专业服务业的意见》

《关于强化知识产权保护推动经济高质量发展的行动方案》

《深圳市知识产权运营服务体系建设实施方案（2018—2020 年）》

《“互联网 +”知识产权保护工作方案》

《关于加快推进我省知识产权质押融资工作的若干意见》

《关于促进我省知识产权服务业发展的若干意见》

《关于加快培育和发展知识产权服务业的指导意见》

《关于加强知识产权文化建设的若干意见》

《关于加强知识产权人才体系建设的意见》

三、福建自贸区知识产权相关政策

《关于促进福厦泉国家自主创新示范区中国（福建）自由贸易试验区知识产权工作创新发展的若干意见》

《关于建立福建自贸试验区知识产权行政执法与海关保护协作机制的意见》

《福建省知识产权评议工作指导意见》

《福建省“十三五”专利事业发展规划》

《福建省专利技术实施与产业化计划项目管理办法》

《福建省知识产权强县（市、区）管理办法（暂行）》

《关于印发福建省小微企业专利权质押贷款风险补偿资金管理办法（试行）的通知》

《福建省加快知识产权强省建设实施方案》

《关于印发福建省专利运用行动计划实施方案（2015—2017 年）的通知》

《开展两岸知识产权经济发展试点工作方案（2015—2020 年）》（厦门）

《中国（福建）自由贸易试验区厦门片区知识产权扶持与奖励办法》

《关于印发中国（福建）自由贸易试验区知识产权工作可复制可推广创新经验的通知》

《平潭综合实验区知识产权违法行为举报奖励办法（试行）》

四、天津自贸区知识产权相关政策

《天津市知识产权服务业集聚区培育工作方案》

《关于完善产权保护制度依法保护产权的实施意见》

《天津市知识产权“十三五”规划》

《天津市严格知识产权保护实施方案（2018—2020 年）》

《天津市专利促进与保护条例》

《关于加强政府投入项目专利管理工作的实施意见》

《关于加强天津市重大高新技术产业化项目知识产权保护和管理工作的指导意见》

五、湖北自贸区知识产权相关政策

《关于加快知识产权强省建设的意见》

《加强中国（湖北）自由贸易试验区知识产权工作的意见》

《武汉市人民政府关于印发武汉市推进国家知识产权强市创建工作方案（2017—2020 年）的通知》

《关于为中国（湖北）自由贸易试验区建设提供优质高效法律服务的意见》

《关于推进湖北省知识产权金融服务工作的指导意见》的通知

《省科技厅关于加强中国（湖北）自由贸易试验区创新驱动发展的暂行办法》

《省知识产权局关于印发《中国（湖北）自由贸易试验区重大项目专利导航建设方案》的通知》

《东湖国家自主创新示范区条例》

《关于进一步加强知识产权工作的若干意见》

《关于推动科技金融创新发展的若干政策（试行）》

《关于推进文化科技产业融合发展的实施意见》

《知识产权综合管理改革试点工作方案》

《国家知识产权服务业集聚发展试验区建设方案》

《中国光谷 2035 创新驱动发展战略行动纲要》

附录 5：自贸区负面清单及扩大开放政策

一、国家政策

《外商投资准入特别管理措施（负面清单）（2018 年版）》

《自由贸易试验区外商投资准入特别管理措施（负面清单）（2018 年版）》

《国务院关于同意开展服务贸易创新发展试点的批复》

《国务院关于在自由贸易试验区暂时调整有关行政法规、国务院文件和经国务院批准的部门规章规定的决定》

《关于积极有效利用外资推动经济高质量发展若干措施的通知》

《外商投资产业指导目录（2017 年修订）》

《关于促进外资增长若干措施的通知》

《知识产权对外转让有关工作办法（试行）》

《“十三五”现代服务业科技创新专项规划》

《关于支持自由贸易试验区进一步创新发展的意见》

二、上海自贸区政策

《中国（上海）自由贸易试验区跨境服务贸易负面清单管理模式实施办法》

《中国（上海）自由贸易试验区金融服务业对外开放负面清单指引（2017 年版）》

《中国（上海）自由贸易试验区推荐外籍高层次人才申请在华永久居留的认定管理办法（试行）》

《中国（上海）自由贸易试验区中外律师事务所互派律师担任法律顾问的实施办法》

《中国（上海）自由贸易试验区中外律师事务所联营的实施办法》

《上海扩大开放 100 条政策》

《浦东新区关于支持人才创新创新业促进人才发展的若干意见》

三、广东自贸区政策

《广东省进一步扩大对外开放积极利用外资若干政策措施》

《积极发展法律服务业，推进中国（广东）自贸试验区建设的若干意见》

《关于开展中国（广东）自由贸易试验区外籍及港澳台高层次人才推荐工作的通知》

《关于印发深化中国（广东）自由贸易试验区制度创新实施意见的通知》

《广州南沙新区（自贸片区）集聚人才创新发展若干措施的实施细则》

四、福建自贸区政策

《关于加强中国（福建）自由贸易试验区人才工作的十四条措施》

《关于促进中国（福建）自由贸易试验区福州片区开放开发建设的若干意见》

《中国（福建）自由贸易试验区文化市场开放项目实施细则》

《中国（福建）自由贸易试验区境外投资开办企业备案管理暂行办法》

《中国（福建）自由贸易试验区厦门片区关于进一步激励自贸区人才创新创业的若干措施》

《中国（福建）自由贸易试验区厦门片区关于促进台湾青年创业就业的十条措施》的通知

《关于对符合条件的福建自贸试验区外国人申办外国专家证提供绿色通道服务的通知》

《福建自贸试验区境外引进高层次人才确认函》办理工作流程（试行）》

《中国（福建）自由贸易试验区厦门片区管理委员会柔性引才引智暂行办法》

五、湖北自贸区政策

《省商务厅关于支持中国（湖北）自由贸易试验区创新发展意见的通知》

《省人力资源和社会保障厅关于加强中国（湖北）自由贸易试验区人才建设发展的通知》

《省外专局 省审改办关于做好“外国人来华 工作许可”下放管理层级工作的通知》

《省人民政府外事侨务办公室关于印发中国（湖北）自由贸易试验区外国人工作管理办法（暂行）的通知》

《关于发展涉外法律服务业的实施意见》

《武汉东湖新技术开发区关于东湖综合保税区推进自由贸易的投资促进办法》（以下简称自贸十条）

《湖北自贸区金融创新方案及政策要点》

《省人力资源和社会保障厅关于加强中国（湖北）自由贸易试验区人才建设发展的通知》

《关于加快培育外贸综合服务企业的实施意见》

《东湖国际化发展的实施意见（“开放十条”）》

附录 6：政策建议稿

关于以加快知识产权服务业发展为抓手
加速湖北省自贸区（武汉）“双自联动、双轮驱动”的建议

2009 年 12 月东湖新技术开发区获批国家自主创新示范区，揭开了知识产权助推武汉经济发展的新局面。2015 年 12 月东湖新技术开发区获批国家知识产权服务业集聚发展试验区，2016 年 8 月国家批准建立湖北自由贸易试验区，2018 年 8 月，全省首家知识产权服务业协会在湖北自贸区（武汉）诞生。借此，湖北自贸区（武汉）已初步具备以知识产权服务业助推“双自联动、双轮动”的条件。

一、湖北省自贸区（武汉）知识产权服务业发展的现状

湖北省知识产权服务机构服务能力不断提升，服务范围覆盖知识产权全链条。以湖北自贸区武汉片区为例，截至 2018 年 8 月集聚于此的知识产权服务机构已达 211 家（约占到武汉市的 70%），从业人员 2369 人，2018 年 187 家企业获批湖北省知识产权示范建设企业，24 家企业和科研院所荣登湖北省高价值专利培育名单，2018 年 1—6 月专利申请量为 14 091 件，同比增长 18.9%。湖北自贸区（武汉）以国家知识产权服务业集聚发展试验区建设为契机，以服务武汉自贸片区高质量发展为机遇，开创了知识产权服务业线上线下集聚新模式，构建了纵向知识产权全链条服务和横向大保护格局新体系，搭建了政策、人才、平台集聚新架构，开展了知识产权运营服务体系、“三合一”综合管理改革、人才培养体系、知识产权服务双创、知识产权服务业示范引领新探索，实现了知识产权服务机构代理、法律、商用化及信息咨询培训服务能力全面提升新局面。当前湖北自贸区（武汉）已初步形成了“5+2”主导产业、高科技企业、知识产权服务业相互促进、融合发展、良性互动的新格局。

二、湖北省自贸区（武汉）知识产权服务业发展存在的问题

面对湖北自贸区（武汉）“双自联动、双轮驱动”战略规划对知识产权服务业提出的更高要求，湖北自贸区（武汉）知识产权服务业尚存在着以下问题：

行业总体规模偏小，缺乏具有品牌影响力的公司；行业内没有形成明确的市场分工和定位，产品和服务主要集中在价值链低端，服务层次偏低，尚未形成完整的产业链；缺乏技能型、高层次人才和复合型人才，严重制约东湖高新区知识产权服务机构开拓展示产权战略咨询、预警、价值评估、市场开拓咨询等高端业务的能力；知识产权服务业发展的生态环境有待进一步优化，行业规范性不高，市场恶性竞争问题突出，急需建立相关的行业标准和规范。

三、加快湖北省自贸区（武汉）知识产权服务业发展的建议

鉴此，为加快知识产权服务业发展以加速湖北自贸区（武汉）“双自联动、双轮驱动”，特提出以下建议：

1. 抓机遇，做好知识产权服务业发展顶层设计

充分利用自贸区先试先行的制度优势，做好湖北省知识产权服务业开放与发展的顶层设计，出台《推动湖北省知识产权自贸区服务行业开放与创新发展的实施意见》，探索“市场准入 + 负面清单”管理新模式，吸引境外机构驻进来；建立“高端化、品牌化、国际化”培育新体系，鼓励境内机构走出去；提升“融合力、服务力、竞争力”，助推本土机构扎根基。

2. 用数据，开展知识产权服务业基础性规范化建设

一是编制湖北省自贸区知识产权服务行业发展蓝皮书。开展“湖北省自贸区知识产权服务行业发展蓝皮书”年度编制工作，记录和展示年度知识产权服务业发展的脉络和轨迹，为湖北省知识产权服务业发展提供数据支撑和决策参考。

二是研究并发布湖北省自贸区（武汉）知识产权指数。围绕武汉市“双自联动、双轮驱动”对知识产权发展的高要求，对湖北自贸区（武汉）全区域知识产权指数、知识产权综合实力进步指数、专利指数（重点专利质量指数）以及商标指数等知识产权发展情况进行细致全面的分析和研究并定期发布指数报告，以使湖北自贸区（武汉）知识产权指数作为本市知识产权发展情况的指示牌、风向标以及显微镜。

三是开展专利代理服务成本核算调研及发布工作。开展湖北自贸区（武汉）专利代理机构的专利申请代理业务成本调研与核算，定期公布专利代理服务成本价，促进专利代理服务价格合理化，引导知识产权服务市场规范化发展，做强做大知识产权服务行业。

3.建平台，加强自贸区知识产权服务业人才培养

一是大力开展知识产权培训工作。依托“湖北省知识产权培训（自贸区）基地”，组织知识产权顶尖师资力量，主要承接政府委托培训工作，开展本地知识产权专业人才的专业能力培训，同时面向社会提供系统规范、层次各异、优质高效的知识产权专业培训，开展知识产权普及宣传的公益培训。

二是加强高端人才培养引进力度。充分发挥湖北省教育资源丰富的优势，鼓励高校开设知识产权本科学位教育，并形成本、硕、博立体的知识产权人才培养层次。探索建立“国际知识产权学院”，与世界知识产权组织（WIPO）展开深度合作联合培养知识产权硕士，引入WIPO的远程培训课程和暑期学校。

三是建设一流知识产权“智库”。依托湖北省知识产权研究会、湖北省知识产权与创新发展研究院的人才优势，开展知识产权“智库”建设，为知识产权体制机制创新、决策咨询服务提供理论支撑。制定并出台地方知识产权法律顾问质量考评细则。

参考文献

[1] DEN HP. Knowledge-intensive business as coproducers of innovation [J]. International Joumal of Innovation Management， 2000， 4（4）：491-528.

[2] LEE K R. Knowledge intensive service activities（KISA） in Korea’ s innovation system[R]. OECD Report，2003.

[3] KEMPPILA S，METTANEN P. Innovation in Knowledge-intensive Services [C]. Proceedings of the 5th International CINet Conference，2004（9）：326-335.

[4] 杨红朝 . 知识产权服务业培育视角下的知识产权服务体系发展研究 [J]. 科技管理研究，2014，34（08）：176-180.

[5] 冯晓青 . 基于技术创新与知识产权战略实施的知识产权服务体系构建研究 [J]. 科技进步与对策，2013，30（02）：112-114.

[6] 杨红朝 . 知识产权服务业培育视角下的知识产权服务体系发展研究 [J]. 科技管理研究，2014，34（08）：176-180.

[7] 王志雄，吴浩然 . 知识产权服务业集聚融合发展研究 [J]. 教育现代化，2018，5（04）：290-292.

[8] BILDERBEEK R，DEN HP.，Technology-based Knowledge-intensive Business Services in the Netherlands；Their Significance as A Driving Force Behind Knowledge-driven Innovation[J].Vierteljanrshefte zur Wirtschaforschung/Quarterly Journal of Economic Research，1998，2（67）：126-138.

[9] 毛昊，陈大鹏 . 知识产权服务购买符合支撑企业创新的理性行为决策吗 [J]. 财贸经济，2015（02）：109-124.

[10] 王黎萤，虞微佳，包海波 . 知识产权服务业集聚发展模式与提升路径研究 [J]. 科技和产业，2017，17（12）：30-34，50.

[11] 国家知识产权局知识产权发展研究中心 .2017 年中国知识产权发展状况评价报告 [R].

[12] 刘介明，杨祝顺 . 我国知识产权服务业发展的法律环境分析及其完善建议 [J]. 知识产权，2016（04）：96-101.

[13] 刘介明，杨祝顺 . 我国知识产权服务业发展的法律环境分析及其完善建议 [J]. 知识产权，2016（04）：96-101.

[14] 杨红朝 . 知识产权服务业培育视角下的知识产权服务体系发展研究 [J]. 科技管理研究，2014，34（08）：176-180.

[15] 贾辰君 . 论我国知识产权公共服务供给的现状和改进 [J]. 科学管理研究，2015，33（02）：

5-8.
［16］姬鹏程，李红娟．知识产权促进经济增长存在的问题及建议[J]. 宏观经济管理，2018（07）：16-22.
［17］王志雄，吴浩然．知识产权服务业集聚融合发展研究[J]. 教育现代化，2018，5（04）：290-292.
［18］郭霞．知识产权服务体系支撑战略性新兴产业发展：访上海知识产权局副局长、上海市知识产权服务中心主任蔡永莲[J]. 华东科技，2012（04）：33-35+32.
［19］魏建．上海知识产权服务业产业链构建研究[J]. 科学发展，2012（03）：46-61.
［20］王钾，蔡然，王磊．知识产权服务标准化建设研究[J]. 中国标准化，2017（22）：201-203.
［21］黄屹，张斌．湖南省知识产权服务业发展研究[J]. 质量探索，2016，13（07）：24-28.
［22］田楹，胡蓓．产业集群集聚效应与创业意向关系的实证研究[J]. 管理学报，2014，07：1029-1037.
［23］方亮，徐维祥．组织学习、国家高新区创新与园区经济增长关系研究[J]. 软科学，2015，11：16-19.
［24］付饶闻．中国光谷与美国硅谷的比较研究[D]. 武汉：武汉理工大学，2013.
［25］洪群联．产业集聚与区域创新研究[D]. 武汉：武汉大学，2010.
［26］胡新丽，吴开松．光谷与硅谷：科技金融模式创新借鉴及路径选择[J]. 科技进步与对策，2014，09：15-18.
［27］战炤磊，韩莉．全面深化改革背景下高新区转型发展路径选择[J]. 科技进步与对策，2015，14：31-35.
［28］孙益武．WTO 视角下中国（上海）自由贸易试验区知识产权保护问题探析[J]. 上海对外经贸大学学报，2014，21（01）：66-77.
［29］李巍，张玉环．美国自贸区战略的逻辑：一种现实制度主义的解释[J]. 世界经济与政治，2015（08）：127-154、160.
［30］孙元欣．2015 中国自由贸易试验区发展研究报告[M]. 上海：格致出版社，上海人民出版社，2015：110.
［31］周汉民．我国四大自贸区的共性分析、战略定位和政策建议[J]. 国际商务研究，2015，36（04）：36-46.
［32］赖庆晟，郭晓合．中国自由贸易试验区渐进式扩大开放研究[M]. 上海：致格出版社，上海人民出版社，2017：4.
［33］沈玉良．建设开放度最高的自由贸易试验区[M]. 上海：上海人民出版社，2015：95.
［34］周阳．美国海关法律制度研究[M]. 北京：法律出版社，2010：215.
［35］蔡春林．广东自贸区建设的基本思路和建议[J]. 国际贸易，2015（01）：15-21.
［36］张倪．"1+3+7"雁阵引领对外开放新格局[J]. 中国发展观察，2017（08）：29-32.
［37］刘萌．自贸试验区迎第五次扩容 形成"1+3+7+1+6"建设新格局[EB/OL].http：//baijiahao.baidu.com/s?id=1642975853280761719&wfr=spider&for=pc，2019-08-27/2019-

11–15.
［38］唐恒 . 知识产权中介服务体系的构建与发展 [M]. 镇江：江苏大学出版社，2011：39.
［39］冯晓青 . 基于技术创新与知识产权战略实施的知识产权服务体系构建研究 [J]. 科技进步与对策，2013（1）：112–114.
［40］杨建峰 . 现代知识产权服务业开放与建设 [M]. 北京：经济科学出版社，2015.
［41］杨建峰 . 上海自贸区知识产权服务业问题探索 [J].WTO 经济导刊，2015（8）：86–87.
［42］吴庆云 . 统筹自创区与自贸区发展布局实现“双自联动”融合发展 [J]. 天津政协，2015（9）.
［43］央广网 . 福建自贸区为开放创新植入“知识产权芯”[DB/OL].（2018–5–15）[2018–11–10]. http：//www.liangjiang.gov.cn/Content/2018–05/15/content_429482.htm.
［44］湖北日报 . 中国（湖北）自由贸易试验区挂牌 [EB/OL].（2017–04–01）[2018–11–10]. http：//zy.cnhubei.com/dongxiang/k4b8FlX100.
［45］戴希 . 实现自主创新与自由贸易双向联动 [J]. 长江论坛，2017，7.
［46］樊瑛 . 中国服务业开放度研究 [J]. 国际贸易，2012（10）：10–17.
［47］杨建峰 . 上海自贸区法律服务业的开放与监管创新 [J]. WTO 经济导刊，2014（12）：90–92.
［48］樊瑛 . 中国服务业开放度研究 [J]. 国际贸易，2012（10）：10–17.
［49］杨建锋，张磊 . 现代知识产权服务业开放与建设［M］. 经济科学出版社，2015：90–91.
［50］杨建锋 . 上海自贸区知识产权服务业问题探索 [J]. WTO 经济导刊，2015（8）：86–87.
［51］杨建锋，张磊 . 现代知识产权服务业开放与建设［M］. 北京：经济科学出版社，2015：116–117.
［52］关松立，林淑伟 . 自贸区知识产权价值化及保护体系构建研究——以福建自贸区为例 [J]. 吉林工商学院学报，2018，34（03）：28–33.
［53］谷丽，任立强，丁堃 . 知识产权服务中合作创新行为的相关研究综述 [J]. 情报杂志，2017，36（10）：104–109、90.
［54］包海波，林纯静 . 推进创新链与知识产权服务耦合发展——以滨江区为例 [J]. 浙江经济，2017（21）：42–44.
［55］毛昊，陈大鹏. 知识产权服务购买符合支撑企业创新的理性行为决策吗 [J]. 财贸经济，2015，36（2）：109–124.
［56］BUCHANAN B. Unlocking the value of patent data：Patent Informatics ervices at the UK Intellectual Property Office（UK — IPO）[J]. World Patent Information，2008，30（4）：335–337.
［57］ZHANG M，ZHAO X，VOSS C，et al. Innovating through services，Co–creation and supplier integration：Cases from China[J]. International Journal of Production Economics，2016，171：289–300.
［58］数据来源：《武汉东湖新技术开发区发展“十三五”规划》。
［59］李炳希，黎文，周霞，等 . 广东省科技服务业专利发展现状和对策研究 [J]. 科技管理研究，

2018，38（04）：149–154.
［60］中共中央文献研究室．习近平关于科技创新论述摘编 [M]. 北京：中共文献出版社，2016.
［61］付琛瑜．创新驱动发展战略背景下知识产权人才培养模式创新研究 [J]. 河南科技，2018（18）.
［62］王黎萤，虞微佳，包海波．知识产权服务业集聚发展模式与提升路径研究 [J]. 科技和产业，2017，17（12）：30–34、50.
［63］赵意焕，专利运用与产业化服务体系建设对策研究 [J]，中国科技论坛，2008（6）：36–40.
［64］韩国，李秀元，通过知识产权提升区域竞争力，在第九届上海国际知识产权论坛上的演讲［EB/OL］.（2013–05–14）［2013–01–20］http://zscqeastday. com/node90/node91/node359/node1566/node1573/node1586/node1702/userob–ject1ai7129. html.
［65］陈晴，王宇．日本知识产权战略及对我国的启示 [J]，中国科技产业，2008（01）：82–87.
［66］刘菊芳．发展知识产权服务业的关键问题与政策研究 [J]，工作实践，2012（5）：67–73.
［67］李炳希，黎文，周霞，赵冰璐，李铁城．广东省科技服务业专利发展现状和对策研究 [J]. 科技管理研究，2018，38（04）：149–154.
［68］国家知识产权局规划发展司．我国知识产权服务业现状研究报告 [J]. 专利统计简报，2010（22）：1–24.
［69］龚建群，徐春华．我国知识产权服务业集聚探析 [J]. 中国集体经济，2013（9）：31–32.
［70］王小梅．服务贸易壁垒的量度研究进展：文献综述 [J]. 经济问题探索．2018（08）
［71］郭荤仪．服务贸易壁垒：概念、测度、成因和影响 [D]. 对外经济贸易大学 2003
［72］刘介明，杨祝顺．我国知识产权服务业发展的法律环境分析及其完善建议 [J]. 知识产权，2016（04）：96–101.